AF502943

LA PRISE D'ALGER

RACONTÉE PAR UN TÉMOIN

JADIS ET NAGUÈRE

Cette collection comporte un tirage numéroté de 500 exemplaires sur vélin chiffon teinté du Marais au prix de 50 francs et une édition courante au prix de 25 francs. Chaque volume est illustré de phototypies ou d'héliogravures.

VOLUMES PARUS :

Mémoires de Armand Louis de Gontaut, duc de Lauzun. — Préface et notes par Edmond Pilon — 8 Phototypies. Épuisé sur vélin blanc.

Lettres d'amour et de guerre du Roi Henri IV. — Préface et notes par André Lamandé. 8 Phototypies. Épuisé sur vélin blanc.

La Vie de famille au XVIIIe siècle, par Edmond Pilon. Préface et notes par G. Lenotre. 40 Phototypies.

Mémoires de Charles de Batz de Castelmore, comte d'Artagnan. — Préface et notes par Gérard Gailly, 8 Phototypies.

Mémoires d'Hortense et de Marie Mancini. — Préface et notes par Pierre Camo. 8 Héliogravures.

Journal d'un Bourgeois de Paris sous Charles VI et Charles VII. — Préface et notes par André Mary. 12 Héliogravures.

Un complément aux Mémoires d'outre-tombe : Mémoires et Lettres de Madame de Chateaubriand. — Préface et notes par Joseph Le Gras.

Une Amazone royale au temps de la Fronde : Mémoires de Madame de la Guette. — Préface et notes par Pierre Viguié. 8 Héliogravures.

Mémoires de Monsieur de Pontis. — Préface et notes par Robert Laulan. 8 Héliogravures.

Mémoires du Comte Alexandre de Tilly. — Préface et notes par Christian Melchior-Bonnet. 2 volumes. 12 Héliogravures.

A PARAITRE :

Voyage au Siam, par l'abbé de Choisy. — Préface et notes par Jean Mélia.

Un drame a la cour de Hanovre, Correspondance amoureuse de Sophie Dorothée et de Kœnigsmark.— Préface et notes par Jean Chuzeville.

Mémoires de Robert Chevalier dit Beauchesne, flibustier, publiés par Lesage. — Préface et notes par Léo Leymarie.

Les grands jours d'Auvergne, par Fléchier. — Préface et notes par Fernand Dauphin.

DE CET OUVRAGE
FORMANT LE DOUZIÈME VOLUME
DE LA COLLECTION *Jadis et Naguère*,
IL A ÉTÉ TIRÉ
CINQ CENTS EXEMPLAIRES SUR VÉLIN CHIFFON DU MARAIS
NUMÉROTÉS DE 1 A 500.

J. T. Merle

LES HOMMES, LES FAITS ET LES MŒURS
COLLECTION DIRIGÉE PAR EDMOND PILON

J.-T. MERLE
SECRÉTAIRE PARTICULIER DU GÉNÉRAL DE BOURMONT, COMMANDANT EN CHEF L'EXPÉDITION D'AFRIQUE

LA PRISE D'ALGER

RACONTÉE PAR UN TÉMOIN

PRÉFACE ET NOTES PAR H. D'ALMERAS

Jadis & Naguère

CHEZ HENRI JONQUIÈRES, ÉDITEUR
A PARIS, 21, RUE VISCONTI, 1930

INTRODUCTION

L'HISTORIOGRAPHE DE LA CONQUÊTE D'ALGER

JEAN-TOUSSAINT MERLE

Le 20 décembre 1789, le Club des Cordeliers, dans le couvent désaffecté, rue de l'Ecole de Médecine, qui servait à ses réunions, offrait un banquet fraternel à quelques délégués de la Commission municipale de Montpellier.

Au dessert, conformément aux usages du temps, un des membres du club, l'acteur Dugazon, se leva et, le verre en main, chanta des couplets analogues aux circonstances, et, d'ailleurs, fort médiocres, comme on en pourra juger par celui-ci, que le *Moniteur*, deux jours après, crut devoir reproduire :

Citoyens d'un beau pays,
Le lien qui nous tient unis,
C'est la liberté francaise.
Ah! je ne me sens pas d'aise
De voir le Midi, le Nord
    D'accord (bis)
Un peuple libre est bien fort,
A la santé de la Patrie
    Je vous en prie (bis).

Ce couplet était chanté sur l'air : *J'aime mieux boire*, et cet air ne convenait pas mal au citoyen Dugazon qui aimait assez à arroser, et fréquemment, son civisme, à condition, bien entendu, que ce ne fût pas avec de l'eau.

Parmi les délégués des patriotes Montpelliérains et parmi les convives du banquet, se trouvait un avocat, âgé d'environ soixante ans, et qui se nommait Jean Albisson.

Jurisconsulte réputé, il avait fait partie, très monarchiste à cette époque, vers 1780, du conseil des Etats du Languedoc. En 1789, il commença à se montrer, d'abord avec quelque discrétion, puis résolument, républicain. En 1802, l'ancien membre de la *Société des Amis de l'Egalité et de la Constitution*, l'ancien juge du Tribunal criminel de Montpellier, se signala — promu aux fonctions de tribun, sur la désignation du département de l'Hérault — par son dévouement au premier consul, comme il devait se signaler, deux ans plus tard, par son admiration pour l'Empereur. Ce dévouement et cette admiration lui valurent d'être nommé, en 1805, substitut du procureur général à la cour de cassation. Il venait d'entrer au Conseil d'Etat lorsqu'il mourut, en 1810. S'il avait vécu jusqu'en 1815, il aurait sans doute retrouvé ses sentiments royalistes.

Or, ce Jean Albisson, dont les variations ne présentent rien d'exceptionnel et qui sut si bien, comme tant d'autres, s'adapter aux événements, était pourvu d'un neveu, Jean Toussaint Merle, qu'il amena avec lui à Paris, en 1803.

Jean Toussaint Merle, d'une bonne famille bourgeoise de Montpellier et né dans cette ville, le 16 juin 1785, avait fait ses études, sans grand éclat, à l'ancien collège des Jésuites, près de l'église Notre-Dame-des-Tables, transformé, sous la Révolution, en Ecole centrale du département de l'Hérault.

Comme ce jeune homme, très nonchalant, peu ambitieux, ne manifestait aucune vocation et qu'on ne savait trop qu'en faire, sa famille supposa qu'il se trouvait ainsi destiné à entrer dans un ministère, et on le casa, grâce aux relations de l'oncle tribun, au ministère de l'Intérieur.

Il y était encore en 1807, dans le bureau de la comptabilité administrative, et, le 16 janvier de cette année, il écrivait au chef de ce bureau, un certain M. Petel, pour s'excuser d'une absence, par suite de maladie.

On peut admettre, sans trop de risques de se tromper, qu'il n'avait pas une âme bureaucratique et que « l'emploi des centimes additionnels destinés aux dépenses départementales » le laissait assez indifférent.

Heureusement pour lui, et sans doute aussi pour son chef de bureau, en 1805, à vingt ans, lorsqu'il atteignit l'âge de la conscription, une nouvelle carrière lui fut offerte, plus dangereuse mais moins monotone.

Par deux décrets, du 29 juillet 1804 et du 22 septembre 1805, Napoléon avait adjoint à chaque régiment d'infanterie de la garde impériale un bataillon de *Velites*, et à chaque régiment de cavalerie de cette même garde un corps de Vélites à cheval de 800 hommes divisés en huit compagnies. Tous les jeunes gens admis dans ces corps d'élite devaient posséder, soit par eux-mêmes, soit par leurs parents, deux cents francs de revenu. Ils formèrent plus tard, en 1807, la *jeune garde*.

De simple commis qu'il était, Merle eut l'honneur de devenir grenadier vélite de la garde.

Nous sommes mal renseignés sur ses exploits militaires. On sait seulement qu'en 1808, momentanément retombé dans la paperasse administrative il fut, pendant la guerre d'Espagne, un vague employé d'intendance. Et l'unique résultat, vraisemblablement, de son court passage dans les armes impériales, à défaut d'un grade ou d'une décoration, ce fut une réédition, publiée par lui en 1808, de la *Grammaire espagnole de Port Royal*, augmentée de notes. Il ne cueillit pas d'autres lauriers.

Revenu d'Espagne, avec son petit bagage de linguistique, et libéré de toute occupation militaire — des travaux de Mars, comme on disait alors — par l'entremise, probablement, de l'excellent Albisson qui lui rendit encore ce service, avant de mourir, Merle, à vingt-trois ans, se décida, pour prendre, bonne ou mauvaise, une détermination, à faire son examen de conscience.

Redevenir commis, il ne s'y résignait pas, et, d'autre part, il n'aspirait nullement à être officier. Ni le sabre, ni le rond de cuir ne le tentaient. La nature l'avait créé fantaisiste et indépendant, avec de médiocres aptitudes à s'astreindre à un labeur machinal régulier, et à accepter une discipline. Il était paresseux, et il le resta toute sa vie, mais de ces paresseux supérieurs, intermittents, qui travaillent par accès, par saccades, *par éruptions*, et qui, avec une facilité et une rapidité extrêmes, abattent une énorme besogne, quand cette besogne leur plaît. Par une faveur de la Providence dont il ne sut pas très bien profiter, il jouissait de quelques revenus, à une époque — sous l'affreux tyran — où d'autres que des millionnaires pouvaient ne pas crever de faim. En ne la considérant que comme une ressource accessoire et supplémentaire, quelle carrière allait-il choisir conforme à ses goûts, adaptée à ses défauts, et, cette fois, définitive ?

Il y en avait une, agréable, ouverte au premier venu, au dernier venu, qui ne demandait ni préparation, ni compétence, et n'exigeait même pas, à la rigueur, qu'on sut écrire, celle d'écrivain.

Le jeune Merle s'y lança à corps perdu et entra, d'un seul élan, en 1808, au *Mercure de France* et au *Vaudeville* — au Vaudeville avec une pièce à prétentions morales et qui ennuya considérablement le public, le *Retour au comptoir* ou *l'Education manquée* (la pièce fut manquée également), et au *Mercure de France* avec des articles de tout genre, sur les sujets les plus divers. Quand on commence à vieillir et qu'on a beaucoup vu et lu, on essaie de se spécialiser, mais, quand on débute, on sait tout.

Bien plus que l'épopée, la fable ou le poème didactique, et je suppose qu'on ne s'en étonnera pas, le théâtre et le journalisme attiraient alors les apprentis, les conscrits de la littérature, le théâtre particulièrement, à cause des actrices. Les cabinets de directeurs étaient assiégés, nuit et jour, par des Molières et des Regnards au rabais qui affirmaient tous qu'ils avaient du génie, qu'ils allaient rénover l'art dramatique. On avait beaucoup de peine à s'en débarrasser. Ils étaient aussi nombreux que tenaces.

« Nous avons, écrivait en 1807, un musicien de l'orchestre du Vaudeville[1], un essaim de jeunes auteurs qui ne sont pas sans quelque talent, mais qui, s'amusant à semer tous les théâtres de bagatelles, ne produisent jamais rien de grand et de parfait... La plupart sont des employés de bureau. Ils consacrent fort peu de temps au travail et passent ce qui leur reste de temps dans les théâtres et dans les jeux. Ils accouchent le matin de quelques cou-

1. *Journal inédit d'un musicien du Vaudeville* (Godefroy), 1806-1088. *Revue rétrospective*, 1885, p. 201.

plets qu'ils font entrer après dans quelque intrigue passable ou plus souvent mauvaise. Ils vont harceler ensuite les administrateurs pour leur faire recevoir des ouvrages qui sont joués sans tirer à conséquence... »

Merle était un de ces jeunes auteurs, et il fut un des mieux doués, un des plus féconds. On lui attribue, signées ou non, plus de cent vingt pièces, dont une seule entièrement de lui, la *Fête d'un Bourgeois de Paris*, jouée à l'Odéon en 1822.

Dans les pièces de l'ancien répertoire, sous l'Empire, la Restauration, et même sous le règne de Louis Philippe, les acteurs, tout à coup, de la manière la plus imprévue et sans aucune utilité, s'avançaient sur le devant de la scène, regardaient du coin de l'œil la baguette du chef d'orchestre, et se mettaient à chanter, et généralement à chanter faux. Merle, on doit lui rendre cette justice, réussissait mal dans la fabrication du couplet, mais il se rattrapait sur le dialogue et l'observation des caractères. Un de ses amis, très expert en pareille matière, le courriériste théâtral, Charles Maurice, dont nous aurons l'occasion de reparler, affirmait que ce vaudevilliste, trop peu soigneux et soucieux de ce qu'il écrivait, avait l'étoffe d'un vrai auteur dramatique. En cela comme en autre chose, cet irrégulier, ce sceptique ne donna pas sa mesure. Il se satisfaisait trop vite et ne visait pas assez haut.

Cependant, une des pièces de Merle (et Brazier), je dirais son chef-d'œuvre, si le mot ne me paraissait pas un peu gros, devait lui survivre et resta longtemps au théâtre.

Cette comédie en un acte fut jouée pour la première fois aux *Variétés* le 28 mai 1812. A condition de ne pas se montrer trop exigeant, on peut encore la trouver amusante, et elle l'est au moins autant que la plupart de celles qu'on applaudit aujourd'hui.

Rien de compliqué dans l'intrigue, à la portée des spectateurs les plus dépourvus d'intelligence, auxquels il faut toujours penser, quand on fait du théâtre.

Un « vieux jeune homme de soixante ans », Boissec, très inflammable, naturellement, ou qui se plaît à le croire, courtise une « jeune veuve » Mme de Blainville, qui aime ailleurs. C'est la jeune veuve de Scribe, que l'on rencontre dans la plupart des Vaudevilles du temps, toujours en quête, laide ou jolie, riche ou pauvre, de quelque nouvel époux, de quelque nouvelle proie, *quærens quem devoret*, et assez semblable, en somme, à celles d'aujourd'hui, un peu moins « joyeuse » peut-être. Quant à Boisse, comme tous les sexagénaires de théâtre, qui prendront plus tard leur revanche, il est relégué dans les rôles de ganache ou de demi-ganache. Retraite d'office à l'âge considéré alors comme réglementaire.

Autour de ces deux personnages principaux, assez vivants, évoluent, plus effacés, plus conventionnels, le neveu de Boissec, Florville, l'amoureux (pris au sérieux, celui-là) de Mme de Blainville, insignifiant, inconsistant, qui fait des dettes et ne semble guère capable de faire autre chose mais qui, pour la femme qu'il aime, a le grand avantage d'être jeune — le valet de ce Florville Labranche, emprunté au théâtre de Marivaux, et qui jadis s'appela Frontin — et quelques comparses dont les noms, c'était l'usage alors, indiquent suffisamment la profession ou le caractère, l'huissier Grugeon, bien différent d'un huissier plus débonnaire, lequel s'appelait Jovial[1], le tailleur Carrick, et l'usurier Abraham.

Cette comédie, qui se termine, on le pense bien, par le mariage de Florville et de Mme de Blainville et par l'entier payement de dettes, sans exiger de ce faux Abraham à un nouveau sacrifice, plut beaucoup au public des Variétés. Elle fit, par représentation, une moyenne de mille écus, sur lesquels l'auteur, l'heureux auteur, touchait six francs. Six francs par jour!... c'était la gloire.

Evidemment, la profession, mal classée encore, de fournisseur de vaudevilles ou de comédies, ne rapportait guère, et, pour ne citer qu'un exemple, Picard, un sous-Molière, Picard qui ne manquait ni de gaîté ni d'esprit, vendait sa pièce des *Visitandines* cinq cents francs une fois payés[2]. Mais en revanche, profits à part, quelle existence charmante, mouvementée, animée, qui n'obligeait pas celui qui l'avait adoptée à s'ennuyer au logis et qui remplaçait la table de travail par une table de café!

De cette existence toute extérieure, et qui, même de nos jours, s'impose plus ou moins à ceux qui font du théâtre, un essayiste,

1. L'huissier Jovial a été un des types de théâtre les plus connus sous l'Empire et la Restauration.

2. Mais d'autres savaient mieux se défendre. Radet, qui avait moins de talent que Picard, gagna beaucoup plus que lui et laissa une belle fortune.

Louis Montigny, nous a donné[1] un petit tableau humoristique, à peine caricatural. :

« On se lève pour déjeuner à la fourchette chez un restaurateur, si l'on est en répétition, avec une tasse de café qu'on prend à crédit *si les eaux sont basses.* La lecture des journaux littéraires emporte une heure ou deux. Cela fait, on monte au théâtre, on y reste jusqu'à trois heures, puis on revient au café, où l'on prend un verre d'absinthe, ou simplement d'eau-de-vie mêlée dans une verre d'eau. Cinq heures sonnent : la table d'hôte à cinquante sous est voisine; on s'y rend, on dîne en toute hâte, et l'on retourne au café pour prendre la demi-tasse. A sept heures, on a déjà fait un tour dans les coulisses, plaisanté avec ces dames et parlé au directeur. Il faut bien se rafraîchir; on redescend au café pour prendre de la bière; là, si le collaborateur habituel se rencontre, on parle d'un projet de pièce ou d'un ouvrage reçu; on s'occupe un instant de ses affaires; on se récrie sur l'injustice du directeur, et l'on va faire un tour dans la salle pour se montrer. A la sortie du spectacle, on rentre de nouveau au café, où l'on reste jusqu'à minuit; et quand les garçons vous en ont prié vingt fois, on évacue la salle. Avant de se coucher, on fait un tour à la tabagie, où l'on reste une heure, et l'on rentre enfin... pour recommencer le lendemain[2]. »

Telle fut la vie que mena, depuis 1808 et jusqu'à la vieillesse, inclusivement, ce pauvre Merle. Le café, l'endroit où l'on absorbe une fallacieuse mixture qui n'a de café que le nom et où les littérateurs de cette époque, plus sociables que ceux d'aujourd'hui, éprouvaient le besoin de se réunir, il le fréquentait, en quelque sorte professionnellement, et, d'ailleurs, sans déplaisir, pour y retrouver ou y découvrir des collaborateurs, pour parler de théâtre, pour chercher des sujets d'articles ou *essayer* des sujets de pièces. Et il se faisait remarquer par la munificence de ses pourboires.

— Avec ce que tu donnes au garçon, lui disait son ami Charles Maurice, tu pourrais t'assurer pour tes vieux jours un lit à l'hôpital.

1. Le Provincial a Paris. *Esquisses des mœurs parisiennes.* P. 1825 tome II, p. 133 et suiv. (Ces esquisses avaient paru dans le petit journal littéraire et satirique le *Miroir*).

2. Un de ces piliers de café disait : « La distance de la Porte-Saint Martin, n'est pas aussi grande qu'on le croit. Je l'ai mesurée bien souvent, elle n'est que deux petits verres. »

Et il répondait fièrement :

— Pour n'en avoir pas besoin, je ferai comme les grands capitaines, je mourrai debout.

Le rhumatisme devait se charger de lui infliger un terrible démenti.

En même temps qu'au théâtre, où il remplaça la qualité des pièces par leur quantité, Merle, nous l'avons vu, débutait, en 1808, dans le journalisme.

Au *Mercure de France*, classique et libéral, si libéral qu'en 1818 on le supprima, ses articles voisinaient, sans trop de désavantage, avec ceux de Benjamin Constant, de Jay, de Lacretelle aîné et d'Esmenard. Il connut là Victor Etienne de Jouy, qui fut son patron littéraire.

Singulier personnage que ce Victor Etienne — qui avait ajouté à son nom d'Etienne, comme une devise et un programme, celui de Jouy, emprunté à sa ville natale — officier sous le règne de Louis XVI et, pendant la Révolution, adjudant général, suspect au Comité du salut public, proscrit, condamné à mort par contumace, traité de royaliste par les républicains et de républicain par les royalistes et n'étant complètement ni l'un ni l'autre, ballotté d'aventures en aventures, sans rien perdre de sa bonne humeur, et, quand elles se lassèrent de lui ou qu'il parut se lasser d'elles, troquant son sabre de colonel de cavalerie contre une épée d'académicien. Cet homme qui, par un heureux privilège, put de sa vie faire un roman, qui, à quinze ans, avait été expédié en Guyane, sous une tunique de soldat, par un rival bien en cour, qui avait chassé le lion, avec Tieppo-Saïb, sultan de Mysore, et essayé d'arracher aux flammes du bûcher une veuve du Malabar, peu désireuse d'être brûlée vive, ce d'Artagnan attardé qui avait bataillé et aimé dans l'ancien et le nouveau monde, devenu vieux, mais pas beaucoup plus sage, se fit *Ermite*, à sa manière.

Il publia en 1812, après l'avoir fait paraître en feuilleton dans la *Gazette de France*, l'ERMITE DE LA CHAUSSÉE-D'ANTIN ou *Observations sur les mœurs et les usages parisiens au commencement du dix-neuvième siècle.*

Encouragé, stimulé par le succès, un succès extraordinaire, cet Ermite, si bien accueilli par le public, Jouy le lui présenta sous toutes les formes, dans toutes les situations, en province, à la

Guyane, en prison ou en liberté, accumulant du reste avec une magnifique assurance les erreurs et les bévues, décrivant des pays et des villes qu'il n'avait jamais visités, admirant des monuments qui, depuis une trentaine d'années, n'existaient plus.

Et le public avalait tout. Et comme on avait dit jadis : « Donnez-nous des Lettres persanes » les éditeurs demandaient aux écrivains : « N'auriez-vous pas quelque Ermite à me proposer ? »

L'auteur lui-même se laissa tellement impressionner par son succès qu'il finit par se draper chez lui d'une robe de chambre qui ressemblait à un froc de capucin et qu'il déguisa sa maison de la rue des Trois-Frères, nº 11, en Ermitage, avec un petit autel dans le jardin, mais le bon Dieu de cet autel, était Voltaire, qui n'aimait guère les Ermites.

Jamais écrivain, ou plutôt jamais livre, du moins sous l'Empire, n'eut une telle réputation, et comme nous allons le voir, aussi usurpée.

Deux de ses nombreux imitateurs, Lebel et J. E. Paccard, auteurs de *l'Hermite du Marais ou le Rentier observateur* (1819) louaient beaucoup, dans leur livre, celui qui leur avait servi de modèle.

« Cet homme est lui, affirmaient-ils, et vraiment on le reconnaît dans ses ouvrages, frappés au coin de la raison et du génie... »

Ils étaient surtout frappés au coin du plagiat, et, pour y reconnaître l'auteur, il fallait que le rentier observateur eût une grande puissance d'observation car cet auteur se bornait assez souvent à signer des livres que d'autres se chargeaient d'écrire, entièrement ou en grande partie, pour lui.

Et un de ces collaborateurs, ou de ces *nègres*, comme on les appellera plus tard, ce fut précisément Merle, notre Merle.

« Qui dira, écrivait Sainte-Beuve, dans une de ses *Causeries du lundi*[1], le nombre de pages écrites par M. Merle dans *l'Hermite de la Chaussée-d'Antin* et *Guillaume le Franc Parleur*[2] ? »

De ce petit détail de l'Histoire littéraire du dix-neuvième siècle et du rôle qu'y jouèrent le plagiat et l'exploitation des débutants,

1. Tome II, p. 368. Sainte-Beuve écrivait ceci dans un article sur Michaud, qui fut, lui aussi, un des collaborateurs masqués de Jouy et qui aurait eu, dit-on, la première idée de l'*Hermite de la Chaussée-d'Antin*.

2. GUILLAUME, LE FRANC-PARLEUR, *Suite de l'Hermite de la Chaussée-d'Antin*, parut en 1815.

on aurait pu faire une fable imitée de celle de La Fontaine, et avec ce titre :

LE JOUY PARÉ DE LA PLUME DU MERLE

Cette exploitation eut pour notre écrivain un bon côté, elle lui valut une amitié reconnaissante et un solide appui, sans compter des admirations qui n'apprécièrent véritablement ses œuvres que signées par un autre. C'est bien moins rare qu'on ne le croirait.

Du *Mercure* et de la *Gazette de France*, où Jouy l'avait fait entrer, Merle passa au *Nain Jaune*, dont le premier numéro parut le 15 décembre 1814, et qui se signala, tant qu'on le lui permit, et je n'ai pas besoin d'ajouter qu'on ne le lui permit pas longtemps, par ses attaques, articles ou caricatures, contre ceux qu'il surnommait les *Chevaliers de l'Eteignoir*, les ultra-royalistes.

Dans ce journal, d'un monarchisme très mitigé, Merle n'avait pas toujours ses coudées franches. Il se trouva mieux à sa place et on la lui fit beaucoup plus large, dans une feuille dont il devint, cette même année 1814, un des rédacteurs attitrés. Cette feuille, qu'on venait de fonder ou plutôt de ressusciter — car elle datait du 22 septembre 1792 et n'avait vécu que jusqu'en 1797 — c'était la *Quotidienne*, dirigée par Michaud et Fievée, et qui avait pour principaux collaborateurs, avec Merle, Laurentie, Berchoux, Charles Nodier et Malte-Brun[1].

Cet organe, en quelque sorte officiel, des Ultrà, bientôt célèbre par la violence de ses polémiques, comme par l'intransigeance de ses opinions, le premier numéro du *Nain Jaune* que je citais tout à l'heure, le numéro du 15 décembre 1814, le caractérisait ainsi : dans une revue des journaux.

« La *Quotidienne*, sous les habits de la *Nonne Sanglante*[2], les yeux en pleurs, le visage enflammé, agite avec fureur une marotte composée d'une tête de mort et d'un tibia, en s'écriant : *Guerre aux idées libérales*. On reconnaît à ces attributs l'agréable variété de ce journal, rédigé par les auteurs les plus légers du Vaudeville et les politiques les plus profonds de la Révolution, et où l'on rencontre le touchant amalgame des massacres du 2 septembre et des flons-flons de Cadet Buteux[3] ».

1. En 1822, le journal se rajeunit, et alors y entrèrent de nouveaux collaborateurs. Malitourne, Louis Véron, Audibert, Mennechet, Capefigue.
2. Titre d'un drame qui avait eu beaucoup de succès.
3. Type créé par Desaugiers.

Le surnom de *Nonne Sanglante* resta attaché à ce journal. Le jugement que portait sur lui le *Nain Jaune* était assez juste, surtout dans sa remarque qui le terminait. Il y avait, en effet, à la *Quotidienne* deux groupes, on pourrait presque dire deux partis de rédacteurs : les doctrinaires, les politiques, les *enragés*, toujours prêts à l'invective, et d'autre part, les littéraires, moins passionnés, plus sceptiques, plus intéressés par le Théâtre et le Livre que par les séances de la Chambre et les luttes des partis, et qui avaient et gardaient des amis dans tous les camps. Ceux-là remplaçaient le dogmatisme étroit et haineux par la tolérance et la violence par l'esprit. Les lecteurs n'y perdaient pas.

Merle, quoiqu'il eût de très fermes convictions, appartenait à ce dernier groupe des fantaisistes, des chroniqueurs, des gens de lettres, pour qui la littérature primait tout.

Il travaillait tranquillement, modestement, dans son coin, paisible passager sur un vaisseau de guerre. On lui avait confié le feuilleton dramatique — qu'il signait J. T. (Jean Toussaint) — et cette besogne lui plaisait.

Aucune n'est plus délicate, plus périlleuse. Des louanges excessives, démesurées, suffisent à peine à la vanité d'un acteur, et encore moins à celle d'une actrice. Le feuilletoniste dramatique est condamné aux éloges forcés à perpétuité. Si, par hasard, il adresse à un de ses justiciables, auteur ou artiste, la moindre critique, il devient immédiatement un idiot ou un scélérat, et le plus souvent les deux réunis.

Ce brave homme de Merle, qui tenait essentiellement à ne se brouiller avec personne, n'aurait eu garde de désobliger, par des vérités inopportunes et des sévérités inutiles, aucun de ses lecteurs. Il ne craignait pas d'enfler ses épithètes et, avec l'inaltérable indulgence qui lui servait de verre grossissant, il découvrait du talent chez des gens qui n'en avaient pas encore ou qui ne devaient jamais en avoir. C'est une nécessité pour qui juge son prochain et désire en être bien jugé.

Si adoucis et arrondis qu'ils fussent, ces feuilletons n'en avaient pas moins, dans leur ensemble, de sérieux mérites. Merle aimait le Théâtre. Il en connaissait l'histoire et la technique[1]. Il lisait beau-

1. Il publia en 1833, avec Emile Morice, une HISTOIRE DE LA MISE EN SCÈNE DEPUIS LES MYSTÈRES JUSQU'A NOS JOURS.

coup et de bons livres. Ce lettré était aussi un érudit, quoique vaudevilliste. Il avait du goût, de la finesse, des idées justes, un style facile et clair et il y joignait souvent une bonhomie souriante, à la Sarcey, une sorte d'humour qui ressemblait beaucoup à de l'esprit. Bien d'autres s'en seraient contentés.

Ses comptes rendus de pièces, ses aperçus sur le Théâtre, furent très lus, très goûtés, et l'on peut supposer que, dans une certaine mesure, en même temps qu'à ses opinions royalistes et à de puissantes protections, il leur dut, en 1822, le privilège de codirecteur de la Porte Saint-Martin. Cet auteur dramatique qui avait fait jouer tant de pièces, voulut à son tour faire jouer celles des autres, et c'est ici, avec ces nouvelles fonctions et à cette date, que nous entrons dans la période de sa vie vraiment intéressante, et la plus connue.

Le théâtre de la Porte Saint-Martin, boulevard Saint-Martin, n°s 16 et 18, avait comme directeur, en 1822, un jeune homme, Deserres, qui devait, dans cette direction hasardeuse, perdre un bel hôtel qu'il possédait place Vendôme et où avait logé en 1814 l'empereur de Russie, Alexandre Ier.

Ses affaires ne marchaient pas trop mal, lorsqu'on eut l'idée de lui imposer comme associé et surtout comme surveillant, chargé de maintenir la scène dans les bons principes, très différents des immortels principes, un rédacteur de la *Quotidienne*, un monarchiste sûr et éprouvé, un fidèle serviteur du gouvernement. Ce fut ainsi que, sans être astreint à une mise de fonds, Merle entra, les mains dans les poches, à la Porte Saint-Martin.

Il y entra, escorté par une bande d'huissiers. C'était sa compagnie habituelle et il ne pouvait pas s'en passer. Sans aucune difficulté, il avait monnayé sa part de privilège et en avait tiré une trentaine de mille francs. Cette proie fut dévorée en grande partie par les requins qui suivaient la barque directoriale. Quinze mille francs environ surnageaient. Ils ne vécurent pas longtemps.

Ses habitudes de vie extérieure et de bavardage professionnel, ce besoin de s'attarder au café, et de manger dans des restaurants réputés, car il était aussi gourmand que bavard, Merle se sentait tout à fait incapable de s'en débarrasser, et il ne l'essaya même pas. Ce fut à la Porte Saint-Martin le désordre, l'incurie en permanence, le règne de l'insouciance et de la fantaisie. Le comité de lecture ne fonctionnait plus. Les pièces de camarades étaient reçues sans traité, entre deux poignées de mains, où la réception « était inscrite, pour *mémoire*, au dos de la carte à payer, dans les cabinets particuliers du restaurateur voisin[1]. »

Merle était très lié avec Michaud, Malitourne, le Dr Véron, Charles Maurice, Désaugiers, dont il écrivit la biographie placée en 1827 en tête des œuvres de ce chansonnier, dans la jolie édition Ladvocat[2]. Il fut, avec Balzac, Ourliac, Briffaut, et quelques autres écrivains, un des familiers de l'Hôtel d'Aguado, marquis de las Marismas, et, d'ailleurs « ancien marchand de comestibles », hôtel situé rue Neuve-Grange-Batelière, et occupé aujourd'hui par la Mairie de la rue Drouot.

Très sympathique, avec sa gaîté de méridional et son bagout de Parisien, assez obligeant pour ne pas paraître trop égoïste, prodigue de poignées de mains et de cette petite monnaie d'amabilité qui satisfait tout le monde et ne ruine personne, il avait beaucoup d'amis. Il en eut encore plus quand il devint directeur, et comme ce directeur qui acceptait leurs pièces — condition essentielle — était par surcroît un lettré et un homme d'esprit, ils l'appelaient le *Merle blanc*.

En réalité, dans ses fonctions directoriales, les qualités de Merle compensaient largement ses défauts. S'il se montrait, et on devait s'y attendre, médiocre commerçant, financier déplorable, il sut donner à son théâtre par sa constante préoccupation du décor, de la mise en scène[3], de la valeur — relative — des pièces jouées, quand la camaraderie ne les imposait pas, une importance littéraire et artistique, que reconnurent tous les critiques, même les moins indulgents.

Il surveillait avec soin les répétitions et sa vieille expérience lui

1. LE PROVINCIAL A PARIS, tome II, p. 73

2. Dans son étude sur Désaugiers (PORTRAITS LITTÉRAIRES, tome III), Sainte-Beuve écrit dans une note : « J'ai beaucoup emprunté pour tout ce qui précède à la notice de M. Merle, et je dois de plus à la parfaite obligeance de cet homme d'esprit plus d'un souvenir dont j'ai profité. »

3. Il fit jouer le 10 juin 1926, une pièce de lui, d'Antony Béraud et Crosnier, le *Monstre et le Magicien*, mélodrame en trois actes, musique d'Alexandre Piccini et Radwell, ballet de Coraly, décors de Lefebvre et Thomkin. Le mélodrame se terminait par une tempête. Ce fut la plus belle tempête de théâtre qu'on eut jamais vue. A elle seule, elle fit le succès de la pièce, dont le principal rôle était tenu par le mime anglais Cook.

inspirant, à l'occasion, d'utiles conseils, qui n'étaient pas toujours bien accueillis.

Un jour, avec Charles Maurice, — c'était en 1823 — il assistait à la répétition d'une pièce, *Polichinelle vampire*, fabriquée par le maître des ballets, Blache fils, et où devait débuter un nouveau mime. Il se crut autorisé par son titre de directeur à hasarder une observation et à suggérer une coupure.

Une coupure, dans un chef-d'œuvre!

— Je suis bien obligé d'y consentir, finit par dire l'auteur, après avoir protesté de toutes ses forces, mais alors Polichinelle n'aura pas de but généreux!

Cette prétention de transformer Polichinelle en philanthrope amusa beaucoup le directeur et le critique dramatique.

La mise en scène, si négligée alors dans la plupart des théâtres, était pour Merle un des principaux éléments de succès. A tort ou à raison, il croyait, sur ce point essentiel, les Anglais bien supérieurs à nous. De 1822 à 1826, il fit à Londres six voyages pour étudier chez nos voisins les procédés, les trucs, des décorateurs et des machinistes.

Il voulut, à peine installé à la Porte Saint-Martin y appeler une troupe anglaise. Il n'eut pas à s'en féliciter. Cet ami de l'ordre qui détestait les révolutions en déchaîna une dans son théâtre.

Malgré les critiques de Voltaire, malgré les affadissements de Ducis, Shakespeare, quoiqu'on ne le connût encore, en dehors de la scène, que par la pitoyable traduction de Letourneur, rééditée en 1821, avait alors, à l'aurore du Romantisme, et par réaction contre les classiques, une grande vogue. On pouvait croire qu'une troupe anglaise, avec un répertoire shakespearien, joué en Français, intéresserait le public, saturé de tragédies. Merle en était convaincu, comme bien d'autres, et il conclut, avec Penley-directeur des théâtres de Windsor et de Brighton, et acteur lui, même, un arrangement pour six représentations.

La troupe Penley arriva à Paris, et des affiches annoncèrent, pour le mercredi 31 juillet 1822, sa première représentation à la Porte Saint-Martin, avec *Othello* et une comédie de Sheridan, *les Rendez-vous bourgeois*.

Mais, en 1822, on n'avait pas encore eu le temps d'oublier Waterloo. Napoléon venait de mourir, et beaucoup de Français ne voyaient l'Angleterre qu'à travers Wellington et Hudson-Lowe. D'autres, remontant plus haut, rappelaient que lorsque Mounet, directeur de l'Opéra-Comique, avait voulu, une trentaine d'années avant la Révolution, donner des représentations à Londres, la populace l'en avait empêché, quoique les membres de la haute Société, qui garnissaient les loges, eussent mis l'épée à la main, pour le défendre, lui et ses acteurs.

Une opposition, surtout politique, antigouvernementale, composée en grande partie de bonapartistes et de républicains, se forma.

Le 31 juillet, tandis que du ciel orageux tombait une pluie intermittente et que des gendarmes à pied et à cheval circulaient, pour maintenir l'ordre, entre les parapluies, un public nombreux remplissait la salle. Toutes les loges avaient été louées d'avance. Le parterre regorgeait de spectateurs assis ou debout. La plupart n'étaient pas venus pour assister à la représentation, mais pour la rendre impossible.

Le rideau se leva. Yago et Othello parurent. A peine avaient-ils levé le bras, ouvert la bouche, que la bataille s'engagea. Elle fut rude. De tous les points de la salle, comme à un signal, partaient des coups de sifflet. Interpellations, dialogues véhéments, injures variées, cris d'animaux, depuis le chant du coq jusqu'au braiment de l'âne, se croisaient dans l'air, éclataient sous le lustre. Tout servait de prétexte ou de stimulant aux explosions de rires, l'ignorance de la langue par les acteurs, la prononciation défectueuse, l'accent nasillard, la gaucherie des interprètes et jusqu'à leur insuffisance, car la troupe était médiocre et elle ne contenait qu'un bon artiste, Barton, qui faisait Yago.

Le rideau tomba, à la fin de ce premier acte si mouvementé, mais alors un nouveau drame, qui n'était pas indiqué sur le programme, se joua dans la salle.

Une des loges était occupée par le journaliste royaliste Martainville et quelques personnes de sa connaissance, ce Martainville qui, sous la Révolution, pour signer la paix avec les *tape-dur* de la Terreur leur avait adressé cet appel engageant :

Embrassons-nous, chers Jacobins :
J'ôterai mes culottes.

Ce jour-là, ce soir-là, à voix haute, penché sur le bord de sa loge, il se plaignait qu'on sifflât sans les entendre des acteurs, simplement parce qu'ils étaient Anglais, et il ajoutait, s'adressant bien moins à ceux qui étaient avec lui qu'au public, que, tout récemment, des acteurs français, Mme Noblet par exemple[1], dans leur tournée en Angleterre, y avaient été non seulement écoutés, mais applaudis[2].

Un spectateur, dressé en face de lui, l'interrompit et vociféra :

— Il n'y a qu'un Anglais qui puisse parler ainsi... Moi qui suis Français, je veux siffler et c'est mon droit. Dernièrement, des Anglais, à Londres, m'ont insulté et brutalisé parce qu'ils m'avaient reconnu pour un Français. Voilà comment ils nous traitent.

— Si vous avez été insulté, répliqua Martainville, ce ne fut sans doute que par la plus vile populace, et nous devons tous désirer qu'il n'y eût pas chez nous de pareille canailles.

Canailles! le mot tomba comme une pincée de poudre sur un brasier. Canailles! Il nous traite de canailles! Chacun, dans le parterre, avait pris sa part de l'injure, et ceux qui la méritaient le plus s'en montraient les plus indignés.

Quelqu'un cria : « C'est Martainville! » Aucun ultra-royaliste n'était plus impopulaire, plus détesté, parmi les adversaires du gouvernement.

Un remous et comme une lame de fond souleva cette foule frémissante. Sa fureur changea brusquement de direction. Des visages crispés, des poings tendus menacèrent la loge. De tous les côtés, des clameurs jaillirent.

— Il insulte le peuple!... A la porte!... Sortez-le!... Enlevez-le!... A mort!... A mort!...

Martainville ne bougeait pas. Il souriait. Il en avait vu bien d'autres. Ces vociférations le rajeunissaient de trente ans. Des gendarmes, le commissaire de police, s'étant approchés, l'engageaient à sortir. Il refusait, obstinément. Enfin il consentit à s'asseoir au fond de la loge.

Et, à ce moment, le rideau se leva pour le second acte.

Au début de cet acte, Desdémone et Emilie, qui n'avaient pas

1. Mme de Noblet, de l'Opéra.

2. En réalité, les acteurs français étaient très mal accueillis dans les théâtres anglais, et ils ne parurent guère que sur les scènes privées.

encore paru, entraient en scène. « Nous connaissons les Français, avait dit un des acteurs, ils ne siffleront pas des femmes. » Mais ces femmes étaient des Anglaises; on les siffla autant que les hommes. Très peu de spectateurs, ce jour-là, se sentaient capables de garder quelque ménagement et d'éprouver quelque pitié. Plus d'un dut faire cette réflexion que les Anglais n'en avaient pas eu beaucoup pour cette femme qui s'appelait Jeanne d'Arc. Dans ces manifestations violentes, se révélaient, à vrai dire, l'antagonisme des deux races et ce qui survivait de haines séculaires, sous des rapprochements passagers et des alliances fragiles.

Un pacifiste, égaré dans cette foule hurlante, insinua, d'une voix douce :

— Ne vous battez pas pour des Anglais !

Mais on continuait à se battre, et de plus belle. Les coups de poings, faute de mieux, s'échangeaient, se distribuaient, au petit bonheur, avec profusion. Le parterre escaladait les loges qui essayaient de faire bonne contenance. Des gens prudents, peu désireux d'avoir un œil poché par admiration pour Shakespeare, s'efforçaient de se glisser entre les combattants et de gagner la porte. Ceux-là n'avaient pas besoin qu'un commissaire de police les engageât à sortir. De faibles femmes poussaient des cris aigus, et il y eut, pour corser le spectacle, plusieurs attaques de nerfs.

Il fallut baisser le rideau. Un acteur de la Porte Saint-Martin, très populaire, Pierson, parut à l'avant-scène, ornée de quelques gendarmes.

— Voulez-vous, demanda-t-il, que la représentation continue ?

— Oui ! oui ! répondirent des centaines de voix.

Que devenait sur ce champ de bataille, au milieu de tout ce fracas, dans ce débordement de fureur, le conteur de fines anecdotes, le journaliste disert et fleuri, l'aimable et sympathique Merle ?

Un rameau d'olivier à la main, il allait de la scène à la salle, de la salle à la scène, encourageant les acteurs, essayant d'apaiser les spectateurs, pathétique et persuasif :

— Messieurs... Messieurs... Je vous en prie... l'hospitalité française... Shakespeare, le grand Shakespeare... Voyez quel scandale!... que dira la presse ?... que pensera le pays ?...

En même temps qu'à la générosité du public, il faisait appel à l'intervention de l'autorité. Il envoyait prendre les instructions du ministre de l'intérieur. Il allait lui-même, en personne, les chercher. Il suppliait le commissaire de police de se montrer énergique, mais avec modération. Il réclamait des gendarmes, mais conciliants et débonnaires.

Efforts superflus et vaine agitation. Le troisième acte avait été écourté des trois quarts. On n'y comprenait plus rien. Le quatrième acte se termina par un tumulte effroyable, et la représentation des *Rendez-vous Bourgeois*, de Sheridan, fut encore plus mouvementée que celle d'*Othello*. On jeta à une des actrices, Miss Gaskell, un gros sou, d'autres disent un morceau de sucre, qui l'atteignit à la tempe, et lui arracha un cri de douleur. Elle tomba évanouie, et ce fut ainsi que finit cette charmante soirée.

Il y eut une seconde représentation, au cours de laquelle le public démolit les banquettes. A la troisième, sans doute, on aurait mis le feu au théâtre et pendu les directeurs. Ils ne jugèrent pas opportun de persister dans leur tentative, et ils prirent le parti d'adresser aux journaux cette lettre :

« En faisant un traité avec le directeur de la troupe anglaise pour six représentations des chefs-d'œuvre du théâtre britannique, nous avons cru faire une chose agréable au public : nous nous sommes trompés. »

« Notre seul désir, notre premier devoir étant de lui plaire, nous avons dû faire cesser les représentations anglaises dès le moment où l'opinion s'est manifestée à une majorité très prononcée; la suite des événements nous est absolument étrangère[1] ».

La direction de Merle commençait par l'échec d'une tentative trop risquée, elle se termina par la perte d'un procès ridicule.

Un de ces monomanes dangereux qu'on voit rôder autour des théâtres, avec un manuscrit dans leur poche, et qui, sous prétexte qu'ils ont fait une pièce, veulent absolument l'imposer au public, un certain Joigny, avait réussi, Dieu sait comment! à caser à

1. Des représentations privées se donnèrent à la salle de la rue Chantereine (Salle Olympique). Elles furent une déception, par suite de la médiocrité, trop facile à constater, des acteurs. Ils devaient jouer une pièce très connue en Angleterre, *John Bull*, mais le préfet de police en interdit la représentation et la troupe repartit en emportant et en laissant d'assez mauvais souvenirs.

l'Odéon un drame intitulé *les Rochellais*. Il y exploitait de son mieux, l'évasion du comte de la Valette qui passionnait alors toute la France.

La censure, pour éviter des manifestations, interdit la représentation du drame.

Deux ans après, en 1818, Joigny, tenace et indécourageable (ce que nous confirme dans cette idée qu'il n'avait aucun talent) transporta son œuvre à la Porte Saint-Martin, et, après un an d'efforts, de démarches, de sollicitations, obtint, le 3 juin 1819, l'autorisation de la faire jouer. Cette autorisation ne lui servit pas à grand'chose. La pièce n'avait plus l'attrait de l'actualité. Privée de cet élément de succès, elle n'était plus qu'une panne. On la laissa dormir dans un carton poussiéreux pendant six années. Mais l'auteur ne dormait pas. Il venait plusieurs fois par semaine protester et se plaindre. On le laissait crier. On aimait mieux entendre ses cris que jouer sa pièce.

Comme ce Joigny était assez âgé et que ses déboires dramatiques le maintenaient dans un état de surexcitation préjudiciable à sa santé, Merle pensait : « Il finira par mourir » mais il ne voulait pas mourir, il voulait être joué.

En 1825, cependant, il comprit que sa pièce, archi-démodée, n'avait plus que de très faibles chances de réussite et il se mit à réclamer, au lieu d'une représentation, une indemnité, une indemnité de mille écus pour l'argent qu'on lui faisait perdre et la part de gloire dont on le privait.

Picard, l'auteur dramatique, fut choisi comme arbitre, et, le 17 mai 1826, il condamna le théâtre à payer à Joigny 1.200 francs et à lui remettre son manuscrit, sentence ou décision qui fut confirmée en appel.

Quelques mois plus tard, Merle cessait d'être directeur de la Porte Saint-Martin.

Il avait connu et il retrouva à son théâtre une actrice qui devait devenir une des plus grandes, une des plus célèbres du siècle.

Cette actrice, un petit recueil satirique, la NOUVELLE BIOGRAPHIE THÉÂTRALE, par un *claqueur patenté*, nous la décrit ainsi, en 1826, trois ans avant son mariage avec Merle et à une époque où elle faisait partie de sa troupe :

« Mme Dorval, de la Porte Saint-Martin (Boulevard Saint-

Martin, n° 8), née en 1792[1], faisait en 1811 l'admiration de la garnison de Bayonne, qui l'avait surnommée la petite *Boulotte*, à cause de sa précoce rotondité. Un maréchal de France en devint éperduement amoureux et l'enleva, car, alors, Boulotte était sage. Il l'emmena dans une de ses terres; mais, six mois après, Boulotte était sur le pavé de Paris. Depuis lors, que de larmes n'a-t-elle pas répandues ? Jouet des plus affreuses machinations, victime des forfaits les plus odieux, ravie à la tendresse d'un aïeul, d'un père, d'une mère, d'un époux ou d'un amant, forcée de solliciter sa grâce à force de substantifs et d'épithètes de tout calibre : tel était son destin, tous les soirs, jusqu'à ce que, vers onze heures, elle renaisse au bonheur. Cette actrice a le teint jaune et hâlé, les poumons robustes, la veine lacrymale abondante, de la sensibilité et des dettes; elle se fait faire de magnifiques corsets et porte un admirable sein qu'elle n'a pas encore payé... »

Un autre recueil de biographies, publié la même année[2], moins indiscret, moins malveillant, lui consacrait ces quelques lignes où une forte part de critique se mêle à l'éloge et qui expliquent la difficulté qu'elle rencontra quand elle voulut entrer au théâtre Français :

« L'innocente malheureuse et persécutée du théâtre de M. Merle, Mme Dorval, est l'une des meilleures actrices qui existent depuis le *Banquet d'Anacréon* jusqu'au *Cadran Bleu* (deux restaurants réputés du boulevard Saint-Martin), sans en excepter Mme Adèle Dupuis[3]; mais nous conseillons à Mme Dorval de ne jamais jouer la bonne comédie, c'est-à-dire les pièces où il faut autre chose que des cris et une sensibilité antinaturelle ».

Fatigué — provisoirement — de la vie de café et de restaurant, Merle songeait parfois à la bonne soupe parfumée d'ail, servie dans la tiède salle à manger, au fauteuil confortable, près de la lampe familière et aux pantoufles brodées par des mains conjugales. Et sa profession sans doute dut agir sur lui. Il avait, dans

1. Le biographe la vieillit de quelques années. Elle était née en 1798, le 7 janvier, à Lorient. Elle épousa à quinze ans l'acteur Allan-Dorval, et garda toujours, au théâtre, le nom de Dorval.

2. *Petite Biographie des Acteurs et Actrices de Paris* (par E. de Monglaviron). P. 1826.

3. Actrice à la Gaîté. Elle avait une vingtaine d'années de plus que Mme Dorval.

tant de pièces, marié tant de gens, que le désir lui vint de se marier lui-même. Il épousa donc Mme Dorval, dont le premier mari était mort si jeune qu'elle avait eu largement le temps de l'oublier et il régularisa ainsi une situation qui durait depuis quelques années.

Ceci se passait en 1829. Un an après, Merle allait être mêlé, dans une faible mesure, avouons-le, à une magnifique épopée. Et comme il en fut, en sa qualité d'historiographe et de fervent royaliste, le défenseur très dévoué, très sincère, il ne me paraît pas inutile de montrer l'opposition que rencontra dans l'autre camp, dans le parti qui se donnait le titre de libéral, l'expédition d'Afrique et la conquête d'Alger.

Laissons donc pour quelque temps à sa lune de miel notre nouveau marié. Nous le retrouverons dûment trompé, mais par un poète, et un grand poète, et alors cela n'a rien à voir avec la morale et ne relève que de l'histoire littéraire.

***

On ne sait pas, généralement, ou on affecte de ne pas savoir, que cette opposition systématique à la guerre qui nous donna notre plus belle colonie, qui créa une nouvelle France, fut une des principales causes de ces ordonnances contre la presse, tant reprochées à Charles X, et dont je ne conteste nullement, pour ma part, l'inopportunité et l'imprudence.

L'exposé des motifs de ces ordonnances, le rapport ministériel du 25 juillet 1830, signé par tous les ministres (sauf Bourmont, qui était alors en Algérie) et soumis au roi, dénonçait, flétrissait les polémiques violentes, haineuses, aussi tendancieuses que mal renseignées, de ces journalistes qui, trop souvent, par fanatisme politique, le plus dangereux de tous, sacrifiaient à leur désir de renverser le gouvernement et le régime, et de satisfaire leurs ambitions, les droits de la vérité et les intérêts du pays.

« Dans les premiers temps, affirmait ce rapport (et il eût été bien difficile pour des hommes impartiaux et de bonne foi de le démentir) dans les premiers temps de cette expédition dont la gloire jette un éclat si pur et si durable sur la noble couronne de France, la presse a critiqué avec une violence inouïe les causes, les moyens, les préparatifs, les chances de succès. Insensible à l'honneur national, il n'a pas dépendu d'elle que notre pavillon ne restât flétri des insultes d'un barbare. Indifférente aux grands intérêts de l'humanité, il n'a pas dépendu d'elle que l'Europe ne restât asservie à un esclavage cruel et à des tributs honteux.

Ce n'était point assez : par une trahison que nos lois n'auraient pu atteindre, la presse s'est attachée à publier tous les secrets de l'armement, à porter à la connaissance de l'étranger l'état de nos forces, le dénombrement de nos troupes, celui de nos vaisseaux, l'indication des points de station, les moyens à employer pour dompter l'inconstance des ventes, et pour aborder la côte. Tout, jusqu'au lieu de débarquement, a été divulgué comme pour ménager à l'ennemi une défense plus assurée. Et, chose sans exemple chez un peuple civilisé, la presse, par de fausses alarmes sur les périls à courir, n'a pas craint de jeter le découragement dans l'armée, et, signalant à sa haine le chef même de l'entreprise, elle a pour ainsi dire excité les soldats à lever contre lui l'étendard de la révolte ou à déserter leurs drapeaux! Voilà ce qu'ont osé faire les organes d'un parti qui se prétend national... »

Après la prise d'Alger, dans une atmosphère de victoire et de gloire, un journal gouvernemental reprochait aux 221 députés de l'opposition d'être les alliés du Dey, et ils l'étaient en effet[1]. Ils ne devaient laisser que trop d'imitateurs, et leur exemple sera suivi. On verra plus tard, dans d'autres chambres et à l'occasion d'autres guerres, des alliés des Kroumirs, des alliés des Pavillons Noirs, et une presse aussi injuste, aussi haineuse que celle de 1830, essayer de flétrir du titre de *Tonkinois* un des meilleurs ministres, ou des plus clairvoyants hommes d'Etat qu'ait eus la République.

Ignorante, crédule, obstinée dans ses erreurs autant que dans ses illusions, plus capable de critiquer que de comprendre, trop habituée à se payer de mots — qui, d'ailleurs, varient suivant les époques— l'opinion publique, et non pas seulement chez nous, a toujours été facile à tromper.

Parmi les adversaires du gouvernement et du régime, dans les dernières années de la Restauration, il existait sans nul doute des hommes honnêtes, sincères, éclairés, épris d'un noble idéal, uni-

1. Et ils furent en même temps les alliés de l'Angleterre. (Voir *Appendice*).

quement soucieux de ce qu'ils prenaient, à tort ou à raison, pour l'intérêt du pays. Ces hommes-là, alors comme aujourd'hui, constituaient une élite et ne formaient qu'une minorité.

Au-dessous d'eux, s'agitait et grouillait une formidable masse d'opposition, beaucoup plus dangereuse, bien moins estimable, et dans laquelle entraient, chacun avec ses haines, ses rancunes ou ses préjugés, des fils et petits-fils de terroristes, des demi-soldes réduits à la portion congrue, affamés, enragés, des ouvriers humanitaires, des boutiquiers voltairiens, dans le genre de Mayeux, des libérâtres obtus et emphatiques, dans le genre de Joseph Prudhomme, sans compter les carbonari, les conspirateurs professionnels et surtout d'innombrables niais, livrés sans défense à tous les boniments de tous les exploiteurs de la bêtise humaine, de tous les politiciens blancs, rouges ou tricolores.

J'en ai naguère découvert un, de ces niais, (et qui va nous ramener à notre sujet) dans une boîte de bouquiniste, et sous la forme d'un manuscrit signé du pseudonyme de « Jean Claude » et portant ce titre : RELATION CRITIQUE DES SÉANCES DE LA CHAMBRE DES DÉPUTÉS DEPUIS 1829 JUSQU'EN 1831. Les documents de cette espèce, intimes et familiers, sont précieux. Ils donnent, plus encore que les autres, l'idée d'une époque. Ils reflètent mieux l'opinion de tous ces esprits moyens auxquels, dans les récits historiques, on ne donne pas assez de place et ou n'attache pas assez d'importance.

Le Jean Claude en question, dont le véritable nom n'a pas passé à la postérité, était un ennemi du gouvernement, un adversaire de l'expédition d'Afrique. C'était aussi et surtout à en juger par ses idées et la manière dont il les exprime, un imbécile, mais un imbécile cultivé. Son orthographe ne laisse presque rien à désirer et il lui arrive parfois de citer du latin.

Il avait dû perfectionner son français, peu brillant, mais assez correct, par la lecture assidue du *Constitutionnel* ou du *National*, feuilles d'opposition qui plaisaient, sans doute, à son esprit inquiet, jaloux et « séditieux » Il essayait de les imiter et même de les surpasser, sans trop de danger, car, sa littérature étant réservée à son usage personnel, il risquait moins l'amende ou la prison.

Voici par exemple comment, à la date du 2 mars 1830, il caractérisait, à sa manière, les membres de ce ministère Polignac, le ministre de l'expédition d'Afrique.

« Baron, dit Mont-bel l'illettré, à l'intérieur;
Guernon de Ranville, le chansonnier, à l'instruction;
Chabrol, l'inévitable[1], aux finances;
d'Haussez, l'hidrophobe (*sic*) à la marine;
Bourmont, le transfuge, à la guerre;
Courvoisier, l'irrésolu, à la justice.

« Tous six emboîtant le pas à l'anglomane *Gil-Capon*[2], porté aux affaires étrangères et président de tout ce conseil jésuitique.

« Le tout escorté par le doucereux Mangin et l'excellent Syrieys, vraies figures de singes. »

Type du français moyen ou plutôt du bourgeois moyen de ce temps-là et de tous les temps, défiant et irréfléchi, frondeur et gobe-mouches, répudiant toute autre autorité que celle de son journal, ne respectant ni Dieu, ni roi, ni pape, mais adoptant comme paroles d'évangile les tirades creuses d'un politicien ou les calomnies d'un pamphlétaire, Jean Claude déblatérait contre l'expédition d'Afrique, parce que Charles X la voulait et qu'Armand Carrel ne la voulait pas.

A cette même date du 2 mars, qui lui fournissait l'occasion d'apprécier sans indulgence le ministère Polignac, et à propos du discours du Trône, prononcé ce jour-là, il écrivait :

« Nous allons châtier le Dey d'Alger qui aura le tort d'être le plus faible dans la lutte, car si notre envoyé n'avait pas pris fait et cause pour le Pape, Suzerain de Charles X, le Dey n'aurait pas joué de l'éventail sur un nez français... »

Et plus tard, la guerre finie, le roi détrôné, il notera le 6 novembre, dans sa Relation critique :

« M. Odier, rapporteur, vient demander un crédit sur 1830 pour les dépenses de la Morée et d'Alger : 65.234.100 francs.

1. Nous avons eu, nous aussi, nos inévitables.

2. « Dans Polignac, j'ai trouvé l'anagramme *Gil Capon.* » (Note de Jean Claude.) Car Jean Claude cultivait l'anagramme, et ceci, croyons-nous, le complète. D'ailleurs, traiter d'anglomane un ministre qui sut, avec tant de courage et d'énergie tenir tête à l'Angleterre dans la conquête d'Alger, c'est abuser de l'esprit de parti, de la mauvaise foi, et même de la stupidité.

Quant à la conquête d'Alger, voici ce qu'elle a produit :

Reste en caisse à Alger..................	5.285.609
Lingots rentrés en France...............	41.000.000
Cuirs, laines, etc	5.000.000
1542 bouches à feu.......................	2.500.000
Quelques navires, etc.....................	1.214.391
TOTAL	55.000.000

En ceci ne sont pas comprises les caisses de linge sale du général Bourmont et consors (*sic*). »

Nous retrouverons cette accusation.

Avec des Français d'ordre inférieur (et nécessairement les plus nombreux) comme ce Jean Claude, trop peu intelligents et trop mal renseignés pour se fabriquer eux-mêmes une opinion sérieuse, raisonnée, sur une question assez délicate, les journaux hostiles à tout ce que faisait, bien ou mal, le gouvernement, avaient beau jeu. Le bourrage de crânes, institution nationale, ne présentait aucune difficulté. Il en présente rarement.

Aussitôt que fut officiellement annoncée ou officieusement connue l'expédition d'Afrique, la campagne antialgérienne, dans la presse d'opposition, commença. Elle se montra, dès le début, aussi habile qu'injustifiée, aussi perfide que violente. Elle s'adressa aux pires instincts, à l'envie, à la haine, à la lâcheté. Elle les utilisa largement.

Le procédé dont se servit cette presse, dans sa polémique dénuée de patriotisme autant que de bonne foi[1], était très simple : dissimuler, nier ou dénaturer ce qui ne méritait que des éloges, mettre en relief, exagérer, pousser au noir ce qui pouvait prêter à la critique.

Le *National* devait se signaler dans cette campagne, qui ne lui fait pas grand honneur. Ce journal, fondé vers la fin de 1829, était un nid de politiciens littéraires qui, derrière des idées et des opinions vaguement libérales, cachaient des appétits de pouvoir et d'argent. Ils n'aspiraient à abattre le régime que pour se caser, eux et leurs amis, dans celui qui le remplacerait. Un jeune écri-

1. Il convient de distinguer ces journaux dont l'opposition forcenée ne s'imposa aucun frein, ne garda aucune réserve, de ceux qui, sincèrement, et sans tomber dans les excès d'une polémique de passion et de parti-pris, attaquèrent la politique du gouvernement, à propos de cette question d'Alger.

vain les représentait à merveille : un provençal souple et avisé, Thiers, encore peu connu, très désireux de l'être davantage, et doué d'une de ces ambitions féroces qui semblent plus fréquentes et en même temps plus habiles, chez les hommes de petite taille. Or, celui-là était presque un nain.

Pour favoriser les profits de ces entrepreneurs de révolutions et de ces pêcheurs en eau trouble, l'ignorance venait en aide à l'esprit de parti et à la mauvaise foi.

La plupart des Français, même dans la classe relativement instruite, n'avaient sur l'Algérie que des notions très vagues ou complètement erronées. On croyait encore qu'Alger était imprenable et des tentatives récentes, ou avortées ou sans résultat décisif, semblaient en avoir donné la preuve absolue, définitive.

« La puissance des Algériens était dans une décadence réelle; mais cette décadence qu'un peuple ignorant et superstitieux ne soupçonnait pas, était également ignorée en France. Rien de plus inexact, de plus incohérent, que les rapports rassemblés par le Gouvernement. Le mémoire de Boutin[1], déjà ancien et bien peu détaillé[2] était le meilleur document que l'on possédât sur la Régence. Les consuls européens, plus occupés d'affaires de commerce et d'intrigues diplomatiques que de l'état du pays et de ses ressources, intéressés, d'ailleurs, à faire valoir une puissance à laquelle leur importance personnelle était proportionnée, ne transmettaient que des renseignements inexacts et le plus souvent exagérés. La défaite des Espagnols avait donné une haute idée du courage des Algériens, et des rapports mensongers représentaient la côte de Barbarie comme un pays désolé, dans lequel une armée devait être rapidement consumée par la soif, la famine et un soleil dévorant.

Toutes ces exagérations étaient accueillies favorablement par l'opinion publique, parce que la guerre était impopulaire.

Engagée par un ministère odieux à la presque totalité de la nation, causée en partie par la protection accordée par la France

1. Reconnaissance générale des villes, forts et batteries d'Alger, des environs, etc., faite en conséquence des ordres et instructions de S. E. M. Decrès, ministre de la marine et des colonies, en date des 1er et 2 mars 1808, pour servir au projet de descente et d'établissement définitif dans ce pays.

2. Le mémoire était au contraire très détaillé. L'auteur, officier du génie, était resté à Alger du 24 mai au 17 juillet 1808, et il avait tout vu et bien vu.

aux sujets du Pape, cette guerre, plus incommode que ruineuse, en réalité, pour le commerce de la Méditerranée, exigeait des dépenses considérables pour le blocus d'Alger et l'escorte des bâtiments marchands. On répétait, on imprimait partout que la mauvaise foi des agents du Gouvernement avait causé la dilapidation de sommes légitimement dues à la Régence, que la conduite arrogante d'un consul peu estimé lui avait attiré un affront mérité et que des ministres malhabiles avaient exaspéré le Dey en exigeant de lui d'humiliantes réparations.

La grandeur des préparatifs, exagérée encore par des rapports infidèles, excita de violents murmures dans l'opposition. Les adversaires des ministres représentèrent la guerre comme injuste, comme impolitique. Ils allèrent jusqu'à prétendre qu'il valait mieux acheter la paix, au prix de quelques millions, que de dépenser vingt fois plus dans une entreprise où le succès était si douteux.

Les brochures[1] se distribuèrent à Paris et dans toute la France. Les forces de la Régence, l'insalubrité du climat, la stérilité des côtes y étaient exagérées; rien n'y était oublié pour exciter le mécontentement et tourner l'opinion publique contre l'entreprise et ses auteurs[2]... »

Cette guerre, pourquoi la faisait-on ? demandaient dans leurs discours, dans leurs brochures, dans leurs articles, avec une inquiétude qui voulait paraître patriotique, les députés et les journalistes de l'opposition.

Pour venir en aide à deux Juifs peu recommandables, Bacri et Busnach, dont la créance était douteuse mais dont l'improbité était certaine.

Pour soutenir les intérêts du pape, de l'église, des jésuites, de

1. La plus importante, et qui eut le plus de retentissement, fut celle d'Alexandre de Laborde, député de la Seine : AU ROI ET AUX CHAMBRES, SUR LES VÉRITABLES CAUSES DE LA RUPTURE AVEC ALGER, ET SUR L'EXPÉDITION QUI SE PRÉPARE. Paris, 1830. L'auteur insistant particulièrement sur les origines financières de la guerre, dont il exagérait considérablement le rôle et l'importance.

2. MÉMOIRE SUR LES OPÉRATIONS DE L'ARMÉE FRANÇAISE SUR LA CÔTE D'AFRIQUE, DEPUIS LE 14 JUIN, JOUR DE DÉBARQUEMENT, JUSQU'A LA PRISE D'ALGER, LE 5 JUILLET 1830, par un capitaine de l'Etat-major général de l'Armée expéditionnaire. Alger, 1863, p. 7-8-13.

la Congrégation, et convertir les Musulmans[1] très satisfaits de leur religion et qui ne demandaient nullement à en changer.

Surtout pour préparer un coup d'éclat et couvrir d'un peu de gloire et cacher sous des lauriers des projets liberticides[2].

Et dans quel pays allait-on la faire cette guerre inutile, dangereuse ? Dans un pays protégé par une mer qui jamais ne s'apaisait, par des côtes hérissées de rochers, privées de ports, hostiles et inabordables, et défendues par des janissaires que leur intrépidité, accrue par leur fanatisme, rendait invincibles.

La nature, plus que les hommes, s'était chargée de mettre cette région malsaine et stérile à l'abri des attaques et des invasions. Comment la soumettre ? Comment l'occuper ? La fièvre était tapie, comme un monstrueux saurien, dans ses marécages... Les animaux féroces y pullulaient. Et ici, bien avant Tartarin, l'imagination des journalistes se donnait libre carrière. Dans chaque ravin, entre les aloès et les figuiers de Barbarie, ils mettaient huit ou dix lions, affamés et rugissants. Ils ressuscitaient le terrible serpent qui, sur les bords du *Bagradas*, avait épouvanté une légion romaine, et ils donnaient à ce reptile historique une abondante postérité.

Les soldats qu'épargneraient, par hasard, les longs fusils des Turcs et des Arabes échapperaient-ils à la griffe des lions ou à l'étreinte des boas ? Ne seraient-ils pas ensevelis, comme feu Cambyse, sous les sables du désert ? Ne fondraient-ils pas, sans même s'en apercevoir, sous les ardents rayons d'un soleil tro-

1. Il est certain que beaucoup de catholiques se faisaient, à cet égard, de grandes illusions. Lamennais écrivait dans le journal *l'Avenir*, le 22 décembre 1830 : « Et, maintenant, tournez vos regards vers l'Orient : voyez l'Islamisme s'écrouler avec les institutions politiques auxquelles son existence est irrévocablement attachée. Au delà, voyez la même cause agir dans l'Inde, et miner journellement les seules bases qui soutiennent encore le vieil édifice religieux et ses opiniâtres habitants. Voyez la Chine elle-même, conservant à la vérité ses lois antiques, mais privée désormais presque entièrement de l'esprit qui les animait et en faisait la force. Oui, certes, il se prépare quelque chose d'extraordinaire; une grande époque approche, ou plutôt elle commence déjà; *jam albescit messis...* »

2. A une époque où on songeait déjà à la conquête d'Alger en 1828, sous le ministère Villèle, le ministre de la guerre, le marquis de Clermont-Tonnerre, qui conseillait et prépara une intervention armée, disait à Charles X : « Ce ne serait pas un léger avantage que de clore la session de 1828 et de demander ensuite des députés à la France, les clés d'Alger à la main. »

pical ? Que de veuves, que d'orphelins pour un simple coup d'éventail ! Et ces malheureuses victimes de la monarchie absolue, le trop sensible journaliste, dans l'estaminet fumeux où il rédigeait son article, les pleurait d'avance.

Quand la guerre fut décidée, le gouvernement ne négligea rien pour la préparer.

Sur ces préparatifs, tous les historiens sont d'accord. Contrairement à ce qui s'était passé chez nous avant et à ce qui se passa depuis, ils ne donnèrent lieu ou plutôt ils n'auraient dû donner lieu à aucun reproche.

Ne pouvant, à son grand regret, les déclarer insuffisants, la presse d'opposition, fidèle à son programme, affecta de les trouver disproportionnés. Et, quelques années plus tard, dans une biographie très tendancieuse de Bourmont, deux journalistes[1] se faisaient encore l'écho de ces critiques tellement injustifiées qu'elles en devenaient inopérantes, absurdes, et presque ridicules :

« Le ministère fit ses dispositions comme pour une armée de cent mille hommes, destinée à la conquête du monde... »

Et ils ajoutaient, ce qui est inexact et volontairement inexact, « que M. de Bourmont s'étant rendu lui-même à Marseille pour presser les arrivages et visiter les objets d'embarquement, il ne s'était nullement préoccupé de leur qualité ce qui, en d'autres temps (sous le Directoire, par exemple) les aurait fait rejeter avec indignation... On reçut, on accepta tout, quelque vives que fussent les réclamations. »

Les journaux n'avaient pas encore de correspondants de guerre attitrés. D'Alger, des gens de leur parti, officiers ou soldats, des mécontents presque toujours, leur envoyaient des informations rarement exactes, souvent tendancieuses. Au besoin, ceux qui les recevaient, n'hésitaient pas à les « arranger » pour les besoins de leurs polémiques et la satisfaction de leurs abonnés. Vieille tradition.

Il s'agissait surtout de faire paraître cette guerre bien plus meurtrière qu'elle ne le fut réellement. Il fallait peupler les hôpitaux, augmenter, dans chaque bataille, le nombre des blessés et des morts — des morts surtout. Ils produisent plus d'impression.

1. Germain Sarrut et Saint-Edme, BIOGRAPHIE DES HOMMES DU JOUR (1838).

Je ne donnerai qu'un exemple de ce procédé bien connu. Il se rapporte à la bataille de Staoueli, le 19 juin.

Montgaillard, faux libéral et très authentique aventurier, a ramassé dans son HISTOIRE, qui n'en est pas, d'ailleurs, moins intéressante, les ragots, les médisances, les informations sophistiquées des journaux de son parti. Voici ce qu'il nous dit de la bataille de Staoueli, une des plus glorieuses de la campagne :

« La perte de l'ennemi est évaluée à deux ou trois mille hommes, tués ou blessés; celle des Français n'est pas précisée, mais elle a dû être considérable; on peut la porter, d'après des témoignages dignes de foi, à douze ou treize cents hommes tués ou blessés[1]...

Or, un témoignage vraiment digne de foi, celui d'Ault-Dumesnil[2], qui prit part à cette bataille, nous apprend que le nombre des hommes mis hors de combat fut de cinq cents environ, et un historien des plus consciencieux, Camille Rousset[3], nous donne, d'après les documents officiels, les chiffres exacts : 473 blessés, 57 tués.

Avant l'expédition, la presse libérale n'avait pas cessé, nous venons de le voir, de prévoir, d'annoncer, de proclamer qu'elle présenterait des difficultés insurmontables, des dangers qu'on n'arriverait pas à vaincre et qui la condamnaient à un échec certain. C'était l'opinion de Wellington, oison à bec d'aigle, qui se mêlait lui aussi de prophétiser, et qui disait à la princesse de Liéven : « Les Français sont fous. Un revers effroyable les attend sur la côte d'Afrique. »

Ce revers, ce fut, comme on sait, la prise d'Alger.

Aussitôt que la nouvelle en parvint à Paris, il se produisit dans certains cabinets de directeurs de journaux et dans les salles de rédaction, et même à la Chambre des Députés, un étrange changement d'opinions et de formules.

Cette guerre, qui avait donné lieu à tant de sombres pronostics, se transforma subitement en une simple promenade militaire. Ce n'était pas le général Bourmont qui avait vaincu mais la fatalité, une fatalité aimable et bienveillante. Pour en donner à ses lecteurs une preuve irréfutable, le *National* du 2 août reproduisait une

1. HISTOIRE DE FRANCE DEPUIS L'ANNÉE 1825,... tome IV, p. 177.
2. DE L'EXPÉDITION D'AFRIQUE EN 1830, p. 57.
3. LA CONQUÊTE D'ALGER.

lettre, datée d'Alger, le 15 juillet, et dans laquelle un correspondant, sans doute très renseigné, disait : « Nous avons eu beaucoup de bonheur dans cette campagne : les choses ont marché toutes seules. » On se trouvait ainsi dégagé (et, pour des esprits indépendants, c'était assez commode) de toute reconnaissance et de toute admiration.

Les choses avaient marché toutes seules. Le Dey n'était plus qu'un bon vieillard, vénérable et pacifique. On avait fortement exagéré les vertus guerrières des janissaires et la portée de leurs fusils et la trempe de leurs yatagans. Les lions n'étaient plus que des chacals et le serpent du Bagradas qu'une grosse couleuvre inoffensive.

Quant à ces pauvres Turcs ou Arabes, méchamment accusés, au début, de mauvais desseins contre l'armée d'expédition, il fallait, maintenant, les plaindre d'avoir été égorgés, sans défense, « comme les moutons par le boucher. »

D'ailleurs, l'armée d'expédition n'était pas seulement composée d'hommes cruels et impitoyables qui, sous prétexte de faire la guerre, n'hésitaient pas à se servir de leurs sabres, de leurs fusils, et même de leurs canons. Ces « bouchers » ne se contentaient pas de tuer, ils volaient, surtout quand ils portaient, sur leurs manches et à leurs képis, des galons.

Dans ce même numéro du 2 août, et d'après les mêmes lettres expédiées d'Alger, le 15 juillet, le *National* parlait du « pillage de la Casbah » et affirmait, que ce pillage « avait eu lieu en fait, sinon en droit, car beaucoup d'officiers supérieurs ont leurs malles pleines d'effets ». Quant au trésor trouvé dans la Casbah, on en avait dans de très fortes proportions réduit le chiffre, pour dissimuler les vols, et le journal le fixait, ce chiffre, avec autant d'assurance et d'autorité que d'inexactitude : « Nous savons positivement, disait-il, qu'on a découvert dans la Casbah des valeurs pour 260 millions de francs. » Il ne se trompait (était-ce involontairement ?) que des cinq sixièmes.

L'accusation, recueillie par toutes les feuilles d'opposition, faisait son chemin et le journal de Thiers (homme d'état connu pour sa probité, et qui ne profita jamais de sa situation de ministre pour jouer à coup sûr à la Bourse), l'honnête journal continuait sa vertueuse campagne.

Il écrivait le 6 septembre :

« On ne peut avoir une idée des dilapidations qui ont eu lieu. Un jeune officier était entré le premier dans une des salles de la Cassauba, et avait mis la main sur un écrin contenant des diamants d'une très grande valeur : il contemplait avec satisfaction cette riche proie, lorsque, pour lui en disputer la possession, le général L... se jette comme un furieux sur le précieux écrin et l'arrache à l'officier auquel il fait des reproches sur sa conduite. Survient un colonel qui veut partager les bijoux avec le général. Grande contestation entre les prétendants; résistance formelle de la part du général, qui obtient gain de cause en faisant valoir sans doute les droits du lion de la fable. Le dey d'Alger a depuis réclamé le superbe écrin comme propriété particulière de son harem, réservée par les articles de la capitulation. Le général en chef, pressé par la demande du dey, a prétendu avoir fait d'inutiles recherches pour retrouver l'écrin et pour faire droit aux instances de Hussein, qui exigeait une indemnité équivalente. Le comte de Bourmont lui a fait payer une indemnité de un million cinq cent mille francs. On assure que la valeur de l'écrin s'élève au moins à trois millions. Il est déplorable que des Français, indignes de ce nom, aient donné à l'Europe l'occasion de dire qu'ils ont volé des pirates. »

Qu'il y ait eu des vols, et nombreux, on ne peut pas en douter, et, en principe, même sans preuves, il faudrait l'admettre. La guerre ne fut jamais, chez aucun peuple, une école de vertu. Elle déchaîne, elle libère un tas d'instincts mauvais. Ces instincts, « vices unis à l'humaine nature » ne tiennent pas à un pays, à un régime, quoiqu'ils puissent se développer, et se développent nécessairement, dans un milieu, dans une atmosphère qui leur sont favorables, quand l'autorité faiblit et quand la loi abdique.

Mais entre ces vols et ces voleurs, signalés par la presse libérale de 1830, il convenait de distinguer, et elle se garda bien de le faire.

Les voleurs furent surtout (non pas uniquement, reconnaissons-le) des maures, des arabes, des juifs, écume d'Alger. Il y eut, non pas, comme on l'affirma, pour discréditer un régime et déshonorer quelques chefs, un pillage du trésor de la Casbah, car ce trésor fut, au contraire, soigneusement protégé, mais un pillage, de détail en quelque sorte, des appartements du palais. Presque

Général Comte de Bourmont

toutes les pierreries des femmes du harem disparurent ainsi, mais, exceptionnellement, on aime à le croire, dans des poches d'officiers.

Par suite d'une regrettable négligence, d'un défaut de surveillance, au premier moment (on ne prévoyait pas les voleurs, et il faut toujours les prévoir) beaucoup d'amateurs, et collectionneurs d'objets d'art, se présentèrent pour profiter de l'aubaine. Il s'en présenterait au moins autant aujourd'hui, en pareil cas.

Les fricoteurs, les chapardeurs, et même les tripoteurs ne durent pas manquer dans l'Armée d'Afrique — et ces derniers, affirme le général Berthézène[1] qui vit les choses de près, furent nombreux dans l'administration, dans l'intendance de cette armée — mais l'odieux de la campagne du *National*, et des autres journaux qui emboîtèrent le pas, ce fut de viser un régime qui a été incontestablement le plus probe, le mieux réglé au point de vue financier, que nous ayons eu en France, et de viser surtout un homme, complètement innocent des indélicatesses, des malversations dont, à mots couverts, on l'accusait.

Cet homme, le comte de Bourmont, était né le 2 septembre 1773, en Anjou[2] dans une région que devaient couvrir de sang, et de gloire, les armées vendéennes. Il appartenait à une de ces anciennes familles, attachées à la monarchie par une longue continuité de services, et pour qui la patrie, c'était le roi :

Il servit comme enseigne dans les gardes françaises, émigra en 1790, à dix-huit ans, fit partie de l'armée de Condé, et, en 1794, revint en France, pour combattre dans les rangs des Vendéens.

Gentilhomme de grands chemins, comme on l'a justement appelé, il aimait l'aventure et le danger, tantôt chef de bande, tantôt conspirateur. Ce ne sont pas là des métiers de tout repos, et ils obligent, parfois, ceux qui les choisissent et s'y complaisent, à des manières de voir et à des manières de faire qui risquent de s'écarter de la morale courante. Sans cesse menacés, il peut leur arriver, pour défendre leur vie, pour sauver leur peau, de recourir à tous les moyens, légitimes ou non. Leur excuse, c'est l'atmosphère de bataille et de péril dans laquelle ils sont plongés.

Après le 18 fructidor[3] qui fit avorter les complots des royalistes

1. 18 *mois à Alger...* Montpellier, 1834.
2. Au château de Bourmont, près de Condé.
3. 4 septembre 1797.

et anéantit leurs espérances, Bourmont dut se cacher, rue Neuve-des-Marais, dans une petite maison, entourée de jardins, et c'était là qu'un jeune homme d'une vingtaine d'années lui apportait sa part des subventions accordées par le gouvernement anglais aux ennemis du Directoire. Ce jeune homme, qui, déjà, à ses moments perdus, composait des chansons bachiques et grivoises, se nommait Béranger. Son père, très royaliste, avait été intendant dans la famille Bourmont.

Un moment découragés, les partis hostiles à la République ne désarmaient pas. La guerre de Vendée avait repris. Le 13 octobre 1799, le comte de Bourmont, à la tête de 3.000 paysans, occupa le Mans. On lui reprocha plus tard d'avoir laissé piller la ville et égorger des gens sans défense. Il s'y opposa, au contraire, autant qu'il le put. On lui reprocha également d'avoir indiqué au gouvernement, quand il fut obligé de se rendre, les endroits où avaient été cachés les canons et les fusils fournis par l'Angleterre aux Chouans. Ces accusations qui, sous la Restauration, traînèrent dans les journaux libéraux, ne sont que des calomnies.

Plus difficile à défendre est l'attitude de Bourmont vis-à-vis de Bonaparte. Il ne l'aimait pas, mais il tenait beaucoup à ne pas être fusillé. Il conspirait prudemment, avec le désir de ne pas trop se compromettre, et de tirer, au moment opportun, son épingle du jeu. Lors de l'attentat du 3 nivôse (24 décembre 1800), il fut un de ceux qui savaient, attendaient et espéraient, un de ceux, qui se réunissaient, prêts à profiter des circonstances, rue Saint-Nicaise, dans le cabinet de lecture ou plutôt le cabinet de conspiration du père de Béranger. L'affaire ayant mal tourné, il se rendit, le soir même, dans la loge de Bonaparte, à l'Opéra, et il y dénonça, comme coupables de l'attentat qui venait d'avoir lieu, les Jacobins. Fouché ne le lui pardonna jamais.

Emprisonné peu après, malgré ses précautions et ses *habiletés* qui ne dénotent pas, on doit en convenir, une extrême délicatesse de conscience et un courage civil à toute épreuve, il s'évada en 1804.

Réfugié en Portugal, quand les armées napoléoniennes, en 1808, occupèrent ce pays, il se souvint qu'il était Français. Il demanda à Junot de servir sous ses ordres et celui-ci le nomma chef d'état-major d'armée à ses divisions[1].

1. Voir MÉMOIRES DE LA DUCHESSE D'ABRANTES, tome XII, p. 81.

Rentré en France, il réussit, après quelques mois d'emprisonnement, à désarmer, avec l'appui de Junot, les préventions, très justifiées, de Napoléon, et il prit part, glorieusement, aux dernières guerres de l'Empire. Il fut décoré à Lutzen et, quelques mois plus tard, nommé général de brigade.

La première Restauration le détacha de Napoléon, les Cent Jours l'y ramenèrent. L'Empereur qui, à ce moment-là, avait besoin de tous les dévouements, même douteux et provisoires, nomma l'ancien Chouan général de division.

Bourmont, malgré tout, restait royaliste. Ce qui le retenait auprès de l'homme qui était toujours pour lui l'*Usurpateur*, ce qui l'empêcha de s'en éloigner à une heure mieux choisie, moins tragique, c'était le manque d'argent.

Le 8 juin, il écrivait de Fontoy, à sa femme : « Comme on ne nous paie pas nos appointements, je me trouve exactement sans un sol, ce qui est très fâcheux en ce moment. Si je ne peux avoir d'argent du payeur, je vendrai ou du moins je chercherai à vendre un cheval. »

Il dut, sans doute, le vendre, ce cheval, car trois jours avant la bataille de Waterloo, le 15 juin, il déserta. Au moment de passer la frontière, il écrivit au général Gérard, cette lettre datée du petit village de Florenne :

« Mon général, si quelque chose au monde avait pu, dans les circonstances actuelles, me déterminer à servir l'Empereur, c'eût été votre exemple et mon attachement pour vous, car je vous aime et vous honore bien sincèrement. Il m'est impossible de combattre pour affermir un gouvernement qui proscrit mes parents et presque tous les propriétaires de ma province. Je ne veux pas contribuer à établir en France un despotisme sanglant qui perdrait mon pays, et il m'est démontré que le despotisme serait le résultat certain du succès que nous pourrions obtenir.

On ne me verra pas dans les rangs des étrangers ; ils n'auront de moi aucun renseignement capable de nuire à l'armée française composée d'hommes que j'aime et auxquels je ne cesserai de prendre un vif intérêt ; mais je tâcherai d'aller défendre les proscrits français, de chasser loin de la patrie le système de confiscation, sans perdre de vue la conservation de l'indépendance nationale.

J'aurais donné ma démission et serais allé chez moi si j'avais pu croire qu'on m'en laissât le maître. Cela ne m'a pas paru vraisemblable dans le moment actuel, et j'ai dû assurer par d'autres voies ma liberté, afin de ne pas perdre tout moyen de concourir au rétablissement d'un meilleur ordre de choses en France.

J'éprouve un profond chagrin de l'idée de la contrariété que vous causera mon départ. Pour vous éviter un désagrément, j'exposerais cent fois ma vie, mais je ne peux renoncer à l'espoir d'être encore utile à mon pays.

Toujours et quoi qu'il arrive, je conserverai pour vous l'attachement le plus sincère et le plus respectueux. »

Quelques jours après, le *Moniteur* publiait cette note :

« *Charleroi, le* 15 *juin, au soir,*

« Le général Gérard a rendu compte que le lieutenant général Bourmont, les colonels Clouet et Villoutrey ont passé à l'ennemi. »

Transfuge, déserteur, traître, quel est de ces trois mots, infamants, mais pas au même degré, celui qui s'applique le mieux à Bourmont et dont sa mémoire reste chargée?

Contre l'accusation de trahison, il a toujours protesté, mais on lui oppose deux graves témoignages, reproduits par Henry Houssaye dans son livre, WATERLOO, d'après une histoire de la campagne de 1815 par le général prussien Von Ollech :

« Schutter (qui commandait les avant-postes prussiens de la Sambre) apprit de Bourmont, le 15 juin, que, le jour même, une attaque serait dirigée contre Charleroi. Il envoya ce général et ses officiers, avec cette nouvelle, au comte Henckel à Moustier-en-Sambre. »

D'autre part, le colonel de Reiche, aide-de-camp de Zieten, qui commandait le 1er corps d'armée prussien, assure que, le 15 juin, Bourmont lui apprit que l'armée française s'élevait à 120.000 hommes, et que ce renseignement fut aussitôt transmis par Zieten au général en chef Blücher.

On a répondu, on a essayé de répondre à cela que Blücher n'ayant pas fait part (ce qui est prouvé) à Wellington de si précieux renseignements, n'avait pas dû lui-même en être informé.

Mais si on admet la trahison, dans toute son étendue, il reste à examiner si celui qui commit ce crime n'en éprouva pas les plus vifs remords, s'il n'essaya pas de le réparer, s'il ne le répara pas par des services éclatants, par de magnifiques victoires, et si on ne doit pas lui en tenir compte.

Quoi qu'il en soit, la défaite définitive de Napoléon et le retour, définitif également, de Louis XVIII, permirent à Bourmont de rentrer en France, et, reprenant ses fonctions militaires, il défendit contre les alliés les départements du Nord et en prit possession au nom du roi.

La seconde Restauration le combla de ses faveurs, et il ne s'appliqua que trop, au début, à les mériter.

On a dit que sa déposition devant la Chambre des Pairs contribua à la condamnation du maréchal Ney, et cette déposition, en effet, qui ne fut ni très franche, ni très courageuse, ne l'honore pas[1], mais la condamnation de Ney était prévue, voulue, inévitable, comme l'exécution qui la suivit.

En 1823, dans la guerre d'Espagne, où il joua un rôle important, Bourmont déploya des qualités militaires de premier ordre.

Par ordonnance du 8 août 1829, il fut nommé, dans le ministère Polignac, ministre de la guerre, à la place du vicomte de Caux. Il put alors se rendre compte du tort qu'avait fait à sa réputation sa conduite en 1815.

« On eut beaucoup de peine, dit une brochure du temps, à déterminer les officiers à rendre à M. de Bourmont les visites d'usage... »

Même les royalistes ne cachaient pas leur réprobation. Dans son *Cahier vert*, à la date d'octobre 1829, Mme de Châteaubriand appelait l'homme qui n'avait déserté que par excès de royalisme un « Traître criblé de dettes[2]. » Il est vrai que, pour Mme de Châteaubriand, il n'existait qu'un seul ministre, présent, passé ou futur, digne d'estime et d'admiration, son mari.

Dans ce bref récit de la vie et de la carrière de Bourmont, jusqu'à

1. Il sortit de ce procès avec quelques éclaboussures sur ses galons de général. « Le 14 octobre 1815, raconte la BIOGRAPHIE DES VIVANTS, publiée de 1816 à 1817, il dut faire une déclaration relative à la conduite du maréchal Ney dans le mois de mars; déclaration qui a été imprimée dans les pièces du procès. Le maréchal et ses défenseurs essayèrent d'en relater quelques points dans les plaidoiries et M. de Bourmont, ayant été obligé de venir lui-même témoigner devant la chambre des pairs, eut à repousser les allégations du maréchal qui sembla vouloir lui imputer quelques faiblesses à cette époque. »

2. MÉMOIRES ET LETTRES DE MADAME DE CHATEAUBRIAND. *Préface et notes de Joseph le Gras.* Henri Jonquières, 1929. p. 125.

1830, nous n'avons rien voulu dissimuler de ce qui tend ou paraît tendre à le diminuer. Nous n'avons peut-être pas assez remarqué, dans notre souci d'être impartial, que le chef militaire, chez lui, eut une très grande valeur, que l'homme était très sympathique, très « dix-huitième siècle », très « vieille France », cordial, aimable, agréable causeur, aussi désireux d'obliger que de plaire, et, malgré tant d'ennemis, et d'ennemis sans pitié, sans scrupules, incapable de haine et de rancune.

On verra dans l'ouvrage que nous rééditons comment le comte de Bourmont fut nommé commandant en chef de l'armée d'Afrique, et, dans un des appendices que nous y avons ajouté, avec quel acharnement, avec quelle injustice, les passions politiques, après ses victoires, le poursuivirent.

Et cependant la conquête d'Alger ce devait être pour lui, il l'espérait, le seul moyen, le glorieux moyen de faire oublier la désertion de Waterloo!

« D'autres, par une ambition noble, par un pur amour de la gloire, pouvaient aspirer au commandement d'une armée française; pour lui, c'était une nécessité fatale, un besoin d'expiation qui le poussait à y prétendre; la tâche de sa vie ne pouvait s'effacer que par l'éclat d'un triomphe militaire[1]. »

Non seulement parmi les députés et les journalistes d'opposition, hostiles en principe à la politique, bonne ou mauvaise du gouvernement, mais dans la petite bourgeoisie et ce que nous appelons aujourd'hui le prolétariat, chez les boutiquiers, abrutis par l'esprit mercantile, chez les ouvriers, livrés à tous les aveuglements, à tous les dénigrements de l'ignorance, l'expédition d'Afrique était, par anticipation, suspecte ou odieuse. Les uns craignaient qu'on ne réussît pas, les autres qu'on réussît trop bien.

Au contraire, dans le monde des littérateurs et des artistes, elle provoquait une ardente curiosité.

C'était comme une répétition de l'expédition d'Egypte. Une

1. Camille Rousset, LA CONQUÊTE D'ALGER, p. 80.

race, une langue, une civilisation presque inconnues et d'autant plus attirantes, un monde mystérieux à découvrir. Pour les archéologues, l'Afrique romaine et chrétienne à retrouver, les souvenirs de Scipion et ceux de Saint-Augustin, et toutes ces villes, jadis prospères, florissantes, endormies maintenant dans leur manteau de sable. Pour les artistes, une architecture d'une grâce incomparable, un sol, un ciel et une mer merveilleusement colorés, une fête de la lumière, et l'invincible attrait du soleil. Partout des tableaux qui s'offraient, monuments, paysages, scènes de mœurs, avec une population qui avait, d'instinct, depuis les temps bibliques, le sens des belles attitudes.

Des écrivains, des savants, dès que l'expédition fut décidée, demandèrent à y prendre part, et, généralement, comme interprètes.

Le plus connu, dont Merle, dans son livre, parla longuement, ce fut Eusèbe de Salles ou plutôt Dessalle.

Né à Montpellier en 1796, il avait publié en 1821, avec Amédée Pichot, une traduction de Byron. Neuf ans plus tard, son titre d'ancien élève à l'Ecole Royale des langues orientales lui valait d'être nommé interprète au quartier général de l'armée d'Afrique. Cet interprète se révéla remarquable romancier. Il disait dans une lettre à un de ses amis : « Je me suis mis à écrire la campagne d'Alger. Je l'arrange en Walter-Scottade pour faire un livre qui ne ressemble pas à tous ceux qui pleuvront sur ce sujet ».

Ce livre, ALI LE RENARD OU LA CONQUÊTE D'ALGER, parut, chez l'éditeur Gosselin, en 1832. Un peu touffu, avec ses deux volumes in-8°, un peu débordant, il est remarquable par sa couleur locale et son vif intérêt documentaire. Il mériterait d'être réédité[1].

Nombreux furent les peintres qui, sans autre arme que leur pinceau, suivirent l'expédition. Merle en cite quatre qui avaient déjà en France une assez grande réputation : Théodore Gudin, Eugène Isabey, Charles Langlois, Wachsmut et Gilbert de Brest.

Théodore Gudin, qui, plus tard, possesseur du magnifique château de Beaujon et du plus bel atelier de Paris, devait, accablé de commandes par Louis Philippe, fonder une véritable usine de peinture, exposa au salon de 1831 une *vue des environs d'Alger*,

1. Sur la clef de cette histoire romancée, voir un curieux article d'Emile Fleuriot de Langle. (*Revue Méditerranéenne*, N° de novembre 1929).

route de Staoueli à Kalef, un *Coup de vent du 26 juin* 1830 *à Sidi-Ferruch* et une *Vue de la plage de Sidi-Ferruch et du camp retranché.*

Célèbre par ses panoramas, Charles Langlois, ancien élève de l'école polytechnique, et, en sa qualité de chef de bataillon d'état-major, peintre de batailles, exposa au salon de 1831 un *Combat de Sidi-Ferruch.* Après un panorama de Navarin, rue du Marais-du-Temple, 40, il donna un panorama d'Alger.

Eugène Isabey était le second fils de Jean-Baptiste Isabey, le miniaturiste, qui mourut, presque nonagénaire, en 1855. Très parisien, très mondain, il excellait à faire valoir ses œuvres, mais on l'accusait de peindre ses marines dans son atelier, loin de la mer — sans doute pour ne pas se laisser influencer. Il ne paraît pas avoir beaucoup profité, comme peintre, de son séjour en Algérie, sinon pour se faire décorer, en 1832.

Pierre-Jules Gilbert, dit de Brest, parce qu'il était né dans cette ville, en 1788, se spécialisait dans les tempêtes et les batailles navales.

Professeur de dessin comme Gilbert, Wachsmutt exposa en 1830 au Luxembourg une *Habitation d'Arabes à Pelika, dans les environs d'Alger*, une *Fontaine sur les hauteurs d'Alger*, et une *Maison de campagne turque au bord de la mer.*

Avec plus ou moins de talent, avec plus ou moins de succès, ce furent des précurseurs. Ils firent entrer la peinture en Algérie et l'Algérie dans la peinture. Après eux vinrent des peintres qui devaient les surpasser, Delacroix, qu'il suffit de nommer, Horace Vernet, avec ses grandioses images d'Epinal, Decamps, Fromentin qui séjourna en Algérie en 1846, de 1847 à 1848 ou 1852, et poussa jusqu'à Laghouat; Henri Regnault, qui habita Tanger, rue des Synagogues, dans une maison mauresque qu'on montre encore aux étrangers, et, plus près de nous, Lazerges, qui exposa au salon de 1880 une *Femme de Bou-Saada*, et Gustave Guillaumet, qui, au même salon donna une *Vue de Laghouat.*

Quant à ceux qui, de nos jours, continuent la tradition et inondent leurs tableaux d'azur et d'or, on ne saurait les énumérer et on ne peut que les admirer en bloc. Ils sont trop!

Comment Merle fut-il amené à prendre part à cette croisade de l'art et à la littérature ? Il donne plutôt l'impression d'un de ces écrivains, des journalistes surtout, appelés plus tard *boulevardiers,* pour lesquels il n'existait, au monde, qu'un seul endroit habitable, Paris. Il s'en éloigna cependant, un ou deux mois, par un goût mystérieux de l'aventure qu'on ne lui soupçonnait pas, par amour du changement, ou simplement, par le désir assez naturel d'aller chercher, au delà de la Méditerranée, un sujet de livre.

Il lui fallait, pour éviter bien des difficultés, un titre quasi-officiel. Il sollicita et il obtint celui de secrétaire particulier du comte de Bourmont. Ce titre, on le lui a contesté. Un ex-officier d'ordonnance du général en chef, E. d'Ault Dumesnil, écrivait en 1832 dans la préface de son livre de L'EXPÉDITION D'AFRIQUE EN 1830 :

« En publiant un recueil D'ANECDOTES HISTORIQUES ET POLITIQUES POUR SERVIR A L'HISTOIRE DE LA CONQUÊTE D'ALGER, M. Merle a pris le titre de *secrétaire particulier* de M. le comte de Bourmont. A la faveur de ce titre, ces anecdotes usurpent une autorité à laquelle elles ne peuvent pas prétendre. M. le maréchal de Bourmont, n'eut point de *secrétaire particulier* pendant la campagne d'Afrique : son fils aîné (Louis de Bourmont), qui était son aide-de-camp, lui en tint lieu. Nous avons accompagné le maréchal partout durant toute l'expédition, et nous devons affirmer que M. Merle ne l'a suivi ni à bord du vaisseau amiral, ni au débarquement sur la côte d'Afrique, ni à Staouéli, ni à Sidi-Khalef, ni devant le château de l'Empereur, ni dans la Cassauba, ni au pied de l'Atlas. M. Merle est demeuré jusqu'après la prise de la ville dans la presqu'île de Sidi-Ferruch, d'où il est venu ensuite s'embarquer à Alger pour retourner en France : où et comment aurait-il donc rempli les fonctions de secrétaire particulier du maréchal de Bourmont ? »

Il n'y a là qu'un malentendu. Merle ne désirait nullement, quand il demandait ce titre de secrétaire particulier, en remplir les fonctions, et Bourmont ne songea pas le moins du monde à les exiger de lui. Il voulait simplement ne pas se mettre en route, sans être, dans une certaine mesure, accrédité, sans avoir l'assurance qu'on ne le traiterait pas comme un intrus et un gêneur.

L'essentiel, c'est qu'il soit allé à Alger et qu'il en ait rapporté un livre renseigné et amusant, beaucoup plus amusant que celui d'Ault Dumesnil, ce qui expliquerait peut-être les sévérités de celui-ci.

Dans le *Roman de la Conquête de* 1830, publié en 1929 dans la *Revue des deux Mondes*, M. Louis Bertrand fait figurer, entre autres personnages, le « sieur Loiseau », un vaudevilliste, ex-directeur des Délassements comiques. Il nous le présente, le 23 juin, à une table d'officiers, au restaurant Hennequin, à l'enseigne du *Pourvoyeur de Nantes*[1], « couvrant de sa faconde, comme d'habitude, le bruit des conversations », plus que jamais fier de lui, venant d'organiser au camp une imprimerie — la première imprimerie algérienne — et rêvant de fonder un journal qui s'appellerait le *Phare de Sidi-Ferruch* ou l'*Eclaireur de la Régence...*, d'ailleurs, cordial, sympathique, un peu trop familier, et donnant volontiers des leçons de stratégie.

Le « sieur Loiseau » c'est Merle, mais ce portrait de Merle n'est qu'une caricature, la caricature d'un journaliste qui aurait débuté comme voyageur de commerce, la caricature d'une sorte de sous-off de la littérature. Nous avons vu que Merle était autre chose et, si on ne connaissait rien de sa vie, son livre seul suffirait à le prouver.

Quel fut son rôle d'observateur, de reporter très clairvoyant, très avisé, il l'indique et le montre suffisamment dans ce livre pour que nous n'ayons pas à y revenir.

Après la prise d'Alger, il se hâta de revenir à Paris. Il y retrouva sa femme, toujours agitée, toujours frémissante, et très intéressée et occupée par une de ces passions *uniques* qui se renouvellent plusieurs fois dans la vie des grandes amoureuses.

Merle, comme mari de Mme Dorval[2], et Alfred de Vigny, comme amant en titre, débutèrent en même temps, c'est-à-dire en 1829. A cette époque, Vigny écrivait dans son *Journal* :

« Quoiqu'on ait abusé de l'adultère, ce crime, on n'en a pas encore sondé la profondeur, le supplice de l'amant, sa honte devant l'époux trahi... »

L'époux trahi, on a supposé que c'était Merle. Il ne paraît pas avoir beaucoup souffert de la trahison, ni s'en être étonné. « Ma femme, disait-il, c'est Marie-Madeleine. » Cette constatation et cette définition le portaient à l'indulgence.

1. Ces détails, M. Louis Bertrand les a pris, et c'était son droit, dans le livre de Merle.

2. C'était son nom de théâtre, le nom de son premier mari, nous ne la désignerons pas autrement.

Sur les débuts de cette liaison, on ne sait que peu de chose. Elle ne s'étalait pas au grand jour. Alfred de Vigny, malgré ses trente ans et son passé d'officier de carabiniers, avait des scrupules. Il hésitait, il atermoyait. S'il ne s'agissait pas d'un poète et qu'un langage plus noble en parlant de lui ne s'imposât, nous dirions qu'il tournait autour du pot. Mme Dorval, dut faire les premiers pas, et elle en avait assez l'habitude. Elle finit par demander un jour à l'amoureux transi : « Quand les parents de M. le comte viendront-ils demander ma main ? » Il comprit, il se décida, et, ce jour-là, comme dit l'Alighiéri, *ils ne lurent pas plus avant.*

En 1830, les deux amants étaient à l'apogée de leur passion, et cette passion n'allait pas sans quelques orages.

L'amour, on l'a justement remarqué, suit les caprices de la mode et il se laisse fortement influencer par le Livre et par le Théâtre. En 1831, le Romantisme régnait. Il dominait tout, les mœurs et les lettres, la scène, les salons et même les alcôves. Le monde était plein d'Antonys et d'Adèles, qui ne se résignaient pas à aimer simplement, et qui abusaient des grands mots, des tirades, des serments, des imprécations, des invocations à Dieu ou au diable, du poignard et du trémolo.

Elle me résistait, je l'ai assassinée[1] !...

On ne doit donc pas s'étonner que Vigny, un poète, et Marie Dorval, une actrice et une actrice de drame, soient tombés dans ce travers, sous les regards bienveillants d'un mari sceptique et débonnaire.

Dans un *Journal intime* qui était resté inédit, et qu'on a publié en 1925, un écrivain du temps, Antoine Fontaney, nous donne quelques détails assez curieux sur ce ménage à trois :

1831

Lundi 22 août. — Je suis allé à la Porte Saint-Martin voir *Marion Delorme* (jouée pour la première fois le 11). J'ai retrouvé

1. On a raconté que, dans une tournée en province, l'acteur, au moment de prononcer la fameuse phrase finale, se troubla et resta court. Mme Dorval, pour sauver la situation, se releva et s'écria d'une voix sépulcrale : « Je lui résistais, il m'a assassinée ! » et le rideau tomba au bruit des applaudissements.

Boulanger (le peintre Louis Boulanger) avec Victor (Hugo) à une loge d'avant-scène au 3ᵉ, puis nous sommes allés tous dans la loge de Mme Dorval. Elle a été charmante... Cette physionomie de femme est curieuse. Son grand front bombé, puis son petit nez et ses lèvres pincées et minces qui semblent toujours étreindre[1]; et ce teint brun, cette figure animée, tout cela est à observer... Merle est venu, Merle, le mari, grand, gros, assez poli et uni, mais moins spirituel qu'on ne le fait.

Dimanche 18 *septembre.* — Je vais à la Porte Saint-Martin voir Mme Dorval. L'émeute est déjà couchée[2]. La garde nationale revient. Nous reconduisons Mme Dorval et M. Merle chez eux. De Vigny me ramène en cabriolet.

1832

Dimanche 16 *décembre.* — A 2 heures, je sors et vais au concert de Fétis. Roger et De la Salle étaient dans une loge; cela se trouve à merveille. Nous causons beaucoup de l'*Europe littéraire* (journal qu'on venait de fonder et qui compta Balzac parmi ses collaborateurs). Je reconduis après le concert Mme Dorval que Merle me laisse. Elle est moins provocante. De Vigny a repris quelque empire... »

Entre le poète et l'actrice, il y avait eu, en 1831, une nouvelle lune de miel.

Pour être agréable à sa maîtresse, sans nuire d'ailleurs à ses intérêts d'auteur dramatique, il avait résolu de lui confier le rôle de la Maréchale d'Ancre, dans la pièce qui porte ce titre et qui fut jouée à l'Odéon le 25 juin 1831. Au dernier moment il fut obligé de donner ce rôle à Mlle George.

Deux mois après, il envoya à Mme Dorval un exemplaire, richement relié, de la pièce imprimée, avec cette dédicace :

A Mme Dorval, La Maréchale d'Ancre, Alfred de Vigny, 1831.

1. On sait qu'elle disait : « Je ne suis pas jolie, je suis pire. »

2. « Paris, en ce moment, se trouvait en proie à une émeute dont la prise de Varsovie était la cause ou le prétexte. » MÉMOIRES DE M. GISQUET, *ancien préfet de police.* P. 1840, tom, I, 0. 235. Cette émeute avait commencé le 15 septembre.

Il lui fit remettre, à la même époque, son propre manuscrit, de premier jet, avec ses corrections et ces quelques lignes sur la feuille de garde :

« A Madame Dorval,

« Je n'ai que ce moyen de vous rendre ce drame qui fut écrit pour vous, Madame; vous vouliez le jouer, mais vous n'êtes reine à votre théâtre que par le talent et ce n'est pas une royauté toute puissante que celle-là au temps où nous sommes ».

ALFRED DE VIGNY.

Le 15 août 1831.

Cet envoi était accompagné d'un sonnet : « *Si des siècles mon nom*... » et d'une lettre dans laquelle le poète disait : « J'irai aujourd'hui dîner avec vous, selon votre gracieuse invitation, et vous suis mille fois dévoué[1] ». Mille fois, c'était beaucoup.

L'accord dura peu. Parmi tant de qualités, il en manquait une à Mme Dorval, et c'était justement celle à laquelle son amant tenait le plus : la fidélité. De menues trahisons, qui pour un homme moins attaché à la recherche de l'absolu, n'auraient pas tiré à conséquence, le torturaient cruellement. Et ces trahisons, pour comble de malheur, il n'en était pas même tout à fait sûr, et, d'ailleurs, on ne l'est jamais, et il s'efforçait de ne pas y croire. Presque sans transition, et comme par accès, il passait de la jalousie à la confiance, de la confiance à la jalousie.

C'est probablement dans un de ces moments de détresse qu'il disait dans une lettre à son ami de Wailly, le 29 septembre 1834 : « Je suis triste, je ne puis ni lire, ni écrire, et je me tue à penser. Venez, je vous écouterai et vous me ferez du bien. »

Dans ses vers pleins d'amertume, que tout le monde connaît, et surtout dans son poème la *Colère de Samson*, il rendait la femme responsable du mal qu'une femme lui avait fait.

Le drame de *Chatterton* allait amener en 1835 un rapprochement, une réconciliation.

La pièce devait être représentée à la Comédie Française, le 12 février. Tout le monde pensait que le rôle de Ketty Bell serait

1. MARIE DORVAL (1798-1849) *Documents inédits*. P. 1808.

tenu par Mlle Mars, qui approchait de la soixantaine et qui était la seule à ne pas s'en apercevoir. Vigny préférait donner le rôle à une actrice plus jeune de vingt ans, Mme Dorval, à laquelle il convenait beaucoup mieux, et cette fois il paraissait résolu à ne pas céder.

Grand émoi à la Comédie Française, d'autant plus qu'il existait une sorte d'antagonisme entre ce théâtre, dernier asile de la Tragédie, et la Porte Saint-Martin, « citadelle du Romantisme. »

Blessée dans son amour-propre, menacée dans ce qu'elle appelait ses droits, Mars s'agitait, se démenait, fulminait. Elle avait de nombreux et puissants partisans, et elle savait les utiliser. Le roi lui-même fit mine d'intervenir en faveur de la vieille actrice irritée, mais devant la ferme attitude de Vigny, il s'inclina, et, affectant de ne conserver de son insuccès aucune rancune, à un bal donné par le préfet de la Seine, il souhaita au poète un bon succès pour son drame.

Lorsque, le jour de la première répétition, Mme Dorval franchit le seuil, l'auguste seuil, à la Comédie Française, l'accueil fut poli, strictement poli, avec un mélange, savamment dosé, de froideur et de dédain. Comment n'en aurait-il pas été ainsi, puisque le drame et même le mélodrame osaient pénétrer, par effraction, dans le Temple des Muses classiques ?

L'actrice s'attendait à cette réception peu cordiale. Elle affecta de ne pas s'en émouvoir. Son mari, le sage Merle, lui avait instamment recommandé d'opposer à tous les mauvais procédés un visage serein et un front impassible.

Au dehors, la guerre avait commencé. Ami de Merle, mais grand admirateur de Mme Mars, Charles Maurice, dans son *Courrier des Théâtres*, attaquait Mme Dorval. Merle, dans ses réponses aux articles hostiles, ne se départait pas de son habituelle courtoisie. Un journal du clan des classiques ayant reproché à l'actrice à drame « l'audace qu'elle avait de se comparer à Mme Mars », son défenseur matrimonial, dans une lettre du 19 février à Charles Maurice, releva la phrase agressive, sans colère, sans indignation, avec une aimable ironie : « Que Mme Mars se console ! On a eu aussi l'audace de comparer Napoléon à Alexandre et à César, et il a eu la grandeur d'âme de ne pas s'en offenser. »

On continuait à répéter. Un soir, Mme Dorval pria Alfred de

Vigny de compléter le décor du dernier acte par un escalier tournant qui aboutirait à la chambre de Chatterton.

Vigny alla docilement demander cet escalier à Johanny qui devait jouer dans la pièce le rôle du quaker, et s'occupait de la mise en scène. Johanny eut d'abord envie de faire remarquer au poète, en qui il ne voyait et ne voulait voir qu'un dramaturge, qu'Agamemnon, Mithridate ou Theramène, depuis qu'il existait une Comédie-Française, ne s'étaient jamais servis d'un escalier. Mais la consigne était de se contenir, il se contint. Et du ton qu'il aurait pris pour dire : « Nous sommes résignés à tout, nous boirons le calice jusqu'à la lie. »

— Vous voulez un escalier, déclara-t-il, vous l'aurez.

Le jour de la première, le 12 février, à la scène finale, le quaker monta à la chambre de Chatterton. Ketty Bell, qui le suivait, poussa un grand cri, un cri d'agonie, lorsqu'elle vit le malheureux poète mort sur son grabat, et frappée au cœur, elle roula, masse inerte, du haut en bas de l'escalier. C'était un effet un peu gros, mais sûr, et il souleva une tempête d'applaudissements.

Après la représentation, lorsque Ketty Bell regagna sa loge, elle trouva, devant la porte, un quaker très embarrassé, très ému.

— Madame, dit-il, pardonnez-moi, je vous avais méconnue. Vous êtes une grande artiste.

Et pour toute réponse, Marie Dorval se jeta dans ses bras.

Le feuilleton le plus admiratif pour la pièce, l'auteur et les interprètes, ce fut celui de Merle, dans la *Quotidienne*, et ce mari magnanime jugeait ainsi sa femme :

« Mme Dorval a bien représenté cette jeune Ketty Bell, cette femme au visage tendu, pâle et allongé, à la taille élevée et mince ; elle a saisi, avec un talent digne des plus grands éloges, toutes les nuances de ce rôle et elle a peint avec sentiment l'épouse respectueuse et soumise, la mère tendre, la femme dévouée et même l'amante timide qui meurt de douleur sans laisser échapper un seul mot d'amour... Elle s'est élevée jusqu'à la hauteur de la tragédie dans les dernières scènes du troisième acte, et elle a révélé, dans trois ou quatre occasions, ce talent d'inspiration et de soudaineté qui électrise toute une salle... »

Quand un auteur dramatique est épris de sa principale interprète, comme l'y oblige une sorte de devoir professionnel, à condition que ne s'y oppose pas un âge canonique, une laideur prohibitive ou un excès de vertu, peu fréquent, rien autant qu'un succès commun ne les attache ou ne les ramène l'un à l'autre.

Ce fut le cas pour Alfred de Vigny et Marie Dorval mais pas pour longtemps. Les passions violentes durent peu. Leur propre flamme les consume.

La fameuse lettre écrite un jour, ou plutôt un soir, par le poète à l'actrice, cette lettre qu'un moraliste occasionnel et imprévu crut devoir supprimer, prouve bien que, dans leur liaison, les sens eurent une grande part. Il faut autre chose pour un véritable et puissant amour, et cette autre chose, l'harmonie, le juste rapport des caractères, des origines, de l'éducation, leur manquait complètement.

C'est ce qu'indique un peu brutalement, mais avec une forte proportion de vérité (et peut-être aussi de jalousie) ce long passage des MÉMOIRES d'Alexandre Dumas[1] où il nous montre une Marie Dorval à la fois ravie et stupéfaite de la poésie éthérée, des raffinements ou délicatesses qu'elle trouve dans l'amour d'Alfred de Vigny, *ou du moins dans l'expression verbale et scripturale de cet amour*, et qui lui paraissent à la fois charmants et absurdes.

Dans son étude (des PORTRAITS CONTEMPORAINS) sur Alfred de Vigny, Sainte Beuve a bien jugé ces deux amants, rivés l'un à l'autre, et ne pouvant ni s'aimer sans souffrance et irritation, ni s'éviter et se fuir :

« Il s'était avisé un jour de porter dévotement son cœur et son culte à une personne d'un grand talent, mais des moins préparées, à coup sûr, pour une telle offrande, et qui, elle-même, si on avait pu l'ignorer, aurait divulgué le mystère. L'illusion, de sa part, dura des années. On avait beau se dire, dans ce monde des poètes, que la passion explique tout, excuse tout, purifie tout, le contraire, ici, était trop frappant et plus d'un ancien admirateur d'*Eloa* ne pouvait s'empêcher de murmurer dans son cœur : « Sur quel sein cette larme de Jésus-Christ est-elle allée tomber! » M. de Vigny s'en aperçut lui-même un peu tard, mais il s'en aperçut... »

Le temps, heureusement, efface tout, arrange tout, bien ou mal. Si fort que paraisse un amour, chaque jour qui passe l'affaiblit.

1. Tom VII, p. 181 et suiv.

Et l'on s'étonne, un jour, du degré de désenchantement et de la profondeur d'oubli auxquels, peu à peu, on est arrivé. Cela aussi devait se produire pour Vigny et Marie Dorval.

En attendant, Merle, entre les deux amants, jouait le rôle de modérateur. Il le joua jusqu'à la fin. Il éprouvait pour le poète une vive sympathie, d'ailleurs réciproque. Rien de plus naturel. N'avaient-ils pas un lien commun ? N'aimaient-ils pas la même femme ?

Le mari intervenait parfois dans les scènes de jalousie, dans les querelles qui, de plus en plus, dressaient l'un contre l'autre les deux amants.

Dans leur association extra-conjugale, Marie Dorval avait la prétention de faire de l'infidélité une sorte de privilège personnel. Elle acceptait, et même avec plaisir, de tromper, mais elle supportait mal qu'on la trompât. C'est assez féminin.

Un jour elle se plaignait avec des cris, avec des larmes, comme au théâtre, des visites d'Alfred de Vigny à une autre femme, qu'elle prenait, à tort ou à raison, pour une rivale.

Merle était en train d'écrire un article, à sa table de travail. A la fin, un peu agacé par cette discussion qui rebondissait sans cesse, il se tourna vers sa femme et la gronda doucement :

— Voyons! voyons! calme-toi... puisqu'il te dit qu'il n'y est pas allé!

A côté d'un mari peu porté à l'emballement et à l'enthousiasme, très modéré de caractère et très classique d'esprit et de goûts (car au fond, il admirait Rachel beaucoup plus que sa femme et il restait fidèle à la tragédie) Mme Dorval, agitée, excessive, toute en cris et en gestes, jouait sans cesse le mélodrame à domicile.

Ils formaient cependant un assez bon ménage.

Merle avait un fils, sa femme, trois filles de son premier mariage, et tout ce monde vivait parfaitement d'accord.

On se laissait peut-être un peu trop envahir. Merle avait conservé l'habitude de recevoir à sa table, pas toujours bien garnie, des amis, des confrères, voire de simples écornifleurs, perpétuellement à l'affût d'un dîner, même médiocre. Venait qui voulait. La table était mise et le dîner prêt.

Un jour, par hasard, il ne se présenta personne. Merle et sa femme se réjouissaient de ce tête-à-tête imprévu. Tout à coup, la sonnette retentit et ils se regardent, terrifiés. On ouvre. Huit joyeux compagnons entrent bruyamment, disent à peine bonjour, se dirigent vers la salle à manger, comme dans un restaurant, et se mettent à table. Une énorme soupière apparaît, mais la maîtresse du logis disparaît, sans doute pour aller donner un ordre à la cuisine, et, un instant après, le patron lui-même. Quelques minutes s'écoulent, puis un bon quart d'heure. Les convives improvisés ne voyant arriver aucun plat s'étonnent, s'inquiètent. L'un d'eux, délégué par les autres, va interviewer la cuisinière, et celle-ci lui apprend que M. et Mme Merle sont partis pour dîner dans un café du voisinage. Le fourneau est éteint. Il n'y a plus rien à manger, absolument rien. — Et les huit convives partirent, la mine basse et le ventre creux.

A partir de ce jour-là, Merle décida de ne jamais avoir à sa table plus de quatre personnes non invitées. C'était ce qu'il appelait faire des économies.

Il n'avait jamais su s'adapter à une vie régulière, bourgeoise, et sa femme, en cela, ne lui ressemblait que trop. Or, avec sa littérature, il ne gagnait, comme la plupart de ses confrères, à peu près rien et elle, avec ses représentations à Paris et ses tournées en province, ne dépassait guère, « en ne se reposant jamais », une douzaine de mille francs par an. Une rigoureuse économie s'imposait, mais ils en étaient également incapables.

Peu dépensière pour elle, mais beaucoup trop pour les autres, généreuse à l'excès, obligée d'ailleurs de payer les dettes de son mari, sans compter les siennes, « elle était sans cesse réduite aux expédients[1]. »

Et d'autre part, sans que son talent diminuât, sa réputation déclinait. Le genre qu'elle représentait n'avait plus la même vogue, son jeu semblait démodé. Paris, qui oublie si vite, s'engouait d'actrices plus jeunes, plus habiles, et qui ne la valaient pas. Les écrivains de théâtre qui l'avaient la plus recherchée, adulée, choisissaient d'autres interprètes. Alfred de Vigny, qui ne lui pardonnait pas de l'avoir trop aimée, refusa de la recevoir. Et elle écrivait, le 29 janvier 1841, à Jules Janin :

« Merle m'a dit que vous voulez bien nous donner à déjeuner

1. George Sand, HISTOIRE DE MA VIE.

chez vous pour entendre un drame de M. Malfile[1]. Faites donc que cela soit bientôt. Il va me falloir reprendre la grande route, les romantiques m'ont planté (*sic*) là. Partout, dans les chemins, dans les auberges, j'ai appris *Phèdre*. Aidez-moi à revenir dans trois mois au Théâtre-Français et à rentrer par ce magnifique rôle. Il me semble que ce serait là une belle vengeance... »

La pauvre femme était de plus en plus asservie aux tournées en province, si fatigantes, si aléatoires ! Sa santé faiblissait. Le moral, sous le coup de tant de déceptions, réagissait de moins en moins. Toutes les énergies se lassent, tous les courages s'épuisent.

En 1848, Marie Dorval était si déprimée, qu'elle eut, à cette époque, une crise de neurasthénie aiguë, presque de folie. La Révolution de février l'épouvanta. Elle crut que les nouveaux maîtres du jour allaient poursuivre, traquer les légitimistes notoires et particulièrement les anciens rédacteurs de la *Quotidienne*. Elle vit déjà sa maison pillée, Merle sous les verrous. C'était lui donner trop d'importance.

Un dernier coup, le plus rude, le plus difficile à prévoir, l'acheva. Sa fille Caroline était mariée à l'acteur René Luguet. Ils avaient un fils, Georges, que sa grand'mère adorait. Cet enfant mourut à quatre ans et demi, le 16 mai 1848. Brisée et anéantie par la douleur, Marie Dorval, à partir de ce moment, ne fut plus qu'une âme désemparée, annihilée, dans laquelle ne survivait qu'un désir : disparaître. Elle attendit pendant un an, épuisée, désespérée, que la mort secourable la délivrât. Elle l'accueillit comme une amie.

Dans les derniers temps de sa maladie, la pauvre femme était venue habiter chez sa fille et son gendre, rue de Varenne. Au moment de mourir, elle fit appeler son mari qui, peut-être, pour ne pas trop s'émouvoir, fuyait cette chambre d'agonisante.

On amena un vieillard impotent qui, soutenu par René Luguet, se traîna avec peine jusqu'à un fauteuil, placé près du lit. La mourante le regarda un instant et des larmes coulèrent sur ses joues creusées par la maladie. Elle connaissait son égoïsme et son indifférence, elle en avait souffert, mais elle se souvenait de la douceur de son caractère, de son inépuisable indulgence, et il avait été le compagnon des bons et des mauvais jours. Elle voulut

1. Félicien Mallefille.

lui faire ses adieux. Elle n'en eut pas la force. Un léger souffle, qu'on entendit à peine, s'exhala de ses lèvres, et ses yeux, ces yeux admirables que Vigny et bien d'autres avaient aimés, se fermèrent, pour toujours. C'était le 18 mai 1849, un peu plus d'un an après la mort du petit Georges.

A celle qui venait de partir, Merle consacra un article très touchant dans lequel le mari, n'oubliant pas qu'il était critique dramatique, parlait aussi des déboires de sa femme dans sa dure carrière théâtrale, des jalousies qu'elle avait excitées :

« Pendant un de ces voyages d'artiste que Mme Dorval faisait avec tant d'éclat, quand déjà à Paris elle manquait d'engagements dignes de son talent et de sa réputation, elle reçut à Marseille une lettre de Janin avec ces simples mots de dédicace qui résument si spirituellement la position de la pauvre artiste : *A Mme Dorval, absente pour cause de génie.* C'était en effet son génie qui servait de prétexte pour motiver son ostracisme de nos grandes scènes. Un vieux sociétaire, retiré aujourd'hui, nous disait naïvement, il y a dix ans : *Quand Mme Dorval est dans un théâtre, elle y tient trop de place...* Tombée dans le découragement, elle avait fait graver un cachet avec ce seul mot espagnol pour devise : *Desingano* (Désabusée). Le chagrin qu'elle avait éprouvé de la cruelle position que l'injustice et l'ingratitude lui avaient faite a contribué à la conduire au tombeau pour le moins autant que la maladie qui l'a frappée[1]... »

La maladie de Mme Dorval avait été longue et coûteuse. Son gendre et sa fille vivaient au jour le jour et leurs maigres économies furent vite dépensées. Quant au mari, il ne connaissait et il ne connut jamais ni le mot, ni la chose. Il avait fallu, pour payer le médecin, pour acheter des remèdes, engager ou vendre des bijoux. On espérait qu'une représentation à bénéfice, *in extremis*, permettrait d'épargner à l'enfant et à la grand'mère la fosse commune. Cette représentation eut lieu le 3 octobre, au Théâtre-Français,

1. En 1835. René Luguet et sa femme purent enfin acheter un terrain au cimetière et y élever un tombeau dont une colonne porte cette inscription :

GEORGES LUGUET
ET
MARIE DORVAL
MORTE DE CHAGRIN

avec le concours de Rachel. Elle produisit six mille francs, tous frais payés, mais quand René Luguet rentra chez lui apportant cet argent, Merle s'en empara.

Ce vieillard, perclus de rhumatismes et qui pouvait à peine se mouvoir, avait été légué par Mme Dorval à son gendre et à sa fille.

« Aimable et bon, mais profondément personnel[1] » largement pourvu de cet égoïsme des vieux qui n'a d'égal que celui des jeunes, des tout jeunes, il n'éprouvait pas le moindre scrupule à être à la charge de Luguet et de sa femme, qui, jamais, jusqu'à sa mort, dans l'accomplissement de ce qu'ils considéraient comme un devoir, ne montrèrent ni ennui, ni lassitude.

Les huissiers ne le lâchaient pas. Il avait mis Grugeon dans son théâtre, Grugeon continuait à le mettre dans ses « exploits ». Ce fut pour payer ses dettes les plus pressantes, pour échapper à l'inexorable meute, qu'il se jeta avidement sur les six mille francs de la représentation à bénéfice. On essaya de les lui refuser. Il supplia, il pleura. On finit par céder, et de tout cet argent, quelques jours après, il ne restait à peu près rien.

Voilà où en était réduit, dans ces derniers jours, cet homme qui ne manquait ni de savoir, ni de talent, et qui, toute sa vie, avait travaillé.

Vaincu dans cette lutte inégale contre la misère et la malechance, il essayait de sauver la face et ne voulait pas être plaint.

« On t'a, je crois, un peu exagéré ma position morale, écrivait-il à Charles Maurice, le 13 octobre 1846, je ne suis pas découragé, je suis, au contraire, résigné à tout ce qui peut m'arriver. Le passé ne me préoccupe pas, je t'assure, je n'ai rien à y reprendre ; j'accepte le présent, si dur qu'il soit, et quant à l'avenir, je l'attends pour le recevoir comme il le méritera... »

En dépit de tous ces efforts pour ne pas se laisser abattre et ne pas se donner une attitude de vaincu, les années pesaient lourdement sur ses épaules. Elles s'aggravaient de disgrâces physiques auxquelles son optimiste d'autrefois, son heureuse insouciance résistaient de moins en moins. Il était las des autres et de lui-même. Paris, qu'il ne reconnaissait plus, et où il ne voyait que des étran-

1. George Sand, HISOIRE DE MA VIE.

gers et des indifférents, l'ennuyait. Dans une lettre au même Charles Maurice, le 2 août 1849, il l'enviait de pouvoir s'installer définitivement à la campagne, sur les coteaux de Cormeilles. Ensemble, ajoutait-il, nous avons jadis répété le mot d'Horace : *O rus, quando te aspiciam!*

La campagne, « les charmes du repos et des loisirs », comme il disait dans cette lettre, aurait-il pu encore les goûter, les comprendre ?... Le temps avait fait son œuvre. Le spirituel vaudevilliste, l'aimable boulevardier, le *Merle blanc* n'était plus, lumière qui s'éteint, qu'un infirme, un vieil homme condamné à l'immobilité, à la solitude, et que tout abandonnait. Ses dernières années ne donnent aucune prise aux biographes et n'offriraient, pour les lecteurs, aucun intérêt. Représentant trop attardé ou trop effacé d'une grande époque qu'affectaient de dédaigner ou d'ignorer les générations nouvelles, il mourut, il acheva de mourir, en 1852, dans l'oubli et le silence.

Mais ce silence et cet oubli ne devaient pas être définitifs. La Conquête d'Alger porta bonheur à celui qui, un des premiers, l'avait racontée[1]. Quatre-vingts ans après sa mort, cent ans après l'expédition d'Afrique, son récit animé, pittoresque, son livre de bon reporter et de bon Français plaide pour sa mémoire, évoque son image et ressuscite son nom.

HENRI D'ALMÉRAS.

1. La première édition des ANECDOTES HISTORIQUES ET POLITIQUES POUR *servir à l'Histoire de la Conquête d'Alger en* 1830, par J. T. Merle, secrétaire particulier de M. le comte de Bourmont, commandant en chef l'expédition d'Afrique » parut en 1831. chez le grand éditeur légitimiste G.-A. Dentu, rue du Colombier, N° 21.

A

MONSIEUR LE MARÉCHAL, COMTE

DE BOURMONT

MONSIEUR LE MARÉCHAL,

Quand j'ai eu l'honneur de prendre congé de vous à la Cassauba, vous étiez au moment de quitter Alger; vous vous occupiez encore sans relâche des besoins et de l'avenir de votre armée, et des récompenses que vous demandiez pour elle; je fus témoin de votre constante sollicitude, pour le repos et la prospérité de la conquête dont vous veniez de doter votre patrie; vous receviez les serments du bey de Tittery et sa soumission au roi de France; vous donniez vos dernières instructions à votre fils aîné, chargé par vous d'aller soumettre Oran, et vous ordonniez en même temps les apprêts de l'expédition de Bone; vous étiez environné de l'estime de vos compagnons d'armes et de l'admiration de l'Europe[1] *:*
(1) : *rien ne manquait à votre gloire!*

1. Les galeries de la Cassauba et les salons du maréchal étaient remplis, tous les jours, des consuls de toutes les nations, qui venaient faire leur cour, et d'étrangers de distinction, qui sollicitaient l'honneur d'une présentation. Dans ces réunions, ce n'était qu'un concert de louanges sur l'éclat et grandeur de la conquête, sur la rapidité de nos victoires, et sur les talents militaires du général en chef.

Aujourd'hui, c'est sur la terre d'exil, où la tempête politique vous a jeté, que je viens vous offrir le témoignage de mon inviolable attachement; j'ose espérer, MONSIEUR LE MARÉCHAL, *que vous daignerez accueillir le modeste souvenir d'un homme que vous avez honoré de votre confiance. L'excuse de la liberté que je prends de placer votre nom à la tête de cet ouvrage, se trouve dans le noble exemple que vous donnez, d'une si touchante fidélité à tant d'augustes infortunes.*

Je m'estime heureux de trouver une occasion de vous renouveler l'hommage du respectueux dévouement avec lequel je serai toujours,

MONSIEUR LE MARÉCHAL,

Votre très humble et obéissant serviteur,

J.-T. MERLE [1]

Paris, 5 juillet 1831.

1. Comme l'indique son titre, le livre de Merle est plutôt un tableau pittoresque, un amusant reportage, qu'une histoire suivie. Pour lui donner plus d'utilité, sinon plus d'agrément, nous avons cru devoir le compléter par des appendices, à la fin du volume sur les principaux épisodes et les faits essentiels de la conquête, et par des notes documentaires au bas des pages, notes distinguées de celles de l'auteur par les lettres (*Ed.)*

> Je prierai les lecteurs de ce mien labeur, qu'ils vueillent prendre en bonne part tout ce que j'y ai escrit ; vous asseurant tout ce que j'afferme avoir veu estre véritable ; et quant à ce que je récite avoir ouy, je le tiens de gens dignes de croire. (JOINVILLE).

L'*expédition d'Afrique est impossible*; *elle est ruineuse*; *elle est inutile*; *elle n'aura aucun résultat* : tels étaient les thêmes sur lesquels tous les organes de l'opposition composaient leurs diatribes contre l'entreprise la plus grande, la plus noble, la plus glorieuse et la plus morale qui ait honoré l'histoire d'une grande nation. Amiraux, pairs de France, députés, journalistes, tous s'étaient ligués, dans les intérêts du libéralisme, contre l'exécution de la volonté royale. Discours, pamphlets[1], articles, caricatures, rien ne fut épargné pour flétrir d'avance les lauriers de notre armée. Le parti qui se disait *national*, ne rougissait pas d'avertir le dey de son danger, de le prévenir de nos préparatifs, de lui faire connaître nos forces et de lui divulguer nos moyens d'attaque. On ne recula pas devant l'idée d'en appeler aux intérêts de l'Europe contre cette expédition; on effraya les peuples sur ses résultats,

1. Il est curieux de se rappeler avec quel mépris et quelle légèreté on traitait cette expédition, qui, malgré le dépit qu'on en a, sera regardée comme une des grandes gloires de la France. M. de la Borde, la trouvait *injuste dans son origine, imprudente dans sa précipitation, infructueuse dans ses résultats,* COUPABLE ET CRIMINELLE *dans son exécution.* Avec ce ton de bonne ou de mauvaise plaisanterie qu'il mêle aux choses les plus sérieuses, il feignait de ne voir dans la conquête d'Alger, et dans la destruction de la piraterie, qu'*une Iliade pour un ministre, et une croisade pour des traitants.*

M. l'amiral Verrhuel, à la tribune de la Chambre de pairs, a déclaré, le 6 mars 1830, que son expérience, comme marin, lui donnait la conviction que le succès de l'expédition était *impossible.*

et on se félicita hautement d'avoir amené la diplomatie anglaise à intervenir dans la destination de notre conquête présumée.

Le ministère du 8 août, au nombre de ses fautes, ne comptera pas au moins celle d'avoir méconnu les exigences de la dignité nationale et d'avoir compromis l'honneur de la France. L'expédition d'Afrique a été entreprise malgré l'Europe; elle a réussi malgré le parti libéral. En vingt jours, la piraterie, qui désolait la chrétienté depuis trois cents ans, a été détruite : *Alger la guerrière* a succombé sous les armes de la France; l'étendard du dey a été remplacé par le pavillon blanc; 60 millions trouvés dans le trésor de la Régence ont payé les frais de la guerre; huit cents bouches à feu d'un grand prix et d'une grande beauté, sont dans nos arsenaux, et une colonie aussi vaste que la France, qui n'attend que les bienfaits de la culture et de la civilisation, pour nous offrir tous les produits des deux Indes; tels sont les premiers avantages que nous avons retirés d'une entreprise dont le succès a eu pour récompense la chute d'un trône de quatorze siècles et la déchéance du prince qui avait conçu et fait exécuter ce vaste projet.

Que la France régénérée par la révolution de juillet mette cinq cent mille soldats sur pied; qu'elle menace l'Europe de ses armées et de son drapeau tricolore; qu'elle dévore chaque année 1.500 millions d'impôts; qu'elle courre après la chimère de ses nouvelles gloires de propagande, payées d'avance par la ruine de notre industrie commerciale et agricole; qu'elle se complaise dans les illusions de ses prospérités futures et dans les rêves d'une liberté effrayante; qu'elle réalise même les bienfaits de sa république, la restauration comptera dans quelques années avec elle : nous verrons alors laquelle des deux sera redevable à l'autre de gloire et de bonheur; nous verrons, en règlement de compte, ce que les barricades de juillet, la royauté citoyenne, le juste milieu, les émeutes, les conspirations et la non intervention, auront à opposer à quinze années de paix, de crédit, de fortune publique et privée, d'illustrations de tous les genres et de dignité politique; nous verrons, enfin, ce que la grande semaine aura à mettre en regard de la conquête d'Afrique.

Il fallait bien que cette expédition eût un caractère de grandeur qui lui fût particulier, pour enflammer toutes les imaginations. L'immense majorité de la France la vit avec orgueil, et l'Europe entière avec envie; de tous côtés on sollicitait la faveur d'en faire partie. Du fond de la Bohême, un officier des plus distingués de la marine anglaise[1] accourut pour assister à ce grand spectacle; des bords de la mer Noire, un officier général russe[2] vint se placer dans les rangs de notre armée, et le fils d'un des plus illustres généraux de l'Autriche, obtint l'honneur d'y servir comme volontaire[3]. Des artistes distingués[4] quittèrent leur atelier, pour aller étudier les beaux sites de l'Afrique, et reproduire aux yeux de la France les faits glorieux de la campagne; des savants se firent attacher à l'armée en qualité d'interprètes[5]; des hommes de lettres[6], séduits par le prestige poétique de cette expédition, témoignèrent aussi le désir d'y prendre part.

Comme tant d'autres, je fus sous le charme, et j'éprouvai le plus vif désir de faire la campagne. J'obtins de la bonté de M. le prince de Polignac l'honneur d'être accueilli par M. de Bourmont en qualité de son *secrétaire particulier*[7].

Cette position m'a mis à même de voir de près les évènemens. Je ne serai pas gêné pour dire la vérité, parce que *je ne dois de ménagements à personne* : je ne suis lié ni par la crainte ni par la reconnaissance. N'ayant ni sollicité ni obtenu de faveurs, je dirai franchement ce que j'ai vu, depuis la tente du général en chef jusqu'au bivouac du soldat. Séduit par l'éclat de cette nouvelle

1. M. Mansell, capitaine de vaisseau anglais.
2. Le comte Filosofow, officier général russe.
3. Le prince de Schwartzemberg, officier de cavalerie autrichien.
4. MM. Th. Gudin, Eugène Isabey, Langlois, Wachsmuts, Gilbert de Brest, etc., etc.
5. MM. Eusèbe Desalles, savant médecin et habile naturaliste (*sic*); Vincent, l'un des hommes les plus instruits dans la connaissance des langues orientales; Lauxerrois, jeune homme d'une grande érudition, attaché aux archives des affaires étrangères : enfin, l'infortuné Destains, qu'une mort tragique enleva à ses amis, quelques jours avant le départ de l'expédition.
6. Dans le nombre, je citerai M. Jal, qui fit en amateur le voyage et assista aux premières affaires.
7. Ce fut en 1804 que j'eus l'honneur de voir pour la première fois, M. de Polignac : il était sur les bancs du tribunal criminel de la Seine, et commençait alors, âgé de vingt-deux ans, cette longue carrière de fidélité et de dévouement à la famille des Bourbons, qu'il termine aujourd'hui dans les cachots du fort de Ham. Je l'ai revu à Londres, vingt-quatre ans après : il était alors ambassadeur de France. Je lui avais été recommandé par un de nos amis communs, il me reçut avec cette politesse affectueuse et ces manières aisées et bienveillantes qui le caractérisent. Je suis allé lui présenter mes devoirs, quand il est arrivé au ministère, et j'ai eu souvent l'occasion de causer avec

croisade, j'ai suivi l'armée sans autre but que celui de voir; aucun calcul d'intérêt ni d'ambition ne m'a fait entreprendre ce voyage, que je puis dire avoir fait en dupe, ne pouvant avoir part ni aux honneurs de la victoire, ni aux bénéfices de la conquête; je ne suis ni un des vainqueurs de Staoueli, ni un des *spoliateurs de la Cassauba* : je suis revenu à Paris plus pauvre que j'en étais parti, je pourrais presque dire que j'ai fait la guerre à mes dépens; mais, comme Figaro, j'ai voulu au moins du plaisir où je ne trouvais pas de profit, et j'avoue que je me suis bien amusé de la suffisance de beaucoup de grosses épaulettes, de l'impertinence de quelques intendans et des ridicules prétentions de tant de gens que j'ai rencontrés sur mon passage, depuis la terrasse de Torre-Chica jusqu'aux antichambres de la Cassauba. Je me suis convaincu qu'il y avait plus de comédie dans une journée de quartier-général qu'il ne s'en fait en un an dans quatre théâtres royaux; je ne désespère pas de pouvoir un jour amuser le public de quelques caricatures militaires, que leur épée et leurs croix ne mettront pas à l'abri des bonnes et grosses bêtises d'Odry. Qu'on ne pense pas cependant que je me sois borné à observer la campagne sous le point de vue comique : il eût été impossible de n'être pas vivement touché de la bravoure et du dévouement de nos soldats, dont le plus grand nombre voyait pourtant le feu pour la première fois :

lui des évènements politiques et des embarras parlementaires de son administration. Je dois dire ici, sans crainte d'être démenti par aucune des personnes qui ont été admises dans son intimité, que j'ai peu connu d'hommes, même de l'opinion libérale, qui eussent des idées constitutionnelles plus fortement arrêtées. M. le prince de Polignac, avait longtemps vécu en Angleterre, et il s'était passionné pour les principes de ce gouvernement modèle, qui concilie toutes les conséquences de la liberté avec le respect de la royauté et des prérogatives de la couronne. Il était, il faut le dire, partisan de l'influence que l'aristocratie anglaise exerce sur l'action de la machine gouvernementale, parce qu'il était consciencieusement convaincu que cette influence est salutaire à la prospérité du pays et aux garanties du peuple et du Roi. Je l'ai entendu, dans les positions les plus difficiles, s'écrier, avec l'accent d'une résolution bien prise « *Surtout, ne sortons pas des voies constitutionnelles! Si la révolution nous menace, combattons-là à coups de Charte!* Explique, après cela qui pourra les ordonnances de juillet; quant à moi, je ne puis les attribuer qu'à cet empire que la volonté du Roi exerçait, depuis l'enfance, sur le cœur de M. de Polignac; à cette religion du dévouement, qu'il professait avec tant de loyauté; à ce culte de fidélité, qu'il avait voué à ses souverains légitimes, et qui pendant trente ans, lui a fait jouer sa tête avec une si courageuse indifférence, en répétant cette vieille devise française : Fais ce que dois, advienne que pourra.

ils y allaient avec le sang-froid de nos vieilles bandes : en tirailleurs, en carré, dans la tranchée, c'étaient toujours la même gaieté et le même courage.

Je n'ai pas besoin, je pense, de m'excuser de n'avoir pas donné de grands détails sur les opérations militaires de la campagne. Personne, à coup sûr, ne les attendra de moi. Je me serais bien gardé de m'affubler du ridicule de juger la partie stratégique de la guerre d'Afrique; je sais trop ce qu'on doit d'égards à nos *Folard* et à nos *Végèce* modernes, pour aller me faire des affaires avec leur susceptibilité. J'ai été témoin qu'un mot, mis dans une dépêche, a failli renouveler l'épisode de la bouderie d'Achille[1]. J'ai vu de près les habits brodés, et je me suis convaincu que c'est une race plus irritable que celle des poëtes.

L'opinion que j'émets très rarement, dans mon ouvrage, sur les combinaisons militaires, me vient toujours de bon lieu; c'est celle d'officiers distingués de terre et de mer, encore cette opinion n'arrive-t-elle qu'accidentellement, et parce qu'elle se rattache à quelque trait de mœurs ou à une anecdote que je tiens à raconter. J'ai pensé que ceux qui voudraient des détails militaires seraient satisfaits par les excellentes narrations de M. Fernel[2] et de M. Théodore de Quatrebarbes, et par les curieuses *Considérations* de M. le colonel Juchereau de Saint-Denis[3]. L'ouvrage de M. Denniée[4] offrira à ceux qui seront avides de renseignemens administratifs, le compte exact des consommations de l'armée, à une botte de foin près; enfin, la brochure de M. Odolant-Desnos fournira d'excellens renseignemens sur les avantages que la France peut retirer de la colonisation d'Alger.

1. Cette bouderie eut des conséquences graves dans l'affaire du 29, où un général refusa de marcher, sous prétexte de fatigue. M. de Bourmont lui dit, avec indignation, sur le champ de bataille : « Monsieur, quand on ne se sent pas la force de servir, on ne sollicite pas de service. » Cet incident fâcheux, qui nous enleva une partie des avantages de la journée, amena une explication des plus vives entre ce général et le brave général Tolozé, sous-chef d'état major.

2. CAMPAGNE D'AFRIQUE EN 1830, par un officier de l'armée expéditionnaire. P. 1831 (publié sans nom d'auteur). Fernel était chef de bataillon attaché à l'Etat major. *Ed.*

3. Colonel Juchereau de Saint-Denis. CONSIDÉRATIONS STATISTIQUES HISTORIQUES, MILITAIRES ET POLITIQUES SUR LA RÉGENDE D'ALGER. P. 1831.

4. PRÉCIS HISTORIQUE ET ADMINISTRATIF DE LA CAMPAGNE D'AFRIQUE, P. 1830.

A tout prendre, je me félicite aujourd'hui d'avoir fait la campagne d'Afrique. J'oublie volontiers les ennuis de la traversée, les fatigues et les privations du camp, et les dangers auxquels je me suis livré bénévolement. Je me contente de rire de beaucoup de choses que j'ai vues, en me rappelant ces vers de Saint-Lambert :

....

Curieux assez inutile,
Je ne partageais les lauriers
Ni de Saxe ni de Belle-Isle ;
J'essuyais les récits mortels
Et les airs tristement capables
Des généraux, des colonels,
Et m'ennuyais pour la patrie,
....

LA PRISE D'ALGER

D'APRÈS LES

ANECDOTES

HISTORIQUES ET POLITIQUES

POUR SERVIR A L'HISTOIRE

DE L'EXPÉDITION D'AFRIQUE

Ce ne fut que vers le mois de janvier 1830 que l'expédition d'Afrique fut résolue dans le conseil du roi (1); elle ne le fut qu'après de longues et nombreuses oppositions, et par la persévérance que mit M. de Bourmont à convaincre le roi, M. le dauphin et les autres ministres, de l'importance et des avantages de cette conquête.

La pensée d'affranchir la chrétienté de la honteuse oppression des puissances barbaresques fut toujours regardée, depuis 1814, comme un des devoirs de la restauration : cette pensée fut constamment dans l'esprit de Louis XVIII et de Charles X;

1. « M. de Polignac n'hésita pas, le 16 janvier 1830, à donner officiellement part de ses projets aux grandes puissance de l'Europe. Sauf à Saint-Pétersbourg, où la confidence en avait déjà été faite de communication française ne rencontra qu'un accueil froid et réservé... »
Camille Rousset. La conquête d'Alger. P. 1879, p. 65.

mais l'imminence des affaires politiques, les obstacles sans cesse renaissans dont leur administration fut embarrassée, ne permirent pas de réaliser plus tôt ce rêve philantropique de leur règne. Les prétentions et les exigences chaque jour renouvelées de la Régence d'Alger, faisaient éprouver au petit-fils de Louis XIV le besoin d'achever ce que Duquesne avait commencé. Des intérêts plus puissans et plus directs faisaient ajourner depuis long-temps les projets sur la Barbarie : il fallait pour les exécuter un concours de circonstances qui ne s'étaient pas encore présenté.

L'insulte faite le 30 avril 1827 à M. Deval[1], devenait un prétexte plus que suffisant. Aux yeux d'un ministère pénétré de sa dignité, la punition éclatante du dey eût été un devoir impérieux. Le conseil d'alors en jugea autrement : il aima mieux courir après une popularité acquise aux dépens des droits de la couronne; et, pendant deux ans, on borna la vengeance du roi de France à une déclaration de guerre illusoire et à l'appareil fastueux d'une croisière ruineuse et complètement inutile. La moindre condescendance du dey eût suffi pour donner satisfaction au ministère; Hussein s'y refusa avec obstination, et mit le comble à son insolence par la nouvelle insulte faite au pavillon blanc, lors de la mission de M. de la Bretonnière[2]. Pendant un an encore on dévora ce nouvel outrage; on se contenta de resserrer le blocus et d'augmenter la station de quelques frégates, qui servirent d'amusement à Hussein. Pendant les tempêtes d'hiver, il regardait nos vaisseaux en riant du haut des terrasses de la Cassauba, et disait en fumant son hookha, et dans des termes plus énergiques : *Ces belles*

1. Voir *Appendice.*

2. le 3 août 1829, les batteries du môle firent feu pendant une demi-heure sur le vaisseau *la Provence*, arrivé comme parlementaire.

Le Maure Sidi-Hamdan, secrétaire du Dey, essaya de dégager la responsabilité de son maître, en affirmant que les coups de canon avaient été tirés à son insu par l'ordre du ministre de la marine. « Si le Dey, ajoutait-il avait nommé à la charge de ministre de la marine un homme digne de cet emploi, le droit sacré du parlementaire n'aurait pas été violé. » *(Ed.)*.

Hussein Pacha.

DEY D'ALGER.

D'après [illegible] communiqué
par M. de Thiery [illegible] de France à Alger

filles du Palais-Royal auront bien mauvais temps pour leur promenade [1].

Le ministère du 8 août [2] fut, dès sa naissance, en butte à une opposition brutale et désordonnée qui, en le déduisant aux dernières extrémités, amena les funestes et derniers actes de son système politique. Le plus habile et le plus clairvoyant des membres de ce ministère ne se dissimula pas les fâcheuses conséquences de son impopularité; et après avoir cherché les moyens les plus propres à réhabiliter le cabinet dont il faisait partie dans l'opinion de la France, il arrêta ses idées sur une expédition militaire qui offrit à la fois de la gloire à l'armée, de grands avantages au pays, et qui vînt frapper les imaginations par la grandeur et l'étrangeté de son but : la conquête d'Alger remplissait toutes ces conditions. On y trouvait tout le merveilleux des croisades, la nationalité de l'expédition d'Egypte, et l'éclat des victoires de Fernand Cortez. Elle délivrait l'Europe de la plus humiliante servitude; elle servait la cause de la morale et de l'humanité; elle devait offrir à l'agriculture, au commerce, à l'industrie et à la civilisation, d'immenses moyens de succès, et à l'ambition un des plus beaux pays du globe et les richesses d'une ville qui, depuis trois cents ans, enfouissait les trésors de la chrétienté et le fruit des rapines et des brigandages de ses habitans.

M. de Bourmont fit part de son projet à M. de Polignac, qui, sans le repousser, ne lui dissimula pas que quoique ces idées fussent depuis long-temps dans l'esprit du roi [3], on aurait

1. Hussein, qui avait sans doute entendu parler des habitudes du Palais-Royal par quelque consul européen, comparait le service que faisaient les frégates de la station, en arrêtant tous les bâtiments qui se présentaient dans la rade d'Alger, au métier que faisaient chaque soir les nymphes des galeries,

2. Le ministère du prince de Polignac (affaires étrangères) avec le comte de Bourmont, à la guerre, le baron d'Haussez, à la marine, etc. M. baron d'Haussez fut nommé le 23 août, à la place du vice-amiral de Rigny, non acceptant. *(Ed.)*.

3. Dès 1827, le 14 octobre, sous le coup de l'insulte faite à la France par le Dey, le marquis de Clermont-Tonnerre, qui avait le porte-feuille de la guerre dans le ministère Villèle, avait présenté au conseil un rapport très complet. très étudié, et dont on tira grand profit en 1830, sur l'occupation d'Alger. Voir Camille Rousset. p. 39.

cependant de la peine à lui en faire concevoir l'opportunité, dans un moment où son ministère allait se trouver en présence d'une Chambre décidée d'avance à s'opposer à tout ce que pourrait proposer le gouvernement. Il fut néanmoins convenu qu'on en parlerait d'abord à M. le dauphin. M. de Bourmont trouva ce prince tout à fait contraire à ce projet. Son Altesse Royale le combattit sous le double rapport de la dépense et des difficultés, et cependant engagea le ministre à demander au roi l'autorisation de soumettre cette affaire au conseil. Le roi fit de nombreuses objections, auxquelles M. de Bourmont répondit avec cette précision, cette justesse et cette présence d'esprit qui lui sont propres. Il termina en disant : *Sire, il faudrait faire cette guerre, quand elle ne servirait qu'à prouver à l'Europe qu'un roi de France ne se laisse pas impunément insulter par un chef de pirates.* « Vous avez raison, reprit le roi, que cette observation avait frappé; je vous autorise à me soumettre votre projet au premier travail. »

La majorité du conseil le combattit vivement. On ne voyait dans cette entreprise qu'un embarras de plus suscité au ministère, au milieu de tous ceux dont il était accablé. Le ministre de la marine jugeait impossible de faire dans l'espace obligé de quelques semaines les préparatifs d'un armement aussi considérable, et le ministre des finances[1] déclarait le trésor hors d'état de faire les avances des sommes énormes que devait coûter cette expédition. M. de Bourmont ne fut pas découragé par ces objections, et remarqua très sagement qu'il ne fallait pas, dans une affaire de cette importance, raisonner sur des hypothèses, mais sur des données certaines, et qu'il fallait arrêter ses idées sur des chiffres. Le roi partagea cette opinion; et il fut décidé que, sans perdre de temps, le ministre de la marine s'occuperait de réunir des documents officiels sur une expédition de cette nature; et qu'on établirait au ministère de la guerre le budget exact des frais de cette campagne, cal-

1. Le baron de Montbel.

culés pour une armée de trente-cinq mille hommes. Les rapports ne se firent pas attendre. Les bureaux de la marine avaient décidé, on ne sait trop pourquoi, que ces armemens exigeraient au moins un an de travaux dans les différens ports, et que, vu l'époque de la saison dans laquelle on se trouvait, il ne fallait pas penser à cette entreprise, qui du reste, de l'aveu des marins les plus expérimentés, était regardée, sinon comme impossible, au moins comme aussi difficile que dangereuse, sur une côte qui n'offrait aucun point d'attaque favorable, dont les approches étaient défendues par des batteries fortement armées, et protégée par des vents de nord qui mettraient une flotte constamment en péril. D'après ce rapport, la question d'argent devenait absolument inutile à discuter, et l'affaire fut indéfiniment ajournée, au grand désappointement de M. de Bourmont.

M. le ministre de la marine se conduisit dans cette occasion avec une probité, une sagesse et une loyauté peu communes. Il ne voulut pas rester sous la dépendance de ses bureaux, et écrivit lui-même aux commandans de la marine de Brest, de Rochefort, de Lorient et de Toulon, pour avoir des renseignemens exacts sur le temps nécessaire à un armement de cette importance. Il reçut de toute part l'assurance qu'en mettant dans ce service toute l'activité désirable, dans trois mois la flotte pouvait être réunie dans la rade de Toulon, prête à faire voile vers la côte d'Afrique, et dans la saison la plus favorable de l'année. Il se rendit sur le champ chez M. de Bourmont, et lui fit part franchement des rapports qui lui étaient parvenus, l'assurant que, dès ce moment, il revenait de ses préventions contre le projet de l'expédition d'Afrique, et qu'il était prêt à l'appuyer au conseil de tous ses moyens.

Pendant ce temps, M. de Bourmont réfléchit aux moyens de combattre d'une manière adroite les répugnances de M. le dauphin contre son projet. Il arrêta ses vues sur M. le duc de Raguse[1]

1. Le maréchal Marmont.

qui jouissait, sous le rapport militaire, de toute la confiance du prince. M. de Bourmont en parla un jour au maréchal comme d'une entreprise à peu près décidée, et sur laquelle il ne s'agissait plus que d'avoir l'assentiment du dauphin. Il lui fit sentir l'importance et l'éclat d'un pareil commandement, et, sans prendre d'engagemens avec lui, ne fut pas fâché de voir le duc dans l'idée que cette mission pourrait lui être confiée. Cette petite ruse de guerre, cette adroite manœuvre de cour, réussit à merveille. Au premier conseil, le dauphin remit lui-même l'affaire d'Alger sur le tapis; et les ministres, armés de tous leurs renseignements, n'eurent pas de peine à en faire adopter l'exécution. Le projet se présenta aux yeux du conseil avec tous ses avantages et ses immenses résultats; la France devait en retirer de la gloire et des richesses; et le roi, enchanté, leva la séance en répétant les mots de M. de Bourmont, qui étaient restés dans sa mémoire : *Il ne sera pas dit qu'un roi de France aura été impunément insulté par un chef de pirates.*

Il fut décidé qu'on consulterait quelques marins habiles, pour avoir leur avis sur les moyens d'exécution : le choix se fixa sur l'amiral Duperré (M. de Rigny n'étant pas en faveur depuis le refus qu'il avait fait du portefeuille de la marine.) Cette idée faillit compromettre le projet. L'opinion de M. Duperré fut tout à fait contraire à l'expédition. Sa vieille expérience avait prévu tant d'obstacles et tant de dangers, qu'il en résultait que l'expédition était presque impraticable. L'opération du débarquement était surtout ce qui lui paraissait le plus dangereux : il ne demandait rien moins que quinze jours pour débarquer les troupes, et un mois pour débarquer le matériel. Il en concluait qu'il était impossible, dans la meilleure saison même de l'année, de trouver sur cette côte une série de beaux jours et de vents favorables pour une opération aussi longue et aussi difficile. Ce nouvel incident, qui refroidissait beaucoup le conseil sur l'expédition d'Afrique, affligea vivement M. de Bourmont, qui ne put s'empêcher de dire devant le roi, en présence de tous les ministres : « Il est fâcheux pour l'honneur « national de voir en 1830 reculer la marine française devant « une entreprise qui n'effraya pas la marine espagnole en 1541. « Comment se fait-il que Doria ait exécuté en quelques heures « un débarquement pour lequel M. Duperré demande six « semaines ? Je supplie Votre Majesté de faire donner l'ordre à « son ambassadeur à Madrid de rechercher, dans les archives « de l'Escurial, tous les renseignemens qui pourront nous éclai- « rer sur les moyens employés par Doria dans l'expédition de « Charles-Quint, et sur ceux qu'employa Castéjon [1] dans « l'expédition d'Oreilly en 1773; car il est bien prouvé que ces « deux expéditions n'ont manqué que par le défaut de prudence « de conduite et d'habileté des généraux, et non par les obs- « tacles et les dangers de la mer. »

Le projet de la conquête d'Alger était déjà trop avant dans les idées des membres du cabinet pour qu'on y renonçât tout d'abord. On fit examiner par le conseil d'amirauté les rapports de M. Duperré, et il fut décidé que, parmi les difficultés que l'amiral entrevoyait dans cette entreprise, un grand nombre n'étaient qu'idéales, et plusieurs autres fort exagérées. Mais l'opinion exprimée par M. Duperré démontrait si clairement sa bonne foi, son expérience et l'étendue de ses connaissances en marine, que M. de Bourmont lui-même demanda au roi que M. Duperré fût investi du commandement de la flotte.

Des ordres furent aussitôt donnés dans tous les ports maritimes pour qu'on s'occupât avec la plus grande activité de l'armement d'une flotte, destinée au transport du matériel et du personnel d'une armée de trente-cinq mille hommes, qui devait être soutenue par une division armée en guerre pour protéger ses convois et son débarquement. Ces immenses préparatifs n'étaient qu'une partie de ceux que nécessitait l'expédition; il fallait disposer et mettre en état dans tous nos arsenaux,

1. Castejon commandait la flotte et le général O'Reilly l'armée. Ils ne s'entendirent pas plus que ne devaient s'entendre, une soixantaine d'années plus tard, Bourmont et Duperré. *(Ed.)*.

l'artillerie de siège et de campagne, et tout le matériel du génie; en même temps il fallait pourvoir aux approvisionnements de tous genres pour six mois, et noliser, dans les divers ports de la Méditerranée, un nombre suffisant de bâtiments pour le transport. Tous ces travaux s'exécutaient au milieu des nombreux embarras suscités par la position politique du ministère, et à travers les obstacles apportés par l'indiscrétion des journaux de l'opposition, qui flétrissaient d'avance les lauriers de notre armée, qui révélaient à l'ennemi le nombre et le mouvement de nos régimens, qui cherchaient niaisement à intimider nos soldats, par les dangers d'une guerre contre des Bédouins, dans un pays peuplé de lions, de tigres, de scorpions et de sauterelles, et qui se plaisaient à éveiller les soupçons de l'Europe sur le tort que devait éprouver son commerce de notre nouvelle conquête, dont l'effet le plus certain était de détruire le système colonial de l'Angleterre.

Restait encore un point important à décider pour le succès de cette vaste entreprise; c'était le choix du général en chef. Dès qu'on fut certain à la cour que l'expédition d'Afrique aurait lieu, toutes les ambitions militaires furent en fermentation [1], les notabilités de l'ancienne et de la nouvelle armée manœuvrèrent habilement auprès du roi et auprès de M. le dauphin; les intrigues devinrent si vives, les sollicitations si pressantes, qu'il fallut enfin s'occuper de prendre sur cette affaire les ordres du roi. M. de Bourmont, comme ministre de la guerre, arrêta avec M. le dauphin, dans une conférence intime, une liste de trois maréchaux et six lieutenans-généraux qui devait être soumise au roi. Les maréchaux qui y étaient portés étaient le duc de Raguse [2], le comte Molitor, et le

1. Le général de Loverdo était un de ceux qui espéraient être choisis. Il invoquait comme titre d'avoir présidé en 1828 une commission chargée d'étudier un projet d'expédition en Afrique. Il n'obtint que le commandement d'une division, et ne le pardonna pas à son compétiteur plus heureux. *(Ed.)*.

2. « Parmi les maréchaux, le duc de Raguse fut le seul qui avouait hautement ses prétentions. Avide de célébrité, facilement accessible à la séduction des

marquis de Gouvion-Saint-Cyr. Je ne suis pas assez certain des noms des six généraux [2] pour en parler ici; je suis sûr cependant que le général Guilleminot et le général Bordesoulle en faisaient partie. Ce travail était arrêté, et le dauphin tenait la liste dans ses mains et allait la rendre au ministre pour la mettre sous les yeux du roi, quand par réflexion il s'arrêta, en disant : *mais je pense à une chose, mon cher Bourmont; pourquoi ne vous y mettriez-vous pas* ? Cette observation embarrassa d'une manière très-flatteuse celui qui en était l'objet; et, sans lui donner le temps de répondre, le prince ajouta : *Mais ne pensez-vous pas qu'étant ministre, cela ne puisse pas s'arranger ?* M. de Bourmont, sans fausse modestie et sans amour-propre, répondit franchement, comme s'il eût été désintéressé dans la question : « Je n'aurais jamais pensé à « placer mon nom parmi ceux de tant de généraux distingués, « et je ne considère que comme une marque de bienveillance, « l'observation de Votre Altesse Royale; mettant à part ma « position personnelle, j'ajouterai que je crois au contraire que « le service du roi ne pourrait que gagner à ce que le général « qui sera chargé du commandement, ait en même temps la « direction de la guerre : que les préparatifs de l'expédition « seraient mieux ordonnés; qu'il y aurait plus d'ensemble « dans les opérations et bien plus de célérité dans les mouve- « mens. » *Eh bien*, répondit le dauphin, *si vous n'y voyez pas d'inconvénients, je désire que votre nom soit placé sur la liste que vous allez présenter au roi, qui, j'en suis sûr, l'y verra avec plaisir.* Le prince ajouta de sa main le nom de M. de Bourmont, sur le double de la liste qu'il garda dans son porte-feuille. Cette liste ainsi arrêtée [1] fut mise le même jour sous les yeux de Sa Majesté, qui la lut très-attentivement, et fit de légères

idées chevaleresques, il aurait vivement désiré accomplir ce que Charles-Quint et Louis XIV avaient tenté sans succès; mais il fut aussitôt écarté : son nom n'inspirait pas assez de confiance. » (Léon Galibert. HISTOIRE DE L'ALGÉRIE ANCIENNE ET MODERNE. P. 1843, p. 263.)

1. D'après une note trouvée dans les papiers du baron d'Haussez, cette liste, en quelque sorte définitive, (car il y en a certainement plusieurs) contenait trois noms : Bourmont, Marmont et Clausel. *(Ed.)*.

observations, entre autres sur l'état de santé du maréchal Gouvion-Saint-Cyr. M. de Bourmont s'empressa de lui dire : *Si Votre Majesté trouve mon nom sur cette liste, c'est par l'ordre de M. le dauphin.* « C'est bien, il a eu raison », répondit le roi; puis serrant ce papier dans un des tiroirs de son secrétaire, il n'ajouta que ces mots : *J'y réfléchirai.*

On attendait avec impatience à la cour le prochain conseil; on ne doutait pas que Sa Majesté n'y fît connaître son choix, et tout le monde fut fort désappointé, en apprenant qu'elle n'avait rien laissé entrevoir qui fît pressentir qu'elle avait pris une décision. Quinze jours se passèrent encore, sans que rien fût résolu; on s'agitait autour de M. de Polignac, qui ignorait lui-même la volonté du roi, et qui, ayant cherché à deux reprises à connaître les intentions de Sa Majesté, n'en avait obtenu que cette réponse : *Rien ne presse, je n'ai encore rien décidé.* M. le dauphin lui-même était dans l'ignorance la plus complète à ce sujet.

Comme moyen politique, ces retards étaient assez bien entendus; on est toujours à temps de faire des mécontens; tant que le choix n'était pas connu, les ambitions restaient en mouvement, les coteries en suspens, et l'expédition n'avait que des partisans, à la cour et dans les salons du faubourg Saint-Germain; elle était assez décriée par les organes du parti d'opposition, qui craignait que les succès de cette grande conquête ne devinssent un moyen de popularité pour un ministère qu'ils étaient décidés à renverser à tout prix, dût le trône crouler avec lui. Cependant les préparatifs de l'expédition se continuaient avec la plus grande activité; les régimens qui devaient en faire partie étaient désignés, le personnel des états-majors était déjà choisi; et du haut de son trône, le roi avait annoncé[1] à la France et à l'Europe, que nos armées allaient obtenir une

1. Dans le discours du trône, le 2 mars : « Au milieu des graves évènements dont l'Europe était occupée, j'ai dû suspendre l'effet de mon juste ressentiment contre une puissance barbaresque; mais je ne puis laisser plus longtemps impunie l'insulte faite à mon pavillon; la réparation éclatante que je veux obtenir, en satisfaisant à l'honneur de la France, tournera avec l'aide du Tout-Puissant, au profit de la chrétienté. »

réparation éclatante des outrages du dey d'Alger; le nom seul du général en chef était encore un mystère pour tout le monde.

M. de Bourmont, comme ministre, était obligé de solliciter du roi une détermination sur le choix du commandant. La saison avançait, et il était important que ce choix fût connu, pour que l'officier-général qui serait désigné, pût se concerter avec le ministre sur la nomination des généraux auxquels devait être confié le commandement des divisions et des brigades. Ces considérations importantes ne décidaient pas le roi qui répondait toujours : *Rien ne presse encore.* Cependant, dans les premiers jours du mois de mars, les instances de M. de Bourmont furent si pressantes, que le roi demanda de quel intérêt il pouvait être que le nom du général en chef fût connu sitôt. *Sire*, lui dit M. de Bourmont, *il y a des mesures qui ne peuvent être prises que lorsque Votre Majesté aura fait connaître sa volonté, par exemple le choix du chef d'état-major, qui doit être tout à fait à la convenance du général en chef. — Effectivement*, reprit le roi, *je me souviens que dans la campagne d'Espagne, le maréchal Moncey n'a jamais pu s'entendre avec celui qu'on lui avait donné. Et vous, si vous aviez ce commandement, qui choisiriez-vous* ? Ce mot apprit à M. de Bourmont tout ce qu'il voulait savoir; aussi, sur le champ, il répondit : *Sire, je n'hésiterais pas un moment à choisir le général Després, quoiqu'il n'ait pas pu s'entendre avec M. le maréchal Moncey. Je pense que c'est un des généraux d'état-major les plus distingués, et celui qui convient le mieux à ce service, par l'étendue de ses connaissances et par son esprit de méthode et de précision. — Eh bien*, dit le roi sur-le-champ, *annoncez-lui sa nomination.*

Dès ce moment le nom du général en chef ne fut plus un secret, quoique l'ordonnance (1) qui faisait connaître ce choix n'ait paru dans le *Moniteur* que quelques jours après.

1. du 11 avril « Sur le rapport de notre président du conseil des ministres et sur la présentation de notre bien aimé fils, le Dauphin, nous avons ordonné et ordonnons ce qui suit : Notre très aimé et féal comte de Bourmont, pair de France, ministre secrétaire d'Etat au département de la guerre, est nommé commandant en chef de l'armée d'expédition en Afrique... »

***

Le bateau à vapeur *le Tibre* sur lequel je m'étais embarqué à Marseille, entra dans la rade de Toulon le 4 mai à dix heures du matin, au moment où un coup de canon, tiré du vaisseau amiral, donnait l'ordre à toute la flotte de pavoiser; ce coup d'œil fut magique; au même instant, trois cents bâtimens furent diaprés de mille couleurs, les gréments, les mâts, les vergues étaient couverts de pavillons; on eût dit d'immenses guirlandes de fleurs, offertes en hommage au pavillon blanc, dont on eût pu croire que c'était la fête. Trente mille matelots sur les vergues, faisaient retentir les échos de la rade des cris de *vive le roi! vive le dauphin! vivent les Bourbons!* Si, comme on l'a dit depuis, le corps royal de la marine a toujours éprouvé une répugnance pour la famille de nos rois, on peut assurer qu'elle ne l'avait jamais mieux dissimulée que ce jour-là ; il était impossible d'avoir un air plus dévoué, d'être ému par une joie plus vive que M. l'amiral Duperré, quand il reçut M. le dauphin à bord de *la Provence*[1]. Depuis le plus petit brick jusqu'au plus gros vaisseau de la flotte, ce n'était partout qu'enthousiasme et cris d'amour. Des milliers de chaloupes, de gondoles et de bateaux, chargés de peuple et de musiciens, se pressaient autour du canot royal, qui portait l'héritier de la couronne; cent mille voix à la fois protestaient de leur fidélité; et le drapeau blanc se détachait éclatant à travers la fumée de 500 bouches à feu, dont les bordées saluaient de concert le

1. Parti de Lyon le 29 avril, il était arrivé le 30 à Avignon d'où sa seule présence, suggerait le *Moniteur*, faisait tomber une pluie depuis longtemps attendue et, parti d'Avignon le 1er mai, il était arrivé le même jour à Marseille, où une proclamation du préfet des Bouches-du-Rhône, après avoir parlé des victoires de l'auguste prince en Espagne et des troupes qu'il y avait commandées, ajoutait : « Il vient aujourd'hui indiquer à cette même armée un nouveau laurier qui croît pour elle sur les rivages barbares de l'Afrique et lui donner l'impulsion d'un nouveau triomphe, dont la dignité de l'Europe, le commerce de toutes les nations, et la ville de Marseille surtout, recueilleront les premiers fruits. »

Il est certain que dans tous les ports de Provence l'expédition d'Afrique était très populaire. *(Ed.)*.

fils de France... Trois mois après, le 6 août 1830, j'ai revu cette même rade de Toulon; elle était triste et silencieuse; *le Duquesne, le Marengo, Le Scipion, l'Algésiras* et *le Nestor*, chargés des trésors d'Alger, attendaient l'ordre d'arborer un pavillon; on n'en voyait aucun sur leur poupe; le soir, au coucher du soleil, quelques salves de mousqueterie saluèrent le pavillon tricolore...

***

M. le dauphin était parti de Toulon le 5 mai, après avoir passé en revue la première division de l'armée; alors on put s'occuper sans relâche des préparatifs de l'expédition : les travaux étaient immenses; les armemens des vaisseaux, faits à la hâte, n'étaient pas complets, les vivres arrivaient lentement, et l'artillerie et le génie avaient à réparer tout leur matériel, venu à marches forcées de Brest, de Perpignan, de Strasbourg, de Toulouse et de Grenoble. L'arsenal et les chantiers étaient encombrés d'ouvriers qui travaillaient nuit et jour : jamais on n'avait déployé une telle activité; les provisions étaient immenses; les quais des ports de Marseille et de Toulon étaient couverts d'approvisionnements de tous les genres [1] ; tous les services étaient amenés avec profusion. On embarquait pour trois mois de vivres pour l'armée, la flotte en avait pour six mois, au grand complet de ses équipages; les munitions de guerre suffisaient pour user les pièces; chaque canon avait mille coups à tirer, et huit millions de cartouches devaient être distribuées à l'armée; chaque soldat avait à peu près de deux cent cinquante coups pour sa part. Il faut avoir vu la plage de Sidi-Ferruch, du 14 au 30 juin, pour que l'imagination puisse concevoir tout ce que portaient l'escadre et les transports; il fait avoir vu ces immenses parcs de boulets,

1. « On adopte pour les approvisionnements nécessaires à l'expédition le mode d'achat à commission, et la maison Seillière en accepta la charge... » Ault-Dumesnil. p. 17.

d'obus et de bombes de tout calibre, ces longues et hautes murailles formées d'un triple rang de futailles de vin et de barriques de farines et de légumes, ces montagnes de fourrages de toutes les espèces, ces amas énormes de fascines, de gabions, de sacs-à-terre et de chevaux de frise; tant de caissons et de chariots du train, tant de madriers, de poutres et de planches pour les plate-formes des batteries, tant de pioches, de pelles, de piquets, de tentes, de marquises, de canonnières; tant de barraques, de lits, de matelas, de couvertures et d'objets d'hôpitaux, pour se faire une juste idée de l'expédition d'Afrique, du temps et des soins qu'il avait fallu pour réunir sur un même point ce prodigieux matériel, sorti de tous les arsenaux et de toutes les manufactures du royaume (1).

Les délais irritaient l'impatience de nos soldats, arrivés dans leurs cantonnements depuis les premiers jours du mois d'avril. La première division, commandée par le général Berthezène, était réunie dans les environs de Toulon; la seconde division, sous les ordres du général Loverdo, était rassemblée à Marseille; la troisième, commandée par le duc d'Escars[2], avait son quartier-général à Aix. Après le départ de M. le dauphin, l'activité la plus grande régna dans les états-majors de l'armée de terre et de mer. M. de Bourmont revint à Toulon le 7 mai; il était allé, à la suite du prince, passer en revue la troisième division. A son retour, les préparatifs de l'embarquement furent poussés avec une ardeur sans exemple; l'amiral et le général en chef avaient chaque jour des conférences de plusieurs heures. Le contre-amiral Mallet et le général Després étaient constamment en rapport d'affaires et de communications; les généraux Valazé et Lahitte ne quittaient pas l'ar-

1. « Jamais l'histoire n'a parlé d'une entreprise plus gigantesque, exécutée avec si peu de temps et autant de soin; quand même ce serait là, le seul mérite de celui qui l'a entreprise et dirigée, la France lui devrait une reconnaissance éternelle.. « Rosel. RELATION DE LA GUERRE D'AFRIQUE.

«... Elle reste un modèle de précision dont on a trop peu cherché à se rapprocher. « Général Mangin. Conférence sur LA FRANCE D'AFRIQUE, 1923.

2. Des Cars.

senal, où était réuni le matériel de leur arme. Les rues, les quais, les places publiques de Toulon étaient remplis de soldats, de matelots, de curieux, de marchands, de spéculateurs, et de toutes les catégories d'intrigans, d'usuriers, de fripons et de désœuvrés qui se traînent à la suite des armées, dans l'espoir d'avoir part au butin, en se mettant à la remorque de quelques fournisseurs ou de quelques sous-traitans. La cohorte des cantiniers était la plus nombreuse ; jamais armée n'a dû être mieux approvisionnée : de Marseille, de Nantes, de Cette, de Nice et de tous les ports de la Catalogne, se disposaient à partir en même temps que l'escadre, des bâtimens chargés de vivres de toute espèce ; l'antichambre du général en chef était encombrée de solliciteurs de toute sorte, qui arrivaient de tous les coins de la France, armés de pétitions et d'apostilles ; si l'on ajoute à tous ces embarras accumulés dans Toulon, l'immense personnel des vivres et des hopitaux et la légion d'interprètes pour l'intelligence des divers dialectes de la côte d'Afrique, depuis l'arabe du Koran jusqu'au Tuarick du pays des Tibbous, on concevra aisément quelle idée de grandeur s'attachait à une entreprise qui mettait en mouvement tant d'ambitions, tant d'intérêts et tant d'intelligences.

Le 11 mai fut un grand jour pour les soldats ; ce fut celui de l'embarquement de la première division[1] ; c'était le premier mouvement de l'expédition ; l'armée passait ce jour-là du pied de paix sur le pied de guerre ; c'était pour elle l'entrée en campagne ; le soldat était impatient depuis long-temps d'aller prendre place sur ces beaux vaisseaux disposés si majestueusement sur la rade, et qu'il n'aperçevait que de loin, des bords du quai ou des hauteurs de la Malgue ou du Faron. La vie de bord devenait pour lui une nouvelle existence ; l'étrangeté de cette manière de vivre, si éloignée de ses habitudes ordinaires,

1. L'embarquement dura du 11 au 25 mai. L'armée d'Afrique comptait exactement 37,331 hommes (avec 4008 chevaux) : Etat-major, 110; Infanterie, 30.410; Cavalerie, 539; Artillerie, 2.815; Genie, 1.345; Train de campagne, 882; ouvriers d'administration, 688; Gendarmerie, 113; officiers d'administration, 429; *(Ed.)*.

le charmait d'avance; il n'en calculait ni les ennuis ni les inconvéniens : aussi sa joie fut au comble en mettant le pied sur la tartane qui devait le conduire en rade à bord du vaisseau. Il faisait retentir l'air des cris de *vive le roi!* En quittant le sol de la France, nos soldats semblaient vouloir donner à leur souverain une nouvelle preuve de leur dévouement; c'était un dernier adieu qu'ils lui adressaient. Une des plus belles matinées de printemps favorisa cette importante opération militaire, dirigée d'ailleurs avec une ardeur et un ordre admirables; les compagnies entières se plaçaient sur les bateaux de transport, avec la précision des manœuvres de la parade. La gaîté de ceux qui partaient, l'impatience de ceux qui attendaient le moment de s'embarquer, donnaient à ce spectacle l'aspect le plus varié, le plus vif le plus piquant. Pas un regret, pas une crainte ne furent exprimés; les soldats semblaient courir à une distribution de croix d'honneur. Le mauvais temps, qui dura pendant toutes les journées du 12 et du 13, ne fit qu'ajouter au pittoresque de l'embarquement de la deuxième division. Les troupes étaient parties de Marseille avec une pluie d'averse; elles la supportèrent, pendant toute la route, avec une résignation toute française; elles bivouaquèrent en riant sur les glacis des remparts de Toulon, et allèrent sécher sans humeur et sans reproches, dans l'entrepont d'un vaisseau, dix-huit heures de pluie, après avoir souffert quatre heures d'une traversée aussi pénible que dangereuse dans une rade houleuse et sur des bateaux peu propres à lutter contre la lame et le vent.

L'embarquement dura cinq jours[1]. Le 16, on embarqua la troisième division, et le 18, l'armée de terre était prête à partir; les chevaux avaient été embarqués à Castineau, ainsi que tout le matériel à l'arsenal. Le général en chef se rendit

1. On avait fait à Toulon, le 4 mai, lors de la visite du duc d'Angoulème, une sorte de répétition, un essai de débarquement, non loin de la tour, à l'est de la rade, avec une promptitude et un succès qui avaient émerveillé tous les assistants. *(Ed.)*.

ce jour-là avec son état-major, à bord de *la Provence,* à 5 heures du soir; il y fut reçu avec les plus grands honneurs, et au son d'une musique guerrière. On n'attendait plus que le vent favorable, et les ordres de l'amiral, qui avait annoncé que la marine ne pourrait être prête que le 25. J'ai tout lieu de penser que c'est de cette époque que date la mésintelligence qui s'établit entre M. de Bourmont et l'amiral Duperré, mésintelligence qui a eu des résultats fâcheux pendant toute la campagne.

La détermination qu'avait prise M. de Bourmont d'aller s'établir à bord du vaisseau amiral, quand l'embarquement de l'armée fut terminé, ne pouvait que contrarier beaucoup M. l'amiral Duperré, qui jugea que, dès ce moment, tous les retards qu'éprouverait le départ de l'expédition seraient attribués à la marine, à qui on pourrait reprocher de n'être pas en mesure. Cette opinion fut celle de toute l'armée, surtout quand on vit dans la journée du 19 qu'un vent de nord-ouest, que tout le monde s'accordait à déclarer favorable au départ de la flotte, ne décida pas l'amiral à appareiller; les marins assurèrent que *ce n'était pas un temps fait*; effectivement, le lendemain les vents tournèrent à l'est, mais il n'en resta pas moins démontré qu'on aurait pu la veille sortir de la rade; le bruit était généralement répandu, à bord comme en ville, que l'amiral avait décidé qu'on ne mettrait à la voile que le 25. Certains qu'on ne partirait pas avant cette époque, un grand nombre d'officiers de l'armée et de la marine étaient presque toujours à terre, d'où ils ne manquaient pas de rapporter des contes, des *on dit* et des conjectures sans nombre : mésintelligence avec l'Angleterre, changement de ministère, impossibilité de l'expédition, disgrâce du général en chef, tout servait de prétexte aux retards que nous éprouvions.

Le 24, j'allai à bord de *la Provence* faire une visite à M. de Bourmont; je ne l'avais pas vu depuis le jour de son embarquement; je le trouvai dans ce que les journaux libéraux appelaient *ses appartements*; c'était une petite chambre à babord sous la dunette; il n'y avait *ni marbres, ni dorures,* mais un lit fort simple, un secrétaire, une petite commode, un fauteuil et une chaise; il eût été impossible d'y faire entrer encore un tabouret. Il me parut fort ennuyé et fort impatient; je lui appris la modification du ministère, et l'entrée au conseil de MM. Peyronnet, Capelle et Chantelauze[1]; il m'assura qu'il l'ignorait complètement, et je crus même m'apercevoir qu'il était un peu piqué de n'avoir pas été consulté; ce n'a pas été la seule fois que je me suis convaincu qu'on le laissait tout à fait livré aux soins de son commandement. J'avais eu la certitude qu'il n'avait appris l'ordonnance de dissolution de la Chambre[2] que par le *Moniteur*. M. le dauphin lui en avait cependant parlé à Toulon, comme d'une chose qui devait être faite à son retour; mais il n'en avait plus été question depuis.

Je pus me convaincre, par quelques petites observations, que l'amiral et M. de Bourmont étaient entre eux sur le ton d'une politesse froide et cérémonieuse : ils n'avaient de rapports que ceux du service, et quelques courtes promenades sur la dunette. La conversation, d'après ce qui m'a été raconté par M. de Trélan[3], n'était ni gaie ni expansive pendant les repas, où l'on n'avait pour distraction que les sons d'une musique militaire. La table de l'amiral se composait de huit personnes, M. de Bourmont, M. Duperré, le contre-amiral Mallet M. de Villaret-Joyeuse, capitaine de pavillon, M. de Tampié, capitaine de frégate, chargé du détail, le général Després, M. Denniée, intendant en chef de l'armée, et M. de Trélan, premier aide de camp du général en chef. La préoccupation, de M. de Bourmont, les habitudes brusques et impatientes de M. Duperré, le ton tranchant et la conversation sentencieuse et métaphysique du général Després, la futilité et l'incohérence

1. Le 19 mars. Peryonnet à l'Intérieur, Capelle aux Travaux publics, Chantelauze à la Justice.

2. Le 16 mai.

3. Le chef de bataillon de Trélan fut tué le 2 juillet, dans une reconnaissance près de Blidah. Il était aide de camp du général de Bourmont depuis dix-huit ans. *(Éd.)*.

des discours de M. Denniée[1], n'étaient pas faits pour répandre beaucoup de charmes sur cette réunion; si l'on ajoute à cela de petites rivalités de position, et la monotonie de la vie de bord, on ne sera pas étonné que chacun des convives désirât vivement être rendu à son indépendance relative. Quoique parmi les officiers de la *Provence* et de l'état-major on trouvât un grand nombre de gens d'esprit et de joyeuse humeur, l'étiquette de ce vaisseau était si sévère, si vétilleuse, si tracassière, qu'on peut assurer, sans crainte d'être démenti par personne, que le séjour en était fort insipide, et qu'on payait par trop d'ennui, l'honneur d'être placé sous le pavillon amiral.

***

J'étais embarqué sur *la Didon* depuis le 18. Dans la soirée du 24, le mistral commença à souffler, et, le lendemain matin, il s'annonçait comme *devant tenir*. Tout nous fit croire que nous mettrions à la voile dans la journée. C'était d'ailleurs le jour que, sous son bonnet de soie noire, M. l'amiral Duperré avait fixé. M. de Villeneuve nous dit qu'il ne pensait pas convenable que nous allassions à terre ce jour-là, et que nous courions le risque d'y rester. Le général Tolozé, sous-chef d'état-major, qui était du nombre de nos passagers, voulut aller à bord de *la Provence*[2] s'assurer si le départ aurait lieu ce jour-là. Je l'accompagnai avec M. de Montcarville, premier aide de camp du général Després, M. Frosté et le colonel Auvray. La prudence diplomatique de MM. de l'état-major de l'amiral n'autorisa pas la moindre indiscrétion. Ils étaient tous serrés, compassés, boutonnés comme les membres d'un congrès à la première séance. L'amiral se promenait sur le pont, le dos voûté, comme s'il eût toute l'expédition sur les épaules. Il y avait, dans le

1. Intendant en chef.
1. Frégate de 1er rang, armée de 60 canons et qui portait 650 soldats. Capitaine : Villeneuve-Bargemon. *(Ed.)*

froncement de ses gros sourcils noirs[1], dix fois plus de responsabilité qu'un homme n'en peut porter, et dans la moue de ses lèvres, de quoi faire rentrer à fond de cale celui qui aurait conçu la téméraire idée de lui adresser une question sur ses projets de la journée. M. de Bourmont était dans sa chambre, aussi peu instruit que nous du moment du départ. Je crois qu'il n'avait même pas conçu la possibilité de s'en informer auprès de l'amiral. Il me parut fort impatienté de cette incertitude, et me dit : *Ma foi, s'il ne profite pas de ce temps-ci, je ne sais plus que penser.* Nous retournâmes à bord de notre frégate, aussi ignorans des projets de l'amiral que lorsque nous en étions partis.

A midi, la brise se fit belle et bonne, et à deux heures on fit signal au convoi d'appareiller. Ce signal avait été précédé du départ du brick *le Ducouëdic*[2], le premier bâtiment de l'escadre qui soit sorti de la rade ; *la Créole,* que montait le capitaine Hugon, commandant du convoi, le suivit de près, et successivement tous les bâtimens de transport mirent à la voile. La nouvelle du départ de la flotte fut bientôt sue à Toulon. Au même instant, le port et les collines qui dominent la rade furent couverts de monde. De toutes les parties de la France on était venu en Provence pour jouir du coup-d'œil des apprêts de cette grande expédition, dont le commerce de la Méditerranée devait retirer de si grands avantages. Le départ si long-temps retardé devint un grand évènement dont tout le monde voulait être témoin : quatre cents voiles sortant à la fois de la belle rade de Toulon, étaient un spectacle qu'on n'avait jamais vu, et que très probablement on ne devait jamais revoir. A trois heures, l'ordre fut donné à l'escadre d'appareiller, et, au même instant, tous les vaisseaux furent en mouve-

1. Duperré était connu pour le peu d'aménité de son caractère et son inflexibilité dans le service. Ses officiers le redoutaient et ne l'aimaient guère. *(Ed.)*

2. Brick de 20 canons, commandé par le capitaine de frégate Guy de Taradel. *(Ed.)*

ment : frégates, corvettes, gabarres, bricks et bombardes, tous mettaient dans leur manœuvre une promptitude sans exemple; tous se pressaient à l'entrée du goulet, et semblaient se disputer à qui arriverait le premier hors de cette rade, où les vents nous retenaient depuis si longtemps. A cinq heures, *la Provence* se mit sous voile, et, à la chute du jour, il ne restait plus un seul vaisseau dans ce port, qui, quelques heures auparavant, contenait toute la marine française. *Alger! Alger!* criait-on de toutes parts, comme les Romains criaient : *Carthage!*

Dès qu'on fut à quelques milles en mer, l'amiral fit le signal à la flotte de se mettre en ordre de marche. *La Provence* prit la tête de la première escadre; *le Trident*[1] se mit en tête de la deuxième; la réserve prit l'extrême droite, et le convoi se rallia au vent à l'extrême gauche. La nuit nous déroba la beauté du spectacle dont nous jouîmes le lendemain, au lever du soleil, qui frappait d'une manière resplendissante les voiles du convoi à l'horizon, et qui éclairait les côtes de France, dont la vue allait bientôt nous échapper. Les deux lignes de notre flotte, majestueusement tracées sur la mer par un sillage d'une blancheur éblouissante, occupaient un espace qui, pour les spectateurs des vaisseaux placés au milieu, allait presque se perdre aux deux bouts de l'horizon. Le pont, la dunette, les bastingages étaient couverts de soldats et d'officiers qui ne pouvaient se lasser d'admirer ce magnifique coup-d'œil.

A sept heures, notre attention fut fixée par deux frégates qui nous arrivaient à contre-bord. On reconnut *la Duchesse-de-Berri*[2], commandée par M. de Kerdrain, qui faisait partie de la station d'Alger. Elle accompagnait une autre frégate qui portait le pavillon ottoman au grand mât. La frégate française manœuvra pour se rapprocher de l'amiral, et salua

1. Le *Trident*, monté par le contre-amiral de Rosamel et commandé par le capitaine de frégate Casy était un vaisseau de 74 canons, qui portait 550 soldats. *(Ed.)*
2. Cette frégate fut, plus tard, appelée *la Victoire*. *(Ed.)*

de treize coups de canon. Elle fit signal qu'elle avait des nouvelles de la plus haute importance. On sent ce que cet épisode de notre voyage dut fournir de conjectures à toute l'armée. Une frégate venant d'Alger, escortant une frégate turque avec pavillon amiral, n'était pas une chose ordinaire. On pensa généralement que la frégate turque devait nécessairement porter Tahir-Pacha[1], grand-amiral de l'empire ottoman et qu'un personnage de cette dignité ne pouvait être chargé que d'une haute mission relative à l'expédition. M. Duperré, sans doute aussi curieux que nous de connaître les motifs du voyage du capitan-pacha, quitta la ligne, et fut au-devant de la frégate turque, qui marchait fort mal. Ils se rencontrèrent vers midi; et après les saluts d'honneur, le capitan-pacha se rendit à bord de *la Provence.* Il y resta deux heures. Vers trois heures les deux frégates firent voile vers Toulon, et l'amiral vint reprendre sa place en tête de la ligne.

Les journaux se sont long-temps entretenus d'un capitaine de vaisseau anglais qui faisait partie de l'expédition. Chacun en a parlé d'une manière différente et selon ses passions du moment. La présence de cet officier de la marine anglaise était une chose assez extraordinaire pour fournir une ample matière aux conjectures; j'aurai occasion d'en parler souvent. Il s'est surtout dessiné à Alger d'une manière particulière, au milieu des agens diplomatiques de toutes les nations qui faisaient leur cour à M. de Bourmont. Je puis donner sur cet officier, que j'ai beaucoup connu sur *la Didon*, où il était passager, quelques renseignemens qui ne seront pas sans intérêt.

Le capitaine Mansell est descendant de l'amiral Mansell, qui commanda des flottes sous Elisabeth. Lui-même a eu des services très-honorables. Il était officier en 1816, à bord de

1. Ce haut personnage fut plus tard étranglé par ordre du sultan. *(Ed.)*

la Reine-Charlotte, lors de l'expédition de lord Exmouth contre Alger. C'est un homme de trente-six ans, mais dont les traits, fatigués par une continuelle irritation nerveuse, donnent à sa figure l'aspect d'un homme de cinquante ans. M. Mansell est doué d'une imagination vive et ardente, qui a poussé sa vie dans une carrière aventureuse. Il était aux eaux de Tœplitz, en Bohême, quand il apprit qu'une expédition française était résolue contre Alger. Dès ce moment, il fut tourmenté du désir d'y prendre part. Je n'ai jamais pu savoir sous quel point de vue il avait présenté ce désir à son gouvernement pour en obtenir l'agrément : les rapports que j'ai eus avec M. Mansell m'en ont donné une opinion assez favorable pour être convaincu qu'il n'y a rien eu que d'honorable dans ses vues.

Après s'être procuré quelques recommandations auprès de M. de Bourmont, il vint le rejoindre à Toulon. C'est là que je l'ai rencontré souvent dans les salons du général en chef, avec son petit habit noir râpé, boutonné dans toute sa longueur, qui cachait un gilet de soie taché de tabac ; il avait un chapeau rond dont les bords et le fond paraissaient avoir beaucoup souffert dans les filets d'une diligence. Son pantalon et ses bottes étaient tout à fait en harmonie avec le reste de son costume, qui, au milieu d'une réunion d'épaulettes et de broderies, n'avait rien de bien attractif. Cependant des yeux vifs et une physionomie fine et spirituelle, des manières aisées qui annonçaient l'habitude de la bonne compagnie, prouvaient à l'homme le moins observateur que la lame valait mieux que le fourreau. M. Mansell n'a rien de la recherche ni de la propreté anglaise ; mais il a le bon sens et le sang-froid de sa nation et malgré une teinte, très-prononcée, de mélancolie, on retrouve souvent chez lui des paroxismes de gaieté et même d'*humour*.

Sa présence presque habituelle à la table et dans la société intime de M. de Bourmont, parut à beaucoup de gens au moins fort singulière. On en causait diversement, et, il faut le dire, les conjectures n'étaient pas toujours favorables au capitaine anglais. Il était loin de jouir auprès de M. Duperré de la faveur dont l'honorait M. de Bourmont. L'amiral le voyait d'assez mauvais œil ; et malgré l'insistance que mettait le général en chef à obtenir pour lui le passage sur un des bâtimens de l'escadre, celui-ci s'y était constamment refusé. Le 18 mai, j'étais allé m'établir à bord de *la Didon*, où mon passage avait été désigné. Je me promenais à neuf heures du soir sur le pont avec le capitaine de frégate Pothonier, commandant en second, lorsque la sentinelle de l'échelle annonça à l'officier de quart un bateau à tribord. Il amenait le capitaine Mansell, qui remit au commandant son permis d'embarquement. Il était pâle, défait et souffrant. J'allai au-devant de lui, et, comme installé déjà à bord, je lui offris mes services. « Pour ce soir, me dit-il, je ne « demande qu'un verre d'eau; et quant à mon logement, il « est inutile de s'en occuper : je coucherai dans mon manteau, « sur le pont, entre deux canons. J'ai passé une journée si « pénible et si affligeante pour moi, que, pour le grade d'amiral, « je ne voudrais pas la recommencer.» L'intérêt que je lui témoignais le décida à me raconter toutes ses mésaventures. « Hier, me dit-il, à minuit, le colonel Bartillat [1] est venu chez « moi m'annoncer que l'amiral avait enfin consenti à me rece- « voir à bord d'un des bâtimens de l'escadre, et qu'il m'avait « désigné la frégate *la Guerrière*, commandée par M. Rabaudy. « J'ai passé toute la journée à faire mes préparatifs de départ, « et à courir pour avoir mon ordre d'embarquement. Enfin, « à quatre heures, j'ai pu aller à bord de *la Guerrière*. Le com- « mandant, sans doute prévenu d'avance contre moi, m'a reçu « avec un air de dédain dont mon amour-propre et ma dignité « nationale ont été vivement choqués; il a fini par me dire que « mon nom n'était pas porté sur la liste des passagers qu'on lui « a remise. J'ai dévoré avec une indignation concentrée l'af- « front d'un accueil auquel est peu habitué un officier de mon « grade; mais ce n'était rien auprès de ce qui m'attendait à

1. Le colonel Bartillat faisait partie du grand quartier général. Il publia un récit de la campagne très malveillant à l'égard de Bourmont. voir *Appendice. (Ed.)*

« bord de *la Provence*, où je me suis fait conduire. Il ne m'eût « pas été permis même d'arriver à bord, sans l'empressement » de M. Aimé de Bourmont. L'amiral venait de se mettre à » table, et il m'a été impossible d'être admis à l'honneur de « lui parler. J'ai attendu deux heures sur le pont, sans avoir « pu trouver moyen d'expliquer la singulière position dans « laquelle j'étais placé. Cependant, le général en chef, ayant été « instruit que j'attendais des ordres, réclama si vivement de « l'amiral l'exécution des promesses qu'il lui avait faites, « que j'obtins un ordre en règle, pour me présenter à bord de « *la Didon*. M. Aimé est venu me l'apporter de la façon la plus « gracieuse, et j'arrive ici sans savoir si j'y serai mieux reçu « que sur *la Guerrière*. » Je rassurai M. Mansell : « Le général en chef vous a donné une preuve de l'intérêt qu'il vous porte, en vous faisant placer auprès d'un officier qui est connu comme le plus aimable et le plus poli de la marine. M. de Villeneuve est ce que vous appelez en Angleterre un véritable *gentleman*; et vous n'aurez, j'en suis sûr, qu'à vous louer de ses procédés. » M. Mansell s'est aperçu depuis que je n'avais pas exagéré les éloges auxquels a droit M. de Villeneuve, et comme homme de bonne compagnie, et comme officier du plus grand mérite.

Les études variées du capitaine Mansell, sa conversation intéressante par un grand nombre d'anecdotes curieuses, l'avidité avec laquelle on écoutait les renseignements qu'il avait recueillis dans l'expédition de lord Exmouth sur les forces d'Alger et sur la manière de combattre des troupes du dey, faisaient rechercher par tous les officiers sa société. Bientôt, malgré son habit râpé, son col noir déchiré et sa casquette crasseuse, il fut traité avec une grande considération. Il plaisantait lui-même de très-bonne grâce sur le négligé un peu plus que philosophique de son costume; il me répétait souvent avec gaieté qu'il voulait jouer un rôle dans un mélodrame sur la conquête d'Alger, et qu'il verrait avec plaisir son petit habit noir figurer sur le dos d'un acteur du théâtre de Franconi. Bon convive, bon compagnon, bon camarade, le capitaine Mansell était recherché de tout le monde, soit qu'il parlât marine avec M. de Villeneuve, art militaire avec le général Tolozé, artillerie avec le colonel Auvray, wisk avec le directeur des vivres Bréidt, littérature avec le commandant Montcarville, musique avec le capitaine Chapelié, ou théâtre avec moi. J'aurai, du reste, à m'occuper de lui dans d'autres circonstances dans lesquelles il se présentera sous des points de vue tout à fait différens[1].

***

Nous continuions gaiement notre route vers la côte d'Afrique, avec un vent presque constamment bon; nous bornions notre marche de quatre à cinq nœuds (une lieue deux tiers à l'heure), en la réglant de manière à ne pas perdre de vue le convoi, et nos lunettes presque toujours braquées sur les signaux de l'amiral, qui ne nous en laissait pas manquer : je ne crois pas que jamais flotte en ait fait un plus grand usage; les timoniers n'étaient occupés qu'à hisser et à amener *l'aperçu* et *l'attention*; et, depuis le lever jusqu'au coucher du soleil, il fallait être occupé à feuilleter la tactique, à compter des numéros, à faire et à répéter des signaux, la plupart d'une futilité, je dirais presque d'une niaiserie tracassière, qui n'était qu'une ridicule affectation de sollicitude; au bout de deux jours nous n'y fîmes plus attention, et laissâmes l'officier chargé de ce fatigant et ennuyeux service, dans la sphère d'activité continuelle dans laquelle le plaçait l'amiral. Aucun évènement remarquable n'eut lieu jusqu'au 28 au matin, qu'une forte brise d'est nord-est nous amena une mer houleuse et fatigante; nous apercevions au loin les bateaux-bœufs luttant pénible-

1. Quelque suspect que puisse nous paraître à distance ce personnage, Ault-Dumesnil qui le connut porte sur lui le même jugement que Merle. « Aimable, dit-il, instruit, franc, généreux, intrépide. M. Mansell, nous nous plaisons à lui rendre cette justice, est un des hommes les plus distingués que nous ayons rencontrés. Il semblait avoir attaché son bonheur au plaisir de voir prendre Alger », p. 77.

Bourmont et Duperré sur le Vaisseau Amiral en vue d'Alger

ment contre le vent et les vagues. Nous restâmes toute la journée par le travers des îles Baléares. Le 29, le temps devint beau, la mer tomba, et la journée fut employée à bord à la manœuvre du canon; ce simulacre de combat avait quelque chose de plus imposant sur *la Didon*, qui faisait partie de la division d'attaque[1]; ce n'était pas un exercice sans but, un passe-temps de bord, c'étaient les apprêts d'une grande scène militaire, la répétition d'un des grands évènements de la campagne; nous étions à cinquante lieues d'Alger, et dans moins de deux jours, nous devions nous trouver devant les batteries de Torre-Chica, où nous savions que notre frégate avait un poste d'honneur. Les dangers et les chances du combat semblaient faire peu d'impression sur nos soldats et sur nos matelots, dont la gaieté ne fut jamais plus vive qu'aux approches de la côte d'Afrique. Ce n'était tous les soirs que danses et jeux à bord; le gaillard était rempli de chanteurs et de *loustics*, qui par cent contes plus plaisans les uns que les autres, par des imitations de tous les genres, égayaient les longues et monotones nuits de la mer : les officiers eux-mêmes ne dédaignaient pas, comme spectateurs, de prendre part à ces réjouissans spectacles, et on désertait souvent la dunette pour aller fumer le cigare au pied du mât de misaine, à côté d'un groupe de *troupiers finis* qui racontaient aux matelots les lazzis d'Odry, leurs prouesses de la Courtille, leurs aventures de barrières et tous les joyeux souvenirs de leur garnison de Paris.

Ce fut dans la matinée du dimanche 30 mai que commença cette suite de manœuvres contradictoires, qui furent une énigme pour toute l'armée, et que personne n'a pu même comprendre en lisant depuis la dépêche du 2 juin de M. Duperré au ministre de la marine. A trois heures du matin le vent fraîchit, et à dix heures *le Griffon*, qui était en tête de l'escadre, vint avertir l'amiral qu'il avait aperçu la terre. Aussitôt l'ordre

1. Il y avait 3 escadres : de bataille ou d'attaque, de débarquement et de réserve. *(Ed.)*

fut donné à toute la flotte de virer de bord; nous jugeâmes que l'amiral ne voulait pas approcher la côte avant d'avoir communiqué avec le commandant de la station. Nous fîmes route vers le nord pendant toute la matinée. A cinq heures du soir nous aperçûmes *la Syrène*, montée par M. Massieu de Clerval, commandant la station, et qui venait communiquer avec l'amiral, d'après les ordres qui lui avaient été transmis dès le matin par *le Griffon*. A sept heures on nous donna l'ordre de revirer de bord vers Alger, de courir quarante milles dans cette direction, et de mettre en panne à trois heures du matin, où nous devions nous trouver à trois ou quatre lieues de terre. Nous dûmes croire que les renseignemens donnés par *la Syrène* étaient favorables à notre débarquement, quand nous vîmes distribuer au bataillon du 49e et à la compagnie de voltigeurs du 15e, que nous avions à bord, les cinq jours de vivres que devait recevoir l'armée avant de débarquer; distribution qui, soit dit en passant, était assez mal entendue; pouvait-on penser que des soldats déjà surchargés par leur équipement de campagne, trouveraient moyen de placer dans leur sac cinq rations de lard cuit, dont la graisse fondante eût gâté tous leurs vêtements, cinq rations de riz fort embarrassantes à conserver, et cinq rations de vin, objet continuel de tentation pour les soldats strictement rationnés depuis plus de quinze jours ? Je ne parle pas encore des cinq rations de biscuit, dont il était physiquement impossible que le soldat pût trouver la place. Cette distribution inopportune fut la seule chose contre laquelle j'aie vu la troupe témoigner quelque mécontentement, pendant toute la traversée.

Le 31, à trois heures du matin, nous étions en panne à cinq lieues au nord du cap Caxine[1], tous sur le pont; le ciel était brumeux, et le soleil se levait à notre gauche, au milieu de nuages épais; nous apercevions difficilement devant nous la côte d'Afrique, lorsque quatre vaisseaux de la station vinrent

1. A l'ouest de la pointe Pescade.

au-devant de l'amiral. *La Syrène*, après avoir communiqué par le télégraphe, vint lui déférer le commandement, en hissant et amenant son pavillon; aussitôt la flotte reçut de nouveau l'ordre de reprendre le large. Cette manœuvre affigea tout le monde; notre espoir se trouvait encore déçu; nous allions nous éloigner de nouveau du terme de notre voyage, et chacun blâmait hautement la prudence de l'amiral, que tous les marins justifiaient pour des raisons qui ne purent pas nous convaincre, et dont ils ne nous paraissaient pas eux-mêmes aussi persuadés qu'ils voulaient nous le faire croire. L'amiral avait été effrayé d'une mer houleuse et d'un vent assez frais d'est sud-est; mais tout portait à croire que cette mer et ce vent étaient beaucoup moins forts près de terre; et d'ailleurs, la partie de la baie de Sidi-Ferruch dans laquelle nous devions mouiller, étant précisément abritée de ces vents, nous devions y trouver le calme nécessaire à notre débarquement; le véritable motif de notre changement de route, celui que nous avons appris depuis, c'est que les mesures avaient été si mal prises pour les convois, qu'on ne savait plus où les retrouver; qu'une partie était tombée sous le vent, que les bateaux-bœufs, que nous ne voyions plus et qu'on croyait dispersés, étaient allés au rendez-vous général, et se trouvaient devant Torre-Chica, où nous aurions dû être comme eux, et qu'enfin le convoi qu'on s'était obstiné à ne faire partir qu'après nous de Toulon, avait été jeté loin de sa route le 28, par un coup de vent de nord-ouest. Ce qu'il y a de très sûr, c'est que le 31 au matin nous ne savions plus ou étaient nos transports, et que les bâtimens de guerre seuls étaient en bon ordre. Le soir, à sept heures, *l'Euryale*[1], qui commandait les bateaux-bœufs, rallia l'escadre, et, à notre grand désappointement, nous fîmes route vers le golfe de Palma.

C'est ici que commence cette longue et sotte promenade qui dura onze jours, et qui offrit aux habitans des îles Baléares le

1. L'*Euryale* était un brick de 10 canons commandé, par le capitaine de frégate Perseval. *(Ed.)*

spectacle curieux d'une flotte de cent vaisseaux et d'une armée de quarante mille hommes, se pavanant sous voile, de la pointe de Cabrera à celle de Dragonera, et du cap Blanc à l'île de Fomentiera. Chaque matin, au lever du soleil, l'officier chargé des signaux cherchait, à grands renforts de lunette, le pavillon amiral, pour apprendre si l'ordre de se diriger vers la côte d'Afrique allait enfin nous être donné; et à notre grand regret, nous restions livrés à l'incertitude et aux conjectures. L'amiral avait rendu sa manœuvre indépendante, et avait remis le commandement à l'amiral Rosamel; avancé dans la rade de Palma, il communiquait sans cesse avec le commandant du convoi, et faisait courir sur tous les points les bricks et les bateaux à vapeur pour rallier les transports et les bateaux-bœufs qui arrivaient de tous côtés par petites divisions. Notre position avait quelque chose de si étrange, que le gouverneur des îles Baléares en fut effrayé; il crut son gouvernement menacé et se fit l'honneur de penser que l'expédition d'Alger n'était qu'un prétexte, et que la conquête de Majorque et de Minorque était le véritable motif de notre armement; il ne fallut rien moins que les protestations de M. de Bourmont et de M. Duperré pour le rassurer complètement; dès ce moment ce ne furent que fêtes et plaisirs à Palma. Les bals et les spectacles y étaient offerts aux soldats et aux officiers de terre et de mer qui faisaient partie du convoi, tandis que ceux qui étaient à bord des vaisseaux de guerre, paradaient tristement en vue du port, privés de toute communication avec la terre.

Dix jours se passèrent dans cette insupportable anxiété, sans nouvelles, ne recevant que des ordres insignifians, qui fatiguaient sans cesse l'équipage par des manœuvres sans but, courant des bordées inutiles, avec une brise des plus favorables, qui nous eût mis en quelques heures dans la rade d'Alger, et déplorant tant de beaux jours perdus, où la mer, à peine ridée à sa surface, nous eût permis un débarquement si doux et si facile : le découragement s'emparait alors de nous tous, et sur chaque vaisseau de la flotte les mêmes impressions étaient répétées;

cette longue inaction, que nous ne pouvions raisonnablement attribuer à la dispersion de nos convois, nous jetait dans des conjectures dont le cercle parcourait toute la série d'évènemens et de projets que pouvaient amener un changement de ministère, des combinaisons diplomatiques, la crainte d'une guerre, la mort du roi; je dois convenir cependant que les rêves de notre imagination malade n'allèrent jamais jusqu'à présumer la chute du trône, qui devait arriver deux mois plus tard!...

Enfin, le 9 juin sembla devoir mettre un terme aux indécisions de l'amiral. *La Provence*, que nous avions perdue de vue depuis deux ou trois jours, reparut à la pointe du cap *Figuera*; nous ralliâmes l'escadre, et nous reprîmes dans la ligne notre ordre de marche, entre *la Guerrière* et *l'Iphigénie*. L'amiral fit le le signal à *la Ville de Marseille*, au *Breslavv* et au *Nestor*, de se rendre à son bord : ces vaisseaux portant les généraux commandant les trois divisions de l'armée, on en conclut qu'un conseil de guerre aurait lieu à bord de *la Provence*, pour s'entendre sur les mesures à prendre pour le débarquement; cet incident rendit la gaieté à tout le monde; un billet que reçut le général Tolosé du général Monck-d'Uzer [1], dans lequel il lui donnait l'assurance que, le lendemain, le convoi, rallié, sortirait de la rade de Palma, et que l'escadre se mettrait en bonne route, vint dissiper le lourd ennui que nous éprouvions; on attendait avec impatience le soleil du 10. Les gabiers de misaine nous annoncèrent à six heures du matin, qu'on voyait dans le fond de la baie les bâtimens du convoi qui se disposaient à appareiller. Enfin, à une heure, l'armée reçut l'ordre de se mettre en marche vers le sud sud-est. Le coucher du soleil, pur et brillant, répandait ses teintes dorées sur les voiles de plus de trois cents navires la mer était couverte de vaisseaux, le vent portait de tous côtés les sons des musiques

1. Le maréchal de cap Monk d'Uzer commandait la 2e brigade de la 2e division. *(Ed.)*

militaires; et nous avions la certitude que la joie qui animait l'équipage et les passagers de *la Didon*, était partagée par toute la flotte.

La journée du 11 fut une journée de mouvement et d'émotions ; le beau temps dont nous avions joui pendant dix jours sembla nous abandonner; le ciel était couvert d'énormes nuages blancs, et l'horizon devant nous se perdait dans des brouillards noirs et épais; le vent soufflait avec force, et nous amenait de grosses vagues du large: des grains fréquens annonçaient un temps d'orage qui nous faisait craindre que la côte ne fût pas abordable: cependant nous étions plus près d'Alger qu'Orléans ne l'est de Paris, mais le convoi était loin derrière nous, et paraissait mal tenir la mer; notre inquiétude était vive; nous redoutions à chaque instant un signal qui nous ramènerait dans le golde de Palma. Enfin, à une heure après midi, l'amiral, qui depuis le matin avait pris la tête de la ligne, donna l'ordre télégraphique de visiter les chalans, et de les faire réparer au besoin; ce qui nous fit penser qu'un parti était pris sur un prochain débarquement. *Le Ducouédic*, qui avait été envoyé pour reconnaître la terre, la signala dans le sud sud-ouest. Enfin, à six heures, le soleil se montra brillant au milieu d'une éclaircie de nuages, et nous permit de voir distinctement le vaisseau *la Provence*, couvert de signaux; nous y lûmes avec joie : BRANLE-BAS GÉNÉRAL DEMAIN A QUATRE HEURES DU MATIN. *Ordre à* la Didon *d'aller s'embosser à l'ouest de Torre-Chica*. Cependant le vent reprit de la force, et la mer du mouvement; il soufflait grand frais, nous filions plus de huit nœuds ; l'amiral donna l'ordre à la flotte de courir cinquante milles droit sur Alger, et de mettre ensuite en panne; tout cela nous fit craindre que le débarquement n'eût pas encore lieu le lendemain. A la pointe du jour, l'officier de quart fit demander tous les maîtres; et une demi-heure après les tambours et les fifres firent entendre la générale dans la batterie; aussitôt on s'apprêta au *branle-bas de combat*: ce mouvement de bataille, ces apprêts imposans étaient, pour la plupart de nous, un spectacle nouveau; mais bientôt un signal de l'amiral vint le suspendre, et nous eûmes l'ordre de virer de bord, quoique le commandant de la station fût venu donner l'assurance que, sur la côte, le vent et la mer étaient moins forts qu'au large. Il conseilla néanmoins d'attendre que le temps fût mieux établi; nous passâmes cette journée à louvoyer hors de la vue des côtes.

***

Le moment du combat approchait; tout devait nous faire croire qu'il serait long et périlleux; la division d'attaque n'était composée que de trois frégates et de deux vaisseaux; et tous les rapports s'accordaient à dire que la tour de *Torre-Chica*[1] était armée de plusieurs pièces de gros calibre, et que de nouvelles batteries avaient été construites sur le point supposé de notre débarquement[2]; malgré le calme et le sang-froid du commandant et des officiers de *la Didon*, on s'attendait à une affaire très chaude. Le capitaine Mansell parut sur le pont, non plus cette fois comme nous l'avions vu depuis son embarquement avec le petit habit noir râpé qui devait figurer dans un mélodrame du Cirque, mais avec un uniforme simple et sévère qui, sans être précisément celui de la marine anglaise s'en rapprochait beaucoup; il portait les épaulettes de capitaine de vaisseau, et avait la cocarde blanche à son chapeau; il avait obtenu de M. de Bourmont l'autorisation d'assister au combat, sous la couleur française; je n'ai jamais vu un homme plus content; l'idée de se retrouver encore sous le feu des bat-

1. La tour de *Torre-Chica* est un pléonasme consacré; on l'a toujours employé quoique ce soit un non-sens qui ne veut dire autre chose que *la tour de la petite tour.*

2. En réalité, elle n'était armée que de canons de bois. Sur le promontoire qu'elle dominait, un fort construit en 1847, porte, à son entrée, cette incription :

« *Ici, le 14 juin 1830, par ordre du roi Charles X, sous le commandement du général de Bourmont, l'armée française vint arborer ses drapeaux, rendre la liberté aux mers, donner l'Algérie à la France.* »

teries algériennes le comblait de joie; il nous assurait qu'il ne changerait pas sa position contre le plus riche commandement de l'Inde; il avait, au lieu d'épée, une claymore à garde d'acier d'une forme et d'un dessin du XVIe siècle; je ne me souviens plus de quel chef de clan elle lui venait, mais elle n'était guère moins illustre que celle des Argyll, des Atholl, des Lindsay ou des Graham. Le capitaine Mansell était considéré comme l'oracle du bord, à cause de ses souvenirs de l'expédition de lord Exmouth et de l'étude particulière qu'il avait faite des forces de la Régence et de la manière de combattre des Turcs; souvent, quand il était en train de plaisanter, il nous exagérait d'une manière fort gaie les dangers du débarquement; il ne s'agissait de rien moins que de deux cents pièces de canon en batterie, masquées par les broussailles, et hors d'atteinte du feu de nos vaisseaux; parlant ensuite plus sérieusement, il estimait que nous devions regarder comme une chose très-heureuse de ne perdre que trois mille hommes dans le débarquement, qui était, selon lui, l'opération la plus difficile de la campagne. Le fait est que nous étions dans l'ignorance la plus complète sur l'état des forces que nous allions combattre; on aura peine à croire que nous ayons entretenu pendant trois ans, sur les côtes de la Régence d'Alger, une croisière formidable qui a coûté près de vingt millions à la France, et qu'une expédition aussi importante que celle que nous tentions, ait été entreprise avec les renseignemens les plus incertains et les plus incomplets, sur les travaux de défense exécutés sur le point du débarquement; les attérages de Sidi-Ferruch avaient été explorés avec si peu de soin, qu'on en connaissait à peine la situation, que les cartes de la marine et celles du Dépôt de la guerre n'étaient d'accord ni entre elles, ni avec celles de Boutin, ni avec les cartes anglaises; nous nous sommes assurés, depuis, par le travail des ingénieurs-géographes, que tous les relèvemens étaient fautifs : on verra plus tard jusqu'à quel point l'incurie avait été portée.

Le dimanche 13, avec le lever du soleil, nous aperçûmes très-distinctement la terre d'Alger, quoique nous en fussions à six lieues; l'amiral nous donna ordre de forcer de voiles ; nous fûmes bientôt assez près de la côte pour voir distinctement la ville, grande masse blanche se détachant d'une manière éblouissante sur un fond d'un beau vert, parsemé d'une innombrable quantité de gros points blancs semblables à des marguerites jetées avec profusion sur un tertre de gazon[1]; ces points blancs n'étaient rien moins que de riches et belles maisons de campagne. En peu d'instans nous fûmes à portée de voir de très-près les forts et les remparts, ces triples batteries de gos calibre, élevées sur trois étages, défendant dans tous les sens les approches du port; et tant d'ouvrages nouveaux, faits d'après les nouveaux systèmes de fortification, par des ingénieurs qui à coup sûr n'étaient pas nés sujets du dey; enfin devant nous se développait cette longue ceinture de forts et de batteries, qui couvre de demi-lieue en demi-lieue la vaste circonférence de la baie d'Alger, depuis le cap Caxine jusqu'au cap Matifoux, dans une étendue de plus de quatre lieues.

Ni sur le môle, ni sur la Cassauba, ni sur le château de l'Empereur, ne flottait aucun pavillon; nous n'aperçûmes même ni dans le port ni dans la ville aucun mouvement. La sécurité semblait complète, et une flotte de cent vaisseaux de ligne et une armée de quarante mille hommes parurent si méprisables à la présomption de ces pirates, qu'ils ne nous honorèrent pas d'un seul coup de canon.

Toutes nos mesures étaient prises, le branle-bas général était fait depuis le lever du soleil, le pont et la batterie offraient le spectacle imposant de tous les préparatifs d'un combat, tout était prévu, disposé, complet, les mèches fumaient à côté des canons, chacun était à son poste, depuis le commandant sur le banc de quart, jusqu'au dernier des servans de

1. « Féerie inespérée et qui ravit l'esprit, écrira Maupassant... la ville de neige sous l'éblouissante lumière! »

sainte barbe. Nous marchions en ligne de bataille, nous suivions *l'Iphigénie*, et *le Trident* était devenu notre matelot d'arrière. Les bricks *le Dragon* et *l'Alerte*[1] marchaient en tête de la ligne, pour signaler les sondes; les bâtiments du convoi nous suivaient de très-près. Ce fut dans cet ordre que nous défilâmes devant Alger, en longeant la côte et faisant route vers Sidi-Ferruch. Vers onze heures du matin nous aperçûmes la vieille tour de Torre-Chica, qui se détachait en blanc sur le bel azur des montagnes de l'Atlas; bientôt nous en fûmes assez près pour douter qu'elle fût armée, car nous ne pouvions raisonnablement regarder comme une défense, une mauvaise couleuvrine placée sur chacun des côtés de la plate-forme; nous pensions que toute la force de ce point important avait été concentrée dans l'enceinte de la baie où nous allions mouiller, car je ne puis m'empêcher de répéter ici l'observation pénible que nous faisions à bord, qu'il était inconcevable qu'on eût déterminé un mouillage et fait un plan d'attaque et de débarquement sur un point de la côte dont on ne connaissait ni la défense, ni la force, ni la position; aussi a-t-on pu regarder notre premier succès dans les opérations de la campagne, comme l'origine de cette suite d'évènements fortuitement heureux que nous avons eus depuis le jour où nous avons mis le pied sur le sol africain, jusqu'au jour où nous sommes entrés dans la Cassauba.

Nos bâtimens de tête serraient de très-près la côte; et ce ne fut pas sans étonnement que nous n'entendîmes pas un seul coup de canon; nous entrâmes à midi dans la baie de l'ouest, de la presqu'île de Sidi-Ferruch. *Le Breslavv*[2] mouilla le premier, *l'Iphigénie* ensuite, et nous (*la Didon*) immédiatement après; *la Provence* vint jeter l'ancre à quelques brasses derrière ; et au même instant nous nous mîmes sur nos câbles d'embos-

1. Commandée par le capitaine de frégate Andréa de Herciat. On a publié en 1890 à Aix une *Relation des évènement se rapportant à l'expédition d'Alger observée et décrite jour par jour à bord du brick « l'Alerte. ». (Ed.)*

2. Vaisseau de 74 canons, commandé par le capitaine de vaisseau Maillard-Liscourt. *(Ed.)*

sage, présentant babord à la batterie neuve. Nous étions à peu près à deux cent cinquante toises de terre, et nous regardions avec étonnement la solitude qui régnait sur la côte; la presqu'île était déserte; on eût dit que le dey ignorait absolument et nos projets, et notre départ, et notre arrivée, et le point de ses Etats que nous voulions attaquer; aucun ennemi ne se présentait; l'œil ne découvrait pas vestige d'être animé; les embrasures de la batterie neuve étaient vides; on en avait retiré les canons, comme si l'on avait voulu que rien ne pût altérer notre sécurité. Heureuse présomption du dey, qui lui avait suggéré l'idée de n'entraver en rien notre débarquement, bien convaincu qu'il était que tous ceux qui aborderaient le sol africain devaient être ses victimes ou ses esclaves, et que notre artillerie et nos munitions ne pouvaient servir qu'à enrichir ses magasins et à meubler ses arsenaux!

Le calme et le silence qui régnaient sur la côte avaient quelque chose de sinistre et d'effrayant; ils nous paraissaient au moins inexplicables. Le marabout de Sidi-Ferruch avait été habité, tout nous portait à le croire; on y voyait autour toutes les dépendances d'une petite ferme, les écuries et la basse-cour, le potager, le jardin, et des champs de maïs, d'orge et de froment ; des haies vives d'aloës, d'agave, et de figuier d'Espagne, annonçaient tous les soins de la culture et de la propriété; nous voyions un lieu habité, mais pas un seul habitant; notre étonnement ressemblait à de l'anxiété, ou, pour mieux dire, nous éprouvions une sorte d'humiliation à voir traiter avec tant de dédain une expédition qui depuis six mois fixait les regards et l'attente de l'Europe.

Bientôt un coin du tableau parut s'animer; au milieu de hautes broussailles qui couvraient la presqu'île, et les collines qui bordaient l'horizon, nous découvrîmes derrière un ravin le sommet pointu d'une tente d'Arabe, auprès de laquelle flottait un petit pavillon rouge; et en dirigeant nos lunettes sur ce point, nous vîmes, à travers les massifs de myrtes et de genêts, les *bournous* de quelques Bédouins, qui, de toute la vitesse de leurs chevaux, se dirigeaient vers la ville d'Alger, sans doute pour aller annoncer au dey la nouvelle de notre arrivée; au devant de la tente on apercevait aisément de la terre fraîchement remuée, et tout annonçait qu'une batterie avait été depuis peu placée dans cet endroit masqué par les dunes.

L'amiral donna l'ordre au capitaine Louvrier, qui commandait le bateau à vapeur *le Nageur*, de s'approcher de la côte, et de tirer quelques coups de canon sur ce point. Cette manœuvre, exécutée avec intelligence, eut tout le succès qu'on en attendait, et tout aussitôt la batterie turque fit feu sur nous; elle était composée de dix pièces de gros calibre et de deux mortiers de vingt-quatre; quelques coups furent habilement pointés, quelques boulets vinrent tomber à peu de distance de nous, soit sur l'avant, soit sur l'arrière de la frégate, et un éclat de bombe blessa deux gabiers dans la hune d'artimon, à bord du *Breslavv*; une cinquantaine de boulets furent échangés entre nous et les Arabes; et une bombe, si mal pointée par eux qu'elle éclata sur leur tête, mit fin à cette ridicule escarmouche.

Le temps était superbe, la mer calme et le vent soufflait à peine; mais la journée était trop avancée pour penser à débarquer. A deux heures, l'amiral donna l'ordre à tous les vaisseaux de mettre les *chalans* à la mer, de les conduire à bord des bâtimens chargés des troupes de la première division, et aux chaloupes de se tenir armées et prêtes à opérer le débarquement à une heure du matin. Le coup-d'œil du bord était ravissant; la gaîté y était bruyante; chacun s'apprêtait à débarquer, et à quitter enfin ces planches sur lesquelles nous étions depuis près d'un mois. Les soldats soupiraient après le *plancher des vaches*, et surtout après le moment qui allait les mettre en présence des Arabes; je n'ai jamais vu une joie plus vive que celle qu'ils éprouvèrent à la distribution des cartouches; et quand ils revirent ce sabre et ce fusil dont ils étaient privés depuis si long-temps, et qu'ils retrouvaient comme d'anciens amis, il fallait voir avec quel soin et quelle affection ils les fourbissaient pour leur rendre ce brillant et ce poli qu'ils avaient perdus dans les salles d'armes de la sainte-barbe. On n'entendait de tous côtés que des chants grivois, et les éclats joyeux de l'ivresse générale; ce ne fut pas sans peine qu'on décida les troupes à prendre quelques instants de repos, et qu'on en obtint un silence qui, dans la circonstance où nous nous trouvions, devenait une mesure de prudence. Tous les officiers s'attendaient dans la nuit à une attaque vigoureuse dirigée des batteries de la côte sur nos vaisseaux, elle eût pu être sérieuse et meurtrière. Sans l'heureuse présomption d'Husseim et sans sa stupide avarice, nous aurions éprouvé de grands désastres; quelques centaines de bombes et de fusées à la Congrève, lancées au hasard sur la baie, dans laquelle se trouvaient réunis plus de trois cents bâtimens, sur une étendue de deux milles carrés, devaient à coup-sûr incendier une partie de la flotte, et compromettre notre débarquement; heureusement rien de cela n'arriva, et ni les Turcs ni les Bédouins ne songèrent à troubler le moins du monde nos préparatifs du lendemain. Du reste, nous avons pu, plusieurs fois pendant la campagne, nous convaincre et nous féliciter de l'usage établi parmi les Arabes de ne jamais se battre entre deux soleils.

Un léger bruit ou plutôt un faible bruissement régnait dans la baie de Sidi-Ferruch dans la nuit du 13 au 14 juin; la mer était calme et belle; au mouvement de la lame qui allait expirer sur la plage, se mêlaient les voix sourdes des soldats qui s'embarquaient dans les chalans, et à qui les officiers recommandaient à chaque instant le silence; les matelots n'agitaient les rames qu'avec précaution; et malgré l'activité de la flotte, et le mouvement d'une quantité innombrable d'embarcations de tous les genres, la rade conservait un aspect mystérieux, qui avait quelque chose d'imposant et de solennel qui annonçait l'exécution d'une grande entreprise. En abordant la plage africaine, les souvenirs se reportaient confusément sur les siècles passés; et les noms de Scipion, de Saint-Louis, de Charles-Quint et de Bonaparte, venaient s'offrir à la fois à la mémoire; Carthage, Tunis, Alger, le Caire, étaient des mots que chacun répétait en y mêlant les idées de conquête, de magnanimité, de résignation, de désastres et de victoires.

Le ciel était d'une pureté admirable, l'air était frais, l'Orient seul était enveloppé dans des nuages lourds et épais; le soleil, ainsi que cela arrive souvent en Afrique, allait se lever au milieu des brouillards. Le calme de la veille régnait sur toute la côte, les chalans et les bateaux-bœufs, chargés de troupes et de batteries de campagne, se dirigeaient vers la terre. A trois heures et demie, la brigade d'avant-garde, commandée par le général Poret de Morvan, aborda la côte; marins et soldats se jetèrent dans la mer, et s'élancèrent à terre au pas de course, ayant de l'eau au-dessus du genou; les cris de *vive le roi!* rententirent de tous côtés; il serait difficile de dire quel est le premier Français qui a mis le pied sur le sol africain; il est certain qu'un grand nombre d'hommes se sont précipités à la fois vers la plage, et que parmi eux se trouvait le jeune Cerf Berr, officier d'ordonnance du général. Le 2e et le 4e régiment d'infanterie de ligne légère et le 3e de ligne, se formèrent aussitôt sur le rivage; ils furent immédiatement suivis du 14e et du 34e, composant la brigade Achard; et avant sept heures, le 20e et le 28e, sous les ordres du général Clouet, étaient en ligne devant la batterie ennemie, qui ne commença son feu qu'à six heures du matin. Ses boulets atteignirent quelques-uns de nos soldats dans les chalans et au moment où ils abordaient la terre; un matelot de *la Surveillante* [1] eut la cuisse emportée dans sa chaloupe, un soldat du 20e eut les reins labourés par un boulet; quelques autres accidens de ce genre furent les seuls évène-

1. Frégate de 1re rang commandée par le capitaine de vaisseau Trotel. (*Ed.*)

mens fâcheux du débarquement. La batterie tira plusieurs bombes sur la flotte; une de ces bombes vint tomber dans la mer, à trois toises de la galerie de poupe de *la Didon*; nous étions plus de quarante personnes sur la dunette; quelques lignes de mèche de moins, et une partie de l'état-major général était mise hors de combat.

A cinq heures du matin, le pavillon blanc flottait sur *Torre-Chica*, et sur la batterie neuve de la plage; il fut placé sur la tour, à ce qu'on m'a assuré, par un matelot du *Nestor*, d'autres disent par un gabier de *la Provence*; celui de la batterie fut placé par un des sapeurs de la compagnie du capitaine Ronfleur, qui fut prendre possession du marabout, après l'avoir fait explorer par ses sapeurs.

Le lever du soleil nous montra la 1re division formée en carré sur le terrain, l'artillerie de campagne en position, et les tirailleurs débusquant des broussailles et des ravins, les Arabes qui s'y défendaient vigoureusement. A huit heures, la 2e division était déjà à terre, et le général en chef et son état-major débarquèrent à neuf heures, au son d'une musique guerrière, et, au moment où l'affaire était engagée sur toute la ligne. M. de Bourmont, en débarquant, alla se placer avec ses aides-de-camp au milieu du feu, et, au moment où il arrivait, un boulet vint tomber à ses pieds. La 3e division, commandée par le brave et noble duc d'Escars, les suivit immédiatement; la batterie ennemie, qui était le point de défense de l'ennemi, fut aussitôt battue directement par notre artillerie, pendant que le général Berthezène tournait sa position par la gauche, et que les bricks *l'Actéon* et *la Bayonnaise*, et la corvette *la Badine*, mouillés dans la baie de l'est, faisaient un feu des plus vifs sur le flanc de la ligne ennemie; la lutte ne fut pas longue; à onze heures la batterie fut désemparée, et onze pièces de bronze et deux beaux mortiers qui avaient fait partie de l'expédition de Charles-Quint, tombèrent en notre pouvoir. Pendant toute la journée, nos tirailleurs poursuivirent les Arabes, qui défendaient encore pied à pied le terrain de la presqu'île, qui, avant la nuit, fut en notre pouvoir[1]. Ainsi s'opéra en quelques heures, et avec une perte à peine de cinquante hommes, ce terrible débarquement considéré comme l'opération la plus difficile de l'expédition; mais convenons franchement que ce succès ne peut être attribué ni à la prudence de l'amiral, ni à l'habileté des chefs; il a tenu absolument à la sottise du dey et à l'entraînement irrésistible des troupes de terre et de mer, surtout à un heureux concours de circonstances que j'attribuerai à la Providence, que d'autres, s'ils veulent, attribueront au hasard, mais dont il est impossible de méconnaître l'influence dans la plupart des grands évènements de ce monde[2].

***

La presqu'île de Sidi-Ferruch est une langue de sable couverte de broussailles et de taillis, qui s'avance d'une demi-lieue environ dans la mer, en s'élevant assez rapidement vers son extrémité septentrionale, où elle forme un promontoire entouré de rochers fortement déchirés; ce piton granitique est couronné par un plateau assez vaste, au milieu duquel se trouve la tour de *Torre-Chica*, qui a sans doute été bâtie autant pour protéger la côte que pour défendre le marabout, au-dessus duquel elle s'élève; la mosquée et le tombeau sont enclavés dans plusieurs cours, autour desquelles se trouvent la demeure du santon et les cellules des fidèles musulmans qui viennent visiter ce lieu révéré; quelques hangars couverts de chaume,

1. Le soir, au dîner, le général en chef trouva sous sa serviette une petite branche de laurier qu'on avait cueillie pour lui sur le champ de bataille. *(Ed.)*

2. Ce que je dis ici est tellement vrai, que si, par l'effet du hasard, le temps nous eut fait arriver au mouillage le 15 au lieu du 13, le débarquement se serait trouvé en plein mouvement de l'horrible tempête que nous essuyâmes dans la matinée du 16; peut-être la seconde division, surprise dans les chalans par les coups de vent et la mer furieuse qui en fut la suite, eût péri sans pouvoir aborder. Que seraient devenus alors la sagesse, le savoir et l'expérience de M. Duperré ? Quant à l'habileté des chefs, je suis loin de la contester; mais je me borne à dire qu'ils n'ont pas eu besoin d'en faire preuve dans l'affaire du 14 : louons seulement leur bravoure.

La Plage de Sidi-Ferruch et la Torre Chica

servant d'écuries aux chameaux et aux chevaux des pélerins, et les dépendances d'une petite ferme, sont les seuls vestiges d'habitation. Il faut y ajouter cependant une espèce de corps-de-garde placé à quelques toises de la tour, une batterie à embrasures, en pierres de taille, destinée à défendre l'approche de la baie de l'ouest, et quatre ou cinq citernes abondamment pourvues d'une eau assez limpide, mais passablement saumâtre.

Les environs du marabout, quand nous y sommes arrivés, offraient quelques traces de culture; il y avait des carrés de terre défrichés et semés d'orge et de maïs, d'autres qui ressemblaient à des espèces de jardins, où se trouvaient quelques figuiers, un ou deux abricotiers et quelques ceps de vigne qui rampaient sur le sable, tout cela entouré de haies vives de *raquettes*[1] et d'*agaves*, dont la fleur s'élance majestueusement sur une tige d'une hauteur prodigieuse; le reste de la presqu'île était couvert d'une végétation touffue et tortillarde, au milieu de laquelle on remarquait par-ci par-là de grands lauriers-roses, des lentisques, des arbousiers et des myrtes sauvages; au milieu s'élevait un superbe palmier, dont les feuilles et la tige, d'un beau vert foncé, se détachaient vigoureusement sur le ciel bleu de la côte d'Afrique.

Quand je débarquai, il était près de cinq heures du soir; il y avait déjà plus des trois quarts de l'armée à terre, la presqu'île entière était à nous, et la division Berthezène avait déjà pris position sur les coteaux d'où les Arabes avaient été débusqués dans la matinée; les deux autres divisions occupaient le reste du terrain que nous avions conquis. La joie était partout; il est difficile de se faire l'idée d'une armée le jour d'un succès, et d'un succès aussi décisif, aussi complet, aussi inespéré que celui du débarquement. Les Bédouins avaient fui devant nos soldats, et pour premier trophée nous avions enlevé à l'ennemi douze pièces de canon, que tout le monde allait voir comme une curiosité; les deux mortiers étaient réellement très beaux,

1. Ou figuiers de Barbarie.

et d'un fini de ciselure et d'ornemens de la plus grande richesse; ils faisaient partie de l'artillerie restée dans les fondrières où avaient péri tant de soldats de l'armée de Charles-Quint. Cette plage, presque déserte la veille, était animée par la présence de trente mille hommes, qui faisaient retentir l'air de mille cris et de mille chants de joie; les soldats mangeaient et buvaient gaiement les rations qui leur avaient été distribuées à bord, en préparant leur bivouac pour la nuit. Pendant ce temps les officiers du génie, sous les ordres du général Valazé, traçaient sur un développement de mille mètres environ, cette belle ligne du camp retranché qui isolait du continent la presqu'île qui allait nous servir de réserve, et qui nous mit en moins de cinq jours dans un état de défense qui pouvait défier toutes les forces de la Régence.

Le quartier-général était établi à Torre-Chica; tout l'état-major-général avait pris ses logemens dans les dépendances de l'habitation du marabout [1]. M. de Bourmont était installé dans la mosquée, qui lui servait de cabinet et de salle à manger; il avait fait sa chambre à coucher de la chapelle où était le tombeau du santon. Le général Després avait placé ses bureaux dans le fournil, le général Tolozé s'était emparé d'une espèce de grange, et M. Frosté, intendant du quartier-général, s'était installé dans un hangar couvert en chaume, qui servait, je crois, de bergerie aux deux ou trois chèvres du marabout; les aides-de-camp et les officiers d'ordonnance bivouaquèrent dans les cours, et dans quelques cellules qui servaient de logement aux pélerins; je fus assez heureux pour trouver une petite place dans une casemate en forme de caveau, située au rez-de-chaussée de la tour. Nous étions six dans un espace de douze

1. Ce marabout, qui était alors en fuite, vint à Alger, quelques jours après notre entrée. Quand l'armée et les magasins eurent évacué Sidi-Ferruch, il vint solliciter du général en chef la faveur de retourner à son ancienne demeure, ce qui lui fut accordé, à condition qu'il veillerait à la conservation des tombeaux élevés à la mémoire des officiers morts pendant la campagne. Ce marabout est un gros derviche de bonne mine, frais, fleuri, et gras comme un moine espagnol.

pieds carrés; de ce nombre étaient M. Chauvin, secrétaire, comme moi, du général en chef, l'abbé Issachar, interprète[1], et M. Brassewitchts, brave et digne homme dont j'aurai occasion de reparler. Les officiers d'état-major établirent leur cuisine et leur bivouac dans une espèce de corps-de-garde turc, en plein vent; tout était joie ce jour-là; jamais soirée ne fut aussi belle; plus de trois mille feux de bivouac éclairaient la presqu'île, et s'étendaient à près d'une lieue, où la première division avait ses avant-postes : partout de la gaieté et de l'enthousiasme; le débarquement avait réussi, l'armée semblait n'avoir plus rien à redouter, le succès de la campagne ne paraissait plus douteux pour personne. L'impatience du soldat français est inconcevable; jamais nuit ne lui parut plus longue que celle du 14 au 15. Nos tirailleurs étaient avides de revoir des Bédouins; ils soupiraient après l'aurore, qui allait les leur montrer sur la crête des coteaux, se dessinant en longues lignes blanches sur le vert des broussailles.

Le 15, à la pointe du jour, un feu de tirailleurs s'engagea sur toute la ligne d'avant-postes; des masses d'Arabes arrivaient de tous les côtés; les hauteurs de Staoueli en étaient couronnées; mais on remarquait que la plus grande partie se tenaient à une longue distance; les tribus les plus hardies venaient seules s'éparpiller dans les taillis, et tirailler avec nos soldats. Nous commençâmes à nous apercevoir de l'avantage que les Bédouins auraient sur nous dans des combats de ce genre. Ils sont armés de fusils d'une longueur prodigieuse (il y en a qui ont près de sept pieds); ces fusils portent très-loin et très-juste, malgré la mauvaise qualité de leur poudre; ils savent s'abriter avec beaucoup d'adresse, et tirer le meilleur parti possible des hautes broussailles, au milieu desquelles ils se cachent avec grand soin; ils ajustent longuement et sans danger, et se sauvent à toute bride quand ils ont tiré leur coup,

1. La brigade des interprètes comptait 21 personnes, parmi lesquelles un ancien colonel de Mameluks, Jacob Habaiby. Je n'y ai pas vu indiqué cet abbé Issachar. *(Ed.)*

pour aller recharger hors de portée. Nos soldats au contraire tirent découverts et souvent de très-près; ils se présentent franchement aux coups de l'ennemi; leurs officiers n'ont jamais pu les déterminer à profiter des accidens du terrain pour s'abriter; la vivacité de leur courage les rend étrangers à toute espèce de calcul pour leur sûreté; je suis convaincu que la moitié de notre perte peut être attribuée à ce défaut de prévoyance et de précautions. L'expérience n'a été d'aucun secours, et les ordres les plus sévères et les plus souvent réitérés, n'ont jamais pu modérer cette ardeur et cette bravoure entraînante, qui ne se sont pas démenties un seul instant pendant toute la campagne.

Dans la matinée, on découvrit dans un ravin peu éloigné de l'extrême droite de la division, les corps de trois soldats et d'un officier, à qui les Bédouins avaient coupé la tête; ces malheureux s'étaient éloignés de leur compagnie pour aller chercher de l'eau fraîche dans un ruisseau que le capitaine Chapelié était allé reconnaître quelques momens avant, en bravant les plus grands dangers; ils furent surpris par un groupe d'Arabes, qui les assassinèrent sans qu'on eût le temps de courir à leur secours. L'officier qui périt si malheureusement s'appelait Astruc; il était, je crois, lieutenant au 20e de ligne.

A midi, le combat avait cessé; les ennemis s'étaient retirés fort loin en avant de nos lignes; nous n'avions ni la volonté ni les moyens de les poursuivre; quelques obus adroitement et heureusement tirés, les mirent en fuite dans le plus grand désordre. Le reste de la journée fut tranquille; j'allai visiter la batterie enlevée la veille à l'ennemi, et le mamelon sur lequel M. de Bourmont faillit être emporté par un boulet, au moment où il venait de débarquer, et d'où il dirigeait les mouvemens. Il n'était question que d'un volume dépareillé d'Horace[1],

1. D'une traduction française d'Horace, à côté d'un Manuel français de l'officier d'artillerie.

On ne s'attendait guère
A voir Horace en cette affaire. *(Ed.)*

de quelques feuillets d'un roman français, d'un fragment d'ode à l'empereur, et d'un rapporteur en corne trouvés dans la batterie turque. Cette découverte *ne laissait aucun doute* que des Français ne fussent au service de la Régence; tout le monde le crut, et les preuves de conviction furent portées avec empressement au quartier-général. Je les vis entre les mains d'Aimé de Bourmont, et je restai persuadé, comme tout le monde, que nous avions des compatriotes à combattre. Je fus cependant bientôt détrompé, quand j'appris que le rapporteur appartenait à l'étui de mathématiques de M. Roset, lieutenant au corps des ingénieurs-géographes; il avait perdu cet instrument, la veille, en allant visiter la batterie, qui avait été occupée toute la nuit par nos soldats, ce qui explique comment on trouva le lendemain les feuillets de l'Horace, du roman, et de l'ode à l'Empereur, qui avaient servi très-probablement à charmer les ennuis du bivouac, ou à allumer la pipe de quelque troupier.

***

Le 16, le soleil s'était levé, comme à l'ordinaire, à travers de gros nuages, qui se détachaient sur un ciel pur, par masses énormes; leurs bords, d'un éclat plus vif que celui de l'argent le mieux bruni, ressortaient sur un fond d'un gris de tempête; l'atmosphère était lourde et étouffante, tout annonçait un orage d'Afrique. J'étais descendu vers la plage, pour y chercher un peu de fraîcheur; une inquiétude vague y régnait; les marins étaient soucieux, et tournaient tristement leurs regards vers le ciel. Cependant le débarquement du matériel continuait toujours; un grand nombre de chalans étaient dirigés vers la plage, et les matelots qui les remorquaient forçaient de rames pour arriver le plus tôt possible; ils semblaient craindre quelque désastre. Les officiers les plus prudens assuraient leurs ancres, doublaient leurs amarres, et dépassaient leurs perroquets pour soulager leur mâture; il régnait de toutes parts un silence effrayant; il semblait que tous les cœurs étaient comprimés par la crainte d'un évènement fatal, contre lequel le courage même était inutile : nous ignorions ce qui nous menaçait; mais nous avions le pressentiment d'un danger imminent.

Vers neuf heures, nous sentîmes quelques gouttes de pluie; elles étaient rares et grosses, et laissaient en tombant de larges traces sur un sable brûlant. Quelques coups de tonnerre vinrent briser des masses de nuages noirs, qui en se développant couvrirent le ciel. Une brise de nord-ouest serrée et bruyante vint à souffler, et la mer, si calme et si unie quelques minutes auparavant, commença à se rider et à blanchir; en moins d'une demi-heure elle devint horrible[1]; les vagues venaient se briser avec un fracas épouvantable sur les dunes; la lame submergeait, en passant, les chaloupes, les canots, les chalans, et les petits bateaux qui bordaient le rivage. Les bateaux-bœufs et tous les bâtimens de transport étaient sans cesse tourmentés par un roulis des plus violens[2]; le péril devenait à chaque instant plus effrayant; les cris de terreur des marins n'annonçaient que trop les malheurs qui se préparaient : la moitié de la flotte courait le risque d'être jetée à la côte, et l'autre moitié pouvait être forcée de filer ses cables, et d'appareiller dans le plus grand désordre; déjà plusieurs bâtimens *dérapaient*, et *la Vigogne* ayant chassé sur ses ancres, talonait sur les rochers à chaque coup de mer, et tirait sans relâche des coups de canon de détresse : la terreur et le désespoir étaient dans toute l'escadre; je reconnus la vérité de l'expression de Salluste, sur cette côte dangereuse : *Mare sævum, importuosum*. Nos troupes.

1. « En un instant, dira, dans un de ses rapports, l'amiral Duperré, la mer est devenue monstrueuse; les lames creusaient à un tel point qu'un navire du convoi tirant treize pieds et mouillé par vingt a talonné et démonté son gouvernail... Si le temps se fut prolongé deux heures de plus, la flotte était menacée d'une destruction presque totale. »

2. « C'est alors que, lancés à la mer avec une incroyable célérité, les caisses de biscuit, les tonneaux de vin, d'eaux de vie, de légumes, les balles de foin les sacs d'orge et d'avoine, vomis avec la vague, venaient échouer sur le rivage. » Denniée. (intendant en chef). PRÉCIS HISTORIQUE ET ADMINISTRATIF DE LA CAMPAGNE D'AFRIQUE. P. 1830.

encore sans abri contre des torrens de pluie, regardaient avec douleur ce triste spectacle, et ce combat des élémens qui pouvait amener la destruction totale de nos approvisionnemens, de nos munitions, de tout notre matériel, et nous laisser sur une plage inculte, livrés sans défense, et sans espoir de secours, à la fureur de nombreux ennemis : ce qui complétait l'horreur de cette scène de désolation, c'était la vue de bandes de Bédouins qui parcouraient dans le lointain la plage pour saisir le moment où quelque vaisseau ferait naufrage, afin d'en piller les débris et de massacrer les équipages.

Le cœur navré du tableau que j'avais devant les yeux, je remontai vers le quartier-général; j'y trouvai tout le monde dans la consternation, quelques officiers même étaient frappés de stupeur. M. de Bourmont était celui qui conservait le plus de calme; il y avait quelque chose de rassurant ou de résigné dans sa physionomie; certes, on ne se serait pas douté que c'était sur lui que pesait toute la responsabilité. M. de Bourmont a un courage froid et noble, qui ne laisse jamais aux émotions les plus fortes le pouvoir d'altérer ses traits. Dans l'attitude de la réflexion, les yeux fixés sur la plage, il tournait la paume de sa main droite sur le couvercle de sa tabatière, occupé sans doute des moyens à prendre pour remédier à un désastre que toute la prudence humaine ne pouvait empêcher; je ne lui ai entendu dire, au plus fort de la tempête, que ces seuls mots, qui étaient plutôt un désir qu'une conviction : *Il me semble que le vent fléchit!*

Le général Tolosé était vivement agité; ce n'était certes pas par la peur, car c'est à coup sûr de tous les sentimens celui qui lui est le plus étranger[1]. Il ne cessait de courir de la terrasse

1. La réputation du général Tolozé est faite depuis longtemps, et comme officier et comme homme de cœur. Il regrettait vivement, le 13, jour où nous mouillâmes dans la baie de Sidi-Ferruch, qu'on n'eût pas profité du beau temps pour débarquer le même jour; il proposa au général en chef de le faire mettre à terre avec une brigade et cinq jours de vivres, et il ajouta : *L'armée débarquera ensuite quand elle pourra; mais je réponds que je resterai maître de la côte, et que vingt mille Bédouins ne m'en débusqueront pas.*

à un endroit du mamelon d'où il pouvait apercevoir, au haut de la tour, le pavillon fouetté par le vent avec tant de violence, qu'en moins d'une heure, l'extrémité opposée à la hampe avait été déchirée en lambeaux; il répétait souvent avec l'accent de la douleur : *C'est un désastre! le vent ne change pas!* Le général Després était consterné; son habit était trempé; et de la large visière de sa casquette, l'eau retombait en nappe; les bras derrière le dos, et le sourcil froncé, il disait à chaque instant en poussant de gros soupirs de poitrine : *Ce sera le second tome de l'expédition de Charles-Quint!* En effet, tout annonçait une catastrophe, le vent se soutenait dans toute sa violence, la mer semblait augmenter de fureur; au bruit du tonnerre se mêlaient les cris de désespoir des marins qui, sur la plage, séparés de leurs équipages, disputaient aux vagues les débris de leurs embarcations[1].

J'avais constamment les yeux fixés sur le pavillon, dont la direction ne changeait pas; la position devenait de plus en plus critique. Enfin, vers midi, le vent passa subitement à l'est, et, en moins de quelques minutes, tomba totalement. Je courus annoncer cette heureuse nouvelle à M. de Bourmont; je m'aperçus que je le soulageais d'un grand poids : il sortit pour s'en assurer; la pluie avait même cessé; et comme par enchantement, nous vîmes la mer diminuer à vue d'œil; en moins de deux heures, elle redevint calme, le soleil reparut, et tout reprit dans le camp l'aspect le plus riant et le plus animé. Dans l'après-midi, on continua les travaux du débarquement. Les marins semblaient avoir oublié le danger qu'ils venaient de courir, et les soldats ne parurent pas même s'en douter; ils séchèrent gaiement leurs habits, relevèrent leur cuisine,

1. J'avais écrit ces lignes, quand j'ai vu au salon, le beau tableau de Gudin, qui représente le coup de vent du 16. Sa vue m'a rappelé toutes mes impressions de Sidi-Ferruch. Ceux qui voudront se faire une idée de cette scène d'horreur, la retrouveront dans toute sa vérité dans la belle page de notre premier peintre de marine.

Théodore Gadin avait la spécialité des *Coups de vent*. Un de ces coups de vent fut payé 2.500 francs à la vente du comte de Perrigaux, et un autre coup de vent (peut-être le même) 585 francs en 1891. *(Ed.)*

fourbirent leurs armes; et cette tempête, qui pouvait entraîner la destruction totale de l'armée, ne fut pour eux qu'une averse.

***

Il y avait à peine deux jours que nous étions débarqués, et déjà la presqu'île de Sidi-Ferruch était un vaste camp plein de vie et de mouvement. Le génie s'en était emparé[1], et l'industrie militaire s'y montrait avec toutes les ressources de son activité. Les taillis touffus de cytises, de lentisques et de lauriers-roses, disparaissaient pour faire place à des groupes de tentes et de barraques. L'administration s'organisait avec une ardeur sans égale; les hôpitaux, les appareils de boulangerie, les fours, les parcs de bestiaux, les magasins de vivres, les équipages du train, les poudrières, les abreuvoirs, les magasins de campement, en un mot, tous les élémens d'une civilisation improvisée, se trouvaient comme par enchantement sur cette plage africaine, dont la solitude n'avait été troublée depuis tant d'années que par le mugissement des chameaux du pèlerin qui venait visiter le tombeau du santon.

Dès que les effets de campement furent débarqués, Sidi-Ferruch prit l'aspect d'une ville qui avait ses quartiers, ses places, ses rues et ses monumens. Le soir, surtout, le coup-d'œil était admirable ; des milliers de feux éclairaient la presqu'île, et donnaient au camp l'éclat d'un jour de réjouissance publique; la gaieté française est la plus bruyante de l'Europe; on riait et on chantait depuis les avant-postes jusqu'au quartier-général; les distributions étaient abondantes, et les vins

1. En moins de trois jours, le génie mit la presqu'île en état de défense, au moyen d'une ligne retranchée de plus de mille mètres de développement; une large et belle route pour le service des convois et de l'artillerie fut tracée à travers les taillis, sur une longueur de quatre mille mètres, et, plus tard, elle fut prolongée sur une distance de seize mille. (Voir le rapport du général Valazé, *Moniteur* du 30 août 1830, et aux *Pièces justificatives*, n° I.)

de France et d'Espagne était bons et pas chers, le soldat était aussi bien nourri que l'officier. Deux jours après notre débarquement, nous mangions de la viande et du pain frais; les marmites des régimens exhalaient une excellente odeur de bouillon; les cantinières avaient déjà établi leur service sous des berceaux de feuillage; on pouvait se croire à une des jolies fêtes foraines des environs de Paris. Si les soldats avaient leurs guinguettes[1], les officiers avaient leurs restaurateurs. Un nommé *Hennequin* avait chargé à Nantes un brick des comestibles les plus recherchés, et des vins les mieux choisis. Une salle à manger, formée d'une voile de misaine jetée sur trois vergues, offrait aux amateurs des terrines de Nérac et d'Angoulême, des pâtés de Strasbourg, de Chartres et d'Amiens; la truffe du Périgord y foisonnait ni plus ni moins qu'à un dîner ministériel; l'Aï, le Médoc, le Chambertin y coulaient à pleins bords; les officiers y venaient entre deux combats, boire à la santé du roi et à la gloire des armes de la France; on se racontait les exploits de la journée, on y amenait les blessés pour les distraire. J'en ai vu qui, ne voulant pas entrer à l'hôpital, de peur d'être éloignés trop longtemps du champ de bataille, venaient chez Hennequin panser leurs blessures avec leur mouchoir imbibé de rhum, et retournaient, le bras en écharpe, aux avant-postes, après avoir bu quelques rasades de Champagne. Le soir, aux feux rouges du bivouac se mêlaient les petites flammes bleues du punch; on oubliait la chaleur étouffante de la journée, en jouissant de la fraîcheur des belles nuits d'Afrique; on combattait l'humidité du serein avec des toniques; on allait se jeter ensuite sur le lit de la tente, jusqu'au moment où les premiers coups de fusil des Bédouins appelaient tout le monde aux avant-postes. Au lever du soleil, tous ces jeunes volontaires qui avaient obtenu la faveur de suivre l'expédition, se

1. « Un petit bâtiment était entré dans la baie de Sidi-Ferruch sur le pavillon duquel était écrit en grosses lettres : *Entrepôt de bière*. C'était un industriel de Marseille nommé Porcelaga. — L'ALGÉRIE FRANÇAISE, par Arsène Berteuil, ancien pharmacien en chef des hopitaux militaires de l'armée d'Afrique. P. 1856.

rendaient au milieu des tirailleurs, faisaient le coup de fusil pendant quelques heures, et revenaient au quartier-général déjeûner chez le *pourvoyeur de Nantes* : la tente ne désemplissait pas : entassés pêle-même, officiers de tout grade et de toute arme[1] venaient prendre part au banquet; assis sur des caisses, à califourchon sur des barriques, debout ou alongé sur le sable, on y était aussi gai qu'au café de Chartres ou au café de Paris; le brave et joyeux comte de Montalembert y faisait à tous ses camarades les honneurs du buffet et de la cave d'Hennequin; rarement il revenait des avant-postes s. ns ramener quelques amis, qui l'aidaient à expédier une demi-douzaine de bouteilles de blanquette de Limoux, en se préparant à une nouvelle partie d'avant-postes, pour l'après-midi : une lieue à peine séparait le lieu où se buvait le Champagne, de celui où l'on se tirait des coups de fusil.

Au marabout de Sidi-Ferruch, on vivait moins bien; la table de M. de Bourmont était servie avec moins de luxe; le général en chef y admettait un grand nombre d'officiers, mais on y était à l'ordinaire de l'armée; le bœuf de la ration et le lard du soldat, quelques tranches de saucissons de Provence, et le morceau de fromage arrosé d'une bouteille de Bordeaux sortie des cantines; quelquefois, mais rarement, une bonite ou une dorade, pêchée dans la baie par quelque matelot inoccupé qui venait en faire hommage à la cuisine de l'état-major : tout cela offert assez somptueusement dans un beau service de campagne, mais avec franchise et bonté. Je ne dois pas oublier le bon Moka qui terminait le dîner, et qu'on venait prendre sur la terrasse du marabout, en raisonnant, lunette en main, sur ce formidable camp de Staoueli, qui, quelques jours après, devait tomber en notre pouvoir.

1. Dans ce nombre, on remarquait le jeune Béthisy, mort, à son retour à Paris, des fatigues de la campagne; MM. de Noailles, de Biancourt, de Maillé, de Talleyrand, et le robuste et intrépide Gauthiers de Villiers, qui allait à la chasse aux Bédouins avec un fusil de rempart.

***

Le marabout de Sidi- Feruch a joué un trop grand rôle dans l'expédition, pour que je ne consigne pas ici tout ce que je retrouve dans mes notes et dans mes souvenirs, sur un monument entouré du respect religieux de toutes les tribus d'Arabes du nord de l'Afrique[1]. Le santon *Ferruch* ou *Ferrudg* vivait, à ce qu'on croit, dans le commencement du XVIIe siècle, vers l'époque à peu près où Alger commença à être gouverné par des chefs ou deys de son choix. Après avoir fait trois fois le pélerinage de La Mecque, Ferruch vint s'établir sur le promontoire de la presqu'île, où avait fait naufrage la caravelle qui le ramenait à Oran : il fut sauvé, dit-on, par la main même d'Aly, qui le préserva seul de la mort, entre tous les hommes et les passagers de l'équipage. Dès que la nouvelle de ce salut miraculeux se fût répandue parmi les tribus du pays, on vint de toutes parts voir le protégé du prophète; Ferruch montrait la place où l'envoyé de Mahomet était venu le prendre au milieu des flots, et le rocher sur lequel il l'avait déposé sain et sauf. Le dey voulut voir le saint derviche, qui refusa obstinément de se rendre à Alger, et qui obligea le pacha à venir dans le modeste ermitage qu'il avait établi au pied de la vieille tour, bâtie sur la côte après l'expédition de Charles-Quint. Cette visite augmenta encore le crédit et la réputation du santon; et le bruit se répandit dans le pays que ses prières étaient un remède efficace contre la stérilité des femmes; elles venaient les implorer, en apportant au saint homme de riches offrandes, qui servirent, après sa mort, arrivée, selon la tradition du pays, quelques années après l'expédition de Duquesne, à élever une mosquée à la place même où il avait vécu. C'est celle qui existe aujourd'hui, et qui forme la partie la plus importante du monument. Elle est bâtie au pied de la tour de Torre-Chica, et adossée au côté oriental de l'édifice. Elle se compose de quatre

1. Voir *Appendice*.

parties : un petit porche qui sert d'entrée, une première chapelle surmontée de deux petits dômes, une autre chapelle élevée de trois marches et couronnée par un seul dôme de forme mauresque, et un petit sanctuaire carré qui contient quelques reliques. Le tombeau du santon est placé au milieu : c'est un mausolée modeste, sans ornemens, recouvert d'une pierre tumulaire à la manière des musulmans, sur laquelle sont gravés quelques versets du Koran; le tout est entouré d'une petite balustrade de roseaux assez artistement rangés. Autour du tombeau étaient déposés quelques vases de cristal à dessins d'or, contenant des parfums de jasmin et de fleurs d'oranger[1]. Les murs de la chapelle étaient couverts d'une grande quantité de fichus, de mouchoirs et de morceaux d'étoffes, de tissus de soie, de coton, et de brocard d'or et d'argent. C'était, à ce qu'on m'a assuré, les *ex voto* des fidèles dont les prières avaient été exaucées : cette mosquée, devenue célèbre, prit le nom de *marabout de Sidi-Ferruch.*

Bientôt après la mort du saint derviche, vint s'établir auprès de la mosquée un autre santon, qui se consacra à son culte; il le desservit, et reçut les fidèles qui venaient visiter le tombeau et y faire leurs prières[2]. La haute réputation du lieu y attirait un grand nombre de pélerins; et les aumônes devinrent si abondantes, qu'en peu de temps le successeur du santon Ferruch put ajouter de nouvelles dépendances à son établis-

1. Gudin fut un des premiers qui entrèrent dans la mosquée de Sidi-Ferruch; il y prit quelques-uns de ces vases, et un très bel exemplaire du Koran, qui s'y trouvait oublié. Il vint déjeuner, dans la matinée du 14, à bord de la *Didon*, où j'étais encore, et nous montra ces premiers trophées de la campagne d'Afrique.

2. Ce lieu était en si grande vénération dans le pays, qu'il était expressément défendu à un Européen de s'en approcher : un poste de janissaires en protégeait la garde. Shaler, dans sa promenade à l'embouchure du Massafran, n'a pas pu visiter le marabout, qu'il n'a vu que de loin. Boutin, lui-même, n'a pas pénétré dans la presqu'île, et ne l'a indiquée sur sa carte que par aperçu et d'une manière très inexacte.
— W. Shaler était consul des Etats-Unis à Alger en 1826. Il publia à cette époque un curieux et important ouvrage sur la Régence, traduit par X. Bianchi sous ce titre : *Esquisse de l'Etat d'Alger considéré sous les rapports historique, politique et civil.* P. 1830 *(Ed.)*

sement. L'ermitage prit bientôt tous les accroissemens d'une petite ferme : on y construisit un logement commode, quelques cellules pour les pélerins, et de vastes hangars pour leurs chevaux et leurs chameaux; une cour en forme de terrasse, abritée du vent du Nord, domine la presqu'île, et offre le beau coup-d'œil des deux baies, de la campagne, depuis l'embouchure du Massafran jusqu'aux hauteurs de Boujareha; la vue va se perdre à l'horizon sur la belle chaîne du petit Atlas. Quelques arpens de terre clos par des haies de raquettes et d'aloës, cultivés et plantés d'arbres fruitiers, entourent cette solitude, où la vie doit s'écouler sans soucis, dans une agréable quiétude et toutes les douceurs de l'aisance, si j'en juge par l'heureux embonpoint du santon qui jouit aujourd'hui de cette espèce de canonicat. J'eus occasion de le voir à Alger, quand il vint solliciter du maréchal la faveur d'aller reprendre possession de son petit domaine : c'est un gros garçon dans la force de l'âge, qui *a l'oreille rouge et le teint bien fleuri*, et cette apparence brillante de santé qui distinguait autrefois les prieurs de nos riches couvens de moines. Il retourna fort content à son ermitage, promettant bien à M. de Bourmont d'avoir autant de soin du petit monument qu'on avait fait élever, sur le bord de la mer, à la mémoire des braves tués pendant la campagne, que du tombeau du saint marabout.

Depuis le 14[1], on se battait chaque jour. L'attaque commençait avec le lever du soleil : elle durait, vive et soutenue, toute la matinée; après quoi, le reste de la journée se passait ordinairement en petites escarmouches d'avant-postes. On lançait quelques obus au milieu des groupes de Bédouins, on brûlait quelques centaines de cartouches; et, le soir, on était ordinai-

1. Au combat du 14 juin, Bourmont faillit être tué. Deux boulets tombèrent tout près de lui et le couvrirent d'une pluie de sable. *(Ed.)*

rement tranquille. Notre matériel de siège, qui n'arrivait pas, nous empêchait de prendre l'offensive. M. de Bourmont laissait souvent apercevoir l'humeur qu'il en éprouvait, et qui était augmentée encore par l'impatience que témoignait l'armée, d'être réduite à une misérable guerre de tirailleurs, qui nous coûtait chaque jour une centaine d'hommes mis hors de combat. Ce qui ajoutait beaucoup à la contrariété que nous éprouvions, c'est que nous n'avions pas encore eu la satisfaction de voir amener un seul prisonnier au camp: pas un seul mort, un seul blessé, n'avait été relevé sur le terrain. Tout le monde avait peine à s'expliquer comment ces combats journaliers, qui duraient quatre ou cinq heures, ne laissaient aucune trace sur le champ de bataille. J'ai souvent questionné des soldats et des officiers qui avaient vu les Bédouins de près; ils s'accordaient tous à dire que, dès qu'un des leurs tombait mort ou blessé, deux de ses camarades s'emparaient de lui, au moyen d'un fort crochet de bois attaché à une corde; ils l'enlevaient en le traînant après eux de toute la vitesse de leurs chevaux. C'était moins la barbarie d'un pareil usage que la difficulté de l'exécution que nous avions peine à concevoir; et, tout invraisemblables que nous paraissaient ces récits, nous étions bien forcés d'y ajouter foi, puisque seuls ils pouvaient expliquer les singuliers résultats de ces affaires de tirailleurs. Le 18[1], dans l'après-midi, je causais sur la terrasse du quartier-général avec M. de Bourmont, quand nous vîmes arriver au grand galop un officier de l'état-major de la division Berthezène, qui vint annoncer au général en chef qu'on amenait au camp un Bédouin prisonnier. Cette nouvelle excita un délire universel; nous vîmes effectivement, au même instant, une foule immense de soldats, de marins et d'ouvriers se porter hors de l'enceinte du camp au-devant du prisonnier : c'était une joie frénétique. M. de Bourmont m'ordonna d'aller au-

1. Gudin, dans son beau tableau du coup de vent du 16, a placé sur le premier plan l'arrivée du Bédouin prisonnier; c'est par une simple convenance d'artiste : ce petit incident n'eut lieu que le 18 .

devant du détachement qui conduisait le Bédouin, pour dire à l'officier de ne pas l'amener au quartier-général; il ne se souciait pas que cet Arabe s'aperçût que la mosquée était convertie en salle à manger, et que le général en chef avait son lit placé à côté du tombeau du santon. J'eus toutes les peines du monde à arriver jusqu'au détachement; la foule grossissait à chaque pas : il y avait plus de six mille hommes qui entouraient le Bédouin. La joie était devenue de la fureur; et sans la protection à laquelle il avait droit, on eût incontestablement vengé sur lui plusieurs des nôtres inhumainement égorgés. A cinq ou six cents pas du quartier-général, un coup de rappel fit arrêter la foule, et je pus faire conduire le prisonnier dans la tente du général Lahitte. M. de Bourmont, le général Després et le général Tolozé s'y rendirent, suivis du seul interprète qu'on put rencontrer; car plusieurs de ces messieurs, plus savans sur la théorie des idiomes arabes que sur la pratique[1], évitaient avec soin de compromettre leur science. Ce fut, je crois, le colonel Abahibi, ancien mameluck, qui fut chargé de l'interroger.

L'Arabe prisonnier était un vieillard de la tribu des Biscarres[2]; il était grand et fortement constitué, quoique maigre. Ses traits avaient de la noblesse, et aucune crainte ne paraissait l'agiter. Il était drapé avec aisance dans son *bournous*, et avait dans sa main une pipe de bois de palmier au bout d'un long tuyau de jasmin. En arrivant au milieu de cette foule d'habits brodés, il ne parut pas étonné; il s'inclina très-légèrement, s'accroupit par terre, les jambes croisées à la manière des Orientaux, et fit signe qu'on lui donnât du tabac, en disant: *Sta fer Alla*, qu'on nous dit signifier *Dieu me garde.* On lui fit subir un interrogatoire, auquel il ne répondit, soit qu'il

1. Les interprètes formaient à l'armée d'Afrique une brigade spéciale. Ils étaient assimilés aux officiers, depuis le grade de colonel jusqu'à celui de lieutenant. Chargés de traduire du turc en français et du français en turc, ils prouvèrent assez vite qu'ils ne savaient bien ni le turc ni le français, et ils furent à peu près inutiles. *(Ed.)*

2. De la région de Biskra, qu'on appelait alors Biscarah. *(Ed.)*

Le camp de Staoueli

comprît ou non ce qu'on lui demandait, que par quelques exclamations mystiques, et s'occupa, en fumant, à compter les grains d'un gros chapelet. Ce qu'on put en tirer de plus positif, c'est qu'il n'avait pas été fait prisonnier, et qu'il s'était présenté volontairement aux avant-postes, parce qu'il était curieux de voir des Français. Du reste, il dédaigna de répondre à tout ce qu'on lui demanda, relativement aux forces de l'armée du dey et aux contingens des différens beys. Il levait les yeux vers le ciel, qu'il indiquait avec le doigt, élevant le bras droit au-dessus de sa tête, en disant : *Alla illa Mehemet rosoul Alla* (Dieu est Dieu, et Mahomet est son prophète), phrase proverbiale et d'un usage habituel chez les musulmans. Il nous fut aisé de nous convaincre qu'on n'en tirerait aucun renseignement. M. de Bourmont donna l'ordre qu'on lui servît du café; il en prit avec plaisir deux ou trois tasses coup sur coup, mais sans paraître reconnaissant de cette attention. Après l'avoir vainement questionné, pendant une heure, d'une manière assez oiseuse, on le fit conduire dans une tente sur le bord de la mer, où il reçut de nombreux visiteurs, dont quatre factionnaires eurent grand'peine à modérer l'empressement. Le lendemain matin, on le reconduisit aux avant-postes, sa besace pleine de vivres et de proclamations en langue arabe. M. de Bourmont lui fit même donner de l'argent. Ce malheureux paya cher sa curiosité : à peine se fut-il éloigné de quelques centaines de pas de nos lignes, qu'un groupe de Bédouins, sur l'ordre d'un janissaire, se jeta sur lui; il fut dépouillé et massacré au même instant. Les Arabes ne voulurent plus voir en lui qu'un espion de l'armée française; ils déchirèrent sans les lire, les proclamations qu'on trouva sur lui, et qui, selon toute apparence, furent la cause de sa mort.

***

Depuis notre débarquement, le camp arabe, que nous apercevions en face de nous, à deux lieues environ sur les hauteurs qui bornaient l'horizon, prenait chaque jour de nouveaux développemens; de longues lignes de tentes blanches couronnaient les mamelons les plus élevés, et nous distinguions aisément, avec nos lunettes, des masses considérables de cavalerie qui arrivaient de tous côtés : il était aisé de deviner que c'étaient les contingens des beys qui venaient grossir l'armée du dey. Le 17 au soir, nous vîmes flotter très-distinctement sur une des tentes les plus élevées l'étendard rouge, jaune et vert de l'aga. Le 18, toute la journée, nous remarquâmes des tourbillons de poussière qui nous annonçaient l'arrivée de nouvelles troupes.

On voyait au loin la campagne couverte de Bédouins; aucun de leurs mouvements ne nous échappait : tout nous indiquait une attaque très-prochaine. M. de Bourmont et les officiers-généraux de son armée évaluaient à quarante mille hommes les forces que nous avions à combattre[1]. Nos soldats étaient pleins d'ardeur; ils ne demandaient qu'à courir sur l'ennemi; mais le général en chef savait que nous manquions de matériel pour une affaire générale, que nous n'avions que quelques batteries de montagnes, et les canons mal montés enlevés aux Turcs dans la journée du 14. Nous commencions à éprouver les fâcheux résultats des mauvaises dispositions prises par l'amiral, pour les départs des convois; la 4e division de nos transports était encore à Palma à attendre des ordres et du vent.

Le 19, avant le point du jour, on tiraillait sur la première ligne d'avant-postes; nous étions habitués à ces attaques journalières, et nous étions loin de nous attendre à une affaire décisive, malgré le mouvement que nous apercevions depuis plusieurs jours à Staoueli. Cependant, les feux devinrent si soutenus et si nourris, l'engagement était si général sur toute la

1. M. de Bourmont, à qui je faisais observer, le soir, des masses de troupes qui arrivaient de toutes parts, me disait avec un air de satisfaction : « Je suis enchanté de les voir arriver; nous les battrons tous à la fois. Ils seraient trois fois aussi nombreux, qu'avec l'armée que je commande, je n'aurais pas le moindre doute sur le succès de la bataille. »

ligne, et le canon jouait un si grand rôle dans cette attaque, que nous ne pûmes plus douter que l'affaire ne fût des plus sérieuses. Un aide-de-camp du général Berthezène vint, sur les six heures du matin, annoncer au général en chef que les Turcs, sortant de leurs retranchemens, se portaient en masse contre nos deux divisions. Le premier choc fut terrible : ce n'étaient plus les attaques de broussailles des Bédouins; nous avions affaire aux milices turques, avec toute leur haine fanatique et leur bravoure de fatalisme. Leur impétuosité n'effraya pas nos jeunes soldats, mais elle les étonna quelques instans; le 20e de ligne fut surtout attaqué avec tant de furie, qu'il y eut un moment de désordre. Le brave colonel Horrie[1] s'élança au plus fort de la mêlée, l'épée à la main, en criant : *Au drapeau!* et aussitôt les Turcs furent repoussés sur ce point.

Le général en chef se porta, vers huit heures, sur la ligne d'attaque, suivi de son chef d'état-major, du général Tolozé, de ses aides-de-camp et de quelques officiers d'ordonnance. En arrivant, il ordonna des mouvemens si précis et si bien calculés, et une charge à la baïonnette exécutée avec tant d'audace et de bonheur, qu'à dix heures la bataille était complètement gagnée. Les Turcs étaient précipités dans les ravins, et les Bédouins épouvantés fuyaient de toutes parts. Les formidables batteries élevées en avant du camp de Staoueli avaient été enlevées, malgré les efforts inouïs et les prodiges de valeur des janissaires, qui venaient se faire tuer sur le revêtement du fossé avec une audace héroïque.

Les dépêches du général en chef ont assez fait connaître les détails militaires de cette brillante journée; ce qui est moins connu, c'est l'aspect nouveau qu'elle fit prendre à l'expédition. Les riches dépouilles du camp ennemi, tombées au pouvoir de nos soldats, opérèrent une sorte de révolution dans leur moral; ils commencèrent à se faire une idée du luxe et des mœurs

1. Horrie de Lamotte, colonel du 20e régiment de ligne.

de l'Orient : ces nombreux troupeaux de chameaux chargés de butin; ces tentes magnifiques des beys et de l'aga[1], enrichies de dessins arabesques appliqués sur des tissus de laine de la plus grande beauté; ces armes de prix, qui couvraient le champ de bataille; ces beaux tapis de Smyrne, jetés avec tant de profusion dans tout le camp; ces brillans uniformes turcs, surchargés d'or et de pierreries, tout était, ce jour-là, un objet d'enthousiasme et d'admiration. On se croyait acteur dans un des merveilleux contes des *Mille et une Nuits*; et, dès ce moment, la conquête d'Alger s'offrit à toutes les imaginations sous les couleurs les plus brillantes. On ne rêvait plus que trésors, que harems et que palais. Dès le soir même, on amena au camp de Sidi-Ferruch une partie du butin : ce fut presque une entrée triomphale que celle de nos détachemens conduisant une centaine de chameaux[2] portant, à la manière du pays, d'énormes paniers en sparterie, remplis de vivres et de munitions. D'autres étaient chargés des immenses marmites des janissaires; ils étaient suivis et précédés d'une grande quantité de bœufs et de moutons. Les chants de victoire et les cris de joie de l'armée se mêlaient aux mugissemens rauques et plaintifs de ces pauvres animaux, qui semblaient effrayés de ne plus entendre la voix de leurs conducteurs, et de ne plus voir devant eux le *bournous* blanc du Bédouin.

A midi, la bataille était gagnée, le camp était en notre pouvoir : le reste de la journée fut employé à poursuivre l'ennemi qui fuyait dans toutes les directions, sur la route de Sidi-Kalef. Il fallut donner l'ordre de cesser le combat; l'ardeur était telle, que nos avant-postes seraient peut-être entrés

1. « La tente d'Ibrahim attira surtout l'attention de nos jeunes soldats par sa magnificence... L'intérieur, divisé en plusieurs compartiments, était tendu de velours cramoisi, avec des draperies relevées de glands et de franges d'or. Des tapis de Turquie, d'une grande beauté, recouvraient le sol. L'essence pure de roses et de jasmin y était répandue à profusion, tandis que des courants d'air habilement ménagés y entretenaient une constante fraîcheur. » Léon Galibert. L'ALGÉRIE ANCIENNE ET MODERNE, p. 292.

2. Ces chameaux, peut-être par patriotisme, se montrèrent tellement récalcitrants qu'il fut à peu près impossible de s'en servir. *(Ed.)*

dans Alger en même temps que les fuyards[1]; mais ici, nous éprouvâmes encore le terrible désavantage d'être privés de notre artillerie de siège; l'armée ne pouvait pas se présenter sans défense sous les remparts du fort de l'Empereur; les canons qui devaient les faire tomber étaient encore dans la rade de Palma!

Le soir se passa en fêtes et en joie. M. de Bourmont, à son retour au quartier-général, avait voulu s'assurer si tout avait été prévu pour qu'aucun secours ne manquât à ses soldats; il visita avec la plus scrupuleuse attention chacune des salles des hôpitaux, et ne se retira que lorsque tous les blessés eurent été pansés. Il prodigua des consolations à tous ses braves compagnons d'armes qui avaient payé de leur sang cette belle victoire, et leur dit qu'il ne les quittait que pour aller adresser au roi la demande des récompenses qu'ils avaient si noblement méritées : nous verrons plus tard comment on trouva moyen de marchander la gloire de nos soldats, et d'opérer dans les antichambres de Saint-Cloud des réductions sur les promesses faites sur le champ de bataille de Staoueli.

Le général en chef trouva, à son retour, la terrasse de Torre-Chica encombrée d'officiers de terre et de mer qui étaient venus pour le féliciter; la salle à manger de la mosquée eut peine à contenir tous ceux qui vinrent s'asseoir à la table de M. de Bourmont; depuis la soupe jusqu'au dessert, l'enthousiasme ne se ralentit pas un seul instant; ses amis étaient ceux qui parlaient le moins haut; les autres étaient dans l'ivresse de l'admiration. Le parallèle entre l'expédition d'Afrique et la campagne d'Egypte, fut jeté à travers la conversation; la bataille d'*Aboukir*, celle des *Pyramides*, celle d'*Héliopolis*, furent comparées à celle de *Staoueli*, et la comparaison ne fut

1. Tout nous a donné lieu de croire qu'à cette époque, aucun moyen de défense n'avait été préparé par les Algériens, que les redoutes de Sidi-Kalef n'ont été faites qu'après l'affaire du 19, et que le fort de l'Empereur n'a été armé que depuis cette affaire. Ainsi, dans la journée même de Staoueli, Alger aurait pu être enlevé sans coup férir, et la campagne terminée en cinq jours, si l'amiral n'eut pas jugé convenable de morceler nos convois.

pas à l'avantage de Buonaparte. Je dois dire que M. de Bourmont reçut toutes ces courtisanneries de fort mauvaise grâce, et qu'il voulut y mettre fin, en allant prendre le café sur la terrasse. Au reste, j'ai appris depuis, sans en être étonné, que tous ces admirateurs de circonstance ont été les premiers à abandonner les antichambres de la Cassauba, quand la nouvelle des évènements de juillet fut connue à Alger.

M. de Bourmont, qui paraissait suffoqué par le lourd encens dont on l'enfumait depuis une heure, vint vers moi pour me donner quelques ordres. Je saisis ce moment pour le féliciter sur ses succès de la journée, et je lui dis : *Monseigneur, j'entends faire autour de vous une telle consommation de victoires africaines, en votre honneur, que j'ai beau chercher dans ma mémoire, je n'en trouve plus une seule à vous offrir, depuis Metellus jusqu'à Buonaparte.* Il sourit malicieusement, et nous parlâmes d'autre chose.

***

La matinée du 20 a été la seule, depuis notre débarquement, où nous n'ayons pas été réveillés par le canon ou la mousqueterie : ce fut une journée entière de joie et de plaisirs; la route de Sidi-Ferruch était couverte de soldats, de marins et de curieux qui allaient visiter le camp des Turcs, tombé en notre pouvoir, et occupé par des brigades de la 1re et de la 2e division; les avant-postes avaient été désignés la veille par le général en chef après la bataille, et établis à une demi-lieue en avant de Staoueli, sur la route d'Alger. On rencontrait de tous côtés des soldats chargés de butin. Nous pûmes voir de près, pour la première fois, ces *burnous* en laine blanche qui nous faisaient reconnaître les Arabes de si loin; ces terribles *yatagans*, sous la lame desquels étaient tombés tant de nos camarades, et ces longs fusils de Bédouins qui atteignaient nos tirailleurs à de si grandes distances[1]. Chaque bivouac, chaque tente avait des tapis turcs de grand prix; nos soldats commençaient à jouir de quelques-unes des molles aisances de l'Orient; ils avaient trouvé d'excellent tabac, qu'ils apprirent à fumer dans des *hookha*; ils les préféraient à des exemplaires du *Koran* richement reliés, renfermés, selon l'usage du pays, dans de petites gibernes de velours vert, et qu'ils cédèrent de grand cœur à des amateurs de livres pour le prix de quelques litres de vin. On prit aussi plusieurs chevaux blessés, qui rendirent de grands services à nos vivandières, pour faire les voyages du camp aux avant-postes. On a parlé de *milliers de sequins* trouvés dans la tente de l'aga; mais je crois qu'on peut placer cette anecdote au nombre des sornettes qui se fabriquent à l'armée, pour l'amusement des gobe-mouches.

Le reste de la journée se passa en félicitations et en complimens; les officiers abondaient au quartier-général, et venaient recevoir les éloges qui leur étaient dus, et se montrer, pour n'être pas oubliés sur le travail des récompenses. Les traits de valeur de nos braves et jeunes soldats n'avaient pas manqué, et on les recueillait avec empressement. Le général Berthezène convint devant nous que l'élan, le sang-froid et l'intrépidité des troupes, lui avaient rappelé les belles journées de l'ancienne armée : cet éloge avait quelque prix, de la part d'un homme qui se connaissait en bravoure, et qui, la veille, avait eu une si belle part dans les succès de la journée[2].

L'armée ne manquait de rien, pas même d'imbéciles, chose du reste fort utile partout, et dont on fait grand cas dans les positions ennuyeuses. Parmi ceux que le sort nous avait départis, on remarquait un officier supérieur d'état-major,

1. C'est le cas de dire ici, avec Montluc « : Malheureux instrument qui fait que « tant de braves vaillants hommes meurent de la main, le plus souvent, des « plus poltrons et plus lâches qui n'oseraient regarder au visage celui que de « loin ils renversent de leurs malheureuses balles par terre. » (Commentaires de messire Blaise de Montluc, maréchal de France.)

2. Le général Berthezène fut un des vingt-deux officiers cités à l'ordre de l'armée pendant la campagne *(Ed.)*

superfétation militaire des plus complètes. Ses naïvetés amusaient autant que ses prétentions guerrières : il se trouvait sur la terrasse de Torre-Chica, au milieu d'un groupe d'officiers qui s'interrogeaient sur les détails du combat de la veille. Un d'entre eux lui demanda : *Eh bien! colonel, étiez-vous hier à Staoueli ?* — *Non*, répondit celui-ci avec bonhomie, je *me propose d'y aller aujourd'hui.* Le mot courut, et fit fortune, tout le monde en rit, même M. de Bourmont, malgré l'amitié qu'il lui portait.

Le général en chef désirait depuis longtemps quitter le logement qu'il avait dans la mosquée de Sidi-Ferruch; des relations pouvaient s'établir chaque jour avec des Arabes ou des Turcs, et il sentait l'inconvénient que ce peuple, très-attaché à ses pratiques religieuses, vît le chef de l'armée française installé dans un lieu depuis long-temps l'objet de sa vénération : le local, du reste, n'était ni gai ni commode, et c'était une singulière chambre à coucher que le tombeau d'un marabout. M. de Bourmont se fit construire une grande baraque sur la crête du plateau : elle se composait de deux pièces, l'une qui lui servait de salle à manger, l'autre de cabinet, et dans laquelle il avait fait placer son lit de campagne[1]. Il vint l'occuper le lendemain de la bataille de Staoueli. La soirée était belle; nous la prolongeâmes long-temps : cependant, vers neuf heures, elle devint froide et humide, et j'allai me chauffer quelques instans avec le colonel Auvray et le colonel Montlivaut, au bivouac des chasseurs du 17e, qui étaient arrivés la veille. Nous causions sur la négligence que mettent les troupes françaises à se garder en campagne. Le soldat français porte, en général, dans ce service, une insouciance qui tient autant à la légèreté de son caractère qu'à la persuasion où il est que les mesures de précaution ressemblent à de la crainte, sentiment

1. Par un hasard assez remarquable, cette baraque, après que M. de Bourmont eut changé son quartier-général, fut transportée dans le bas de la presqu'île, et servit d'hôpital pour les officiers. C'est là que mourut. quelques jours après, le brave Amédée de Bourmont.

auquel il est le moins accessible. M. Auvray, ancien aide-de-camp du maréchal Suchet, un des meilleurs officiers d'état-major de l'armée, me disait : « Je ne serais pas étonné qu'un de ces jours nos grand'gardes ne fussent surprises et peut-être enlevées. » Nous venions de rentrer dans nos tentes; le camp était tranquille; nous n'entendions autour de nous que le bruit régulier et monotone de la lame, qui venait se briser sur les rochers de la falaise, et, dans le lointain, le cri aigu et plaintif du chakal, attiré par l'odeur des cadavres que la terre recouvrait à peine[1]. Vers minuit, des coups de fusil répétés sur toute la ligne, et un *houra*, nous réveillèrent en sursant. Au même instant, tout le monde fut sur pied; on criait *aux armes!* de toutes parts; l'alerte fut générale, le feu se soutenait, et personne ne douta que nos avant-postes n'eussent été attaqués. M. de Bourmont sortit de sa baraque, à moitié habillé. Il avait toujours le même calme et le même sang-froid. *Allons, messieurs, à cheval, à cheval!* disait-il à ses aides-de-camp. Le premier qui partit fut, je crois, Aimé de Bourmont; il fut bientôt suivi de MM. de Maillé, et d'Ault-Dumesnil. Pendant ce temps, on sellait le cheval du général en chef, qui achevait de s'habiller en causant froidement avec le général Després, qui avait l'air plus préoccupé qu'effrayé; la générale commençait à battre dans tout le camp, et le boute-selle à sonner; le feu ne discontinuait pas : tout à coup il cessa comme par enchantement; on n'entendit plus que le bruit des armes en mouvement et le bruissement des pas dans les broussailles. Après une demi-heure d'incertitude, les aides-de-camp revinrent annoncer que toute cette alerte n'avait pour cause qu'une erreur de sentinelle, qui, apercevant à travers le taillis un soldat prenant le

1. Le *chakal* est un animal moins gros qu'un chien et aussi féroce qu'un loup : très commun sur la côte d'Afrique, les corps morts sont sa nourriture favorite. Ils venaient, pendant la nuit rôder en très grand nombre autour du camp. Nos soldats en ont tué beaucoup: et avec leur peau, qui est fauve et assez douce, ils se faisaient de très jolies blagues pour leur tabac.
— Les connaissances de Merle en histoire naturelle paraissent avoir fortement laissé à désirer. Le chacal est en effet plus petit que le chien mais il est beaucoup moins féroce que le loup, sauf à l'égard des poules ou des lapins. *(Ed.)*

frais en chemise, l'avait pris pour un Bédouin, et avait tiré dessus; les sentinelles avancées avaient fait feu sur toute la ligne; l'alerte s'était communiquée aux grand'gardes; les coiffes blanches qui avaient été distribuées aux soldats pour en recouvrir leur shakos ayant produit l'effet d'un capuchon de *burnous*, des détachemens tiraient les uns sur les autres. Ce ne fut pas sans peine que les officiers firent comprendre cette méprise, qui pouvait avoir des conséquences fâcheuses. Personne ne fut blessé, tout rentra dans l'ordre, et chacun alla retrouver son lit, sa paille ou son bivouac.

***

Le retard qu'éprouvait l'arrivée de notre matériel donnait à l'ennemi les moyens de préparer ses moyens d'attaque et d'organiser sa défense quand il en serait temps. M. de Bourmont était vivement affecté de ce contretemps, contre lequel ne pouvaient rien ni son courage ni son expérience; il n'y voyait que des périls plus certains pour l'armée qui lui était confiée; cependant, jamais je ne lui ai entendu proférer une plainte contre l'amiral. Souvent seulement, en tournant ses regards vers la mer, il disait à M. Dubreuil, jeune officier de marine, plein de mérite, détaché de *la Provence* auprès du général en chef : *Eh bien! monsieur, et notre convoi ? — Monseigneur*, répondait celui-ci, *les ordres ont été expédiés depuis le* 16; *mais le vent ne nous sert pas. — Allons*, disait M. de Bourmont avec une résignation sans humeur, *attendons le vent, nous sommes à ses ordres.*

On comptait sur une attaque pour le 24; elle ne manqua pas : dès la pointe du jour, l'affaire s'engagea sur les hauteurs en avant de Sidi-Kalef; elle dura une grande partie de la journée. Le général en chef partit de Sidi-Ferruch pour n'y plus revenir. Le quartier-général se trouvait déjà trop loin du champ de bataille; il le transporta à Staoueli : tout l'état-major quitta la presqu'île, où il ne resta plus que les administrations financières, les vivres et les hôpitaux; la garde en fut confiée à la 3e division.

C'est dans cette journée que fut blessé mortellement le jeune Amédée de Bourmont[1], l'un de nos officiers les plus braves et les plus distingués. Il unissait à l'intrépidité d'un vieux soldat les formes aimables et prévenantes d'un homme de bonne compagnie; il avait dans l'esprit autant de grâce que d'aménité, et dans les relations de la vie privée une bonté d'âme et une générosité de cœur qui lui avaient fait des amis dévoués de tous ses camarades. Je ne crains pas de dire que sa blessure excita l'intérêt de toute l'armée, et sa mort des regrets universels. Il avait couru au-devant de cette glorieuse mort. Impatienté de voir tous les dangers accordés aux compagnies de voltigeurs, il sollicita du brave colonel Magnan, qui l'aimait comme un fils, la faveur de charger, à la tête de la compagnie de grenadiers dont il faisait partie, sur un gros de Bédouins retranchés dans un jardin derrière une haie d'arbousiers et de lauriers-roses, et qui nous tuaient beaucoup de monde. A peine l'eut-il obtenue qu'il s'élança, l'épée à la main, suivi de son détachement : au même instant il reçut, presque à bout portant, une balle sous le téton gauche, qui vint sortir à l'extrémité de l'omoplate : il eut encore la force, vomissant le sang à pleine bouche, de se traîner, soutenu par deux de ses grenadiers, à plus de cinq cents pas pour arriver à l'ambulance, où les premiers soins lui furent donnés. Son malheureux père, placé au milieu des régimens engagés dans l'affaire, n'apprit que le soir ce funeste évènement. Amédée fut sur le champ transporté à Sidi-Ferruch, sur un brancard porté par des soldats de son régiment, navrés de douleur. Je le vis arriver au camp à trois heures; j'assistai à son premier pansement; il me serra affectueusement la main; le docteur Chevreau[2] lui avait très-expressément défendu de parler. Un grenadier qui lui

1. Voir *Appendice*.
2. Chirurgien principal.

était dévoué, avait obtenu la faveur de rester auprès de son lieutenant pour le servir : ce brave garçon ne quitta plus le chevet de son lit. Quand je vis ce pauvre Amédée dans ce fâcheux état, je fus péniblement affecté en me rappelant que la veille, dans un moment de gaieté, il m'avait envoyé par une vivandière une grosse sauterelle sous enveloppe, avec un mot de billet au crayon, ainsi conçu : *Je vous envoie, mon cher ami, le plus gros ennemi que j'aie trouvé ; il est du genre de ceux que, d'après le* Journal des Débats, *nous aurons à combattre. C'est un prisonnier que j'ai fait, et dont je vous fais hommage...*

M. Chauvin[1] était allé dans la matinée faire une reconnaissance jusqu'au champ de bataille. La chaleur était si forte, que je ne me sentis pas la force de l'accompagner : il partit avec le docteur Eusèbe Dessalles, attaché à l'armée en qualité d'interprète, et que l'amour de la botanique poussait à cette excursion. Elle aurait pu leur devenir aussi fatale qu'à ce malmalheureux officier d'artillerie qui, le même jour, fut surpris au milieu d'un fourré par des Bédouins, qui lui coupèrent la tête presque à côté de l'un ses amis, M. David, employé dans les bureaux de M. Denniée; celui-ci ne dut son salut qu'au bonheur qu'il eut de se tapir assez à temps dans les broussailles; il échappa par ce moyen à la recherche de ces barbares, qui tournèrent pendant long-temps autour de lui sans le voir, couché sur l'herbe et caché par les feuilles. Il eut la douleur de rester témoin de la longue et inutile défense de son malheureux compagnon, et d'entendre ses derniers gémissemens.

1. M. Chauvin-Beillard, l'un des secrétaires de M. de Bourmont, a fait la campagne avec moi; nous avons partagé la même tente et les mêmes rations. Je ne le connaissais, quand je m'embarquai avec lui sur *la Didon*, que par quelques brochures politiques qui décelaient déjà le talent d'écrivain dont il a donné de brillantes preuves depuis. Ceux qui ont lu ou entendu ses deux plaidoyers dans les deux accusations qu'il a soutenues devant la Cour d'assises, pourront se faire une idée de son esprit et de sa capacité. Il faut avoir vécu dans son intimité, pour connaître l'étendue de ses connaissances, la générosité de ses sentiments et l'élévation de son caractère.

Le lâche et cruel assassinat du jeune Amoros[1] excita dans l'armée un sentiment d'horreur; on eut de la peine, pendant plusieurs jours, à soustraire les prisonniers que nous fîmes à la fureur de nos soldats.

***

Tout n'est pas joies et plaisirs à l'armée. Le bruit imposant du canon, les fanfares guerrières, l'éclat de la victoire, le tumulte des armes, finissent par rassasier l'imagination. A ces émotions vives et énivrantes succèdent des momens d'ennui et de dégoût; les ressorts de notre organisation se détendent tout à coup, et les souvenirs des affections, des douceurs du *chez soi*, viennent nous surprendre sur une terre étrangère, au milieu d'une nuit froide et humide, pendant les longs intervalles d'une insomnie rendue plus insupportable par le tourment des moustiques et la contrariété nerveuse occasionnée par les mugissements rauques et lugubres des chameaux. Voilà ce que nous commençions à éprouver quelquefois sur cette côte d'Afrique que nous avions tant appelée de nos vœux, et qui ne nous offrait depuis dix jours que le spectacle uniforme de la mer et l'immense rideau des montagnes de l'Atlas, que nous revoyons chaque matin avec leur éternel azur, et le soir rouges comme le soleil qu'elles reflétaient; sans cesse la vue de cette tour blanche de Torre-Chica, que les yeux retrouvaient partout, et ce palmier solitaire qui semblait triste au milieu de nous, et qui se balançait languissamment, comme pour nous dire qu'il s'ennuyait de nous voir. Enfin, le supplice de douze heures d'une atmosphère étouffante, qui tombait sur nous d'un poids de 38 degrés de chaleur, et nous jetait haletans sur notre paille, attendant avec l'impatience du tourment un souffle d'air rafraîchissant, qui ne nous arrivait, le soir, qu'avec une rosée pénétrante. Du riz assaisonné par un morceau de lard,

1. Fils du colonel Amoros qui fut un des rénovateurs de l'enseignement de la gymnastique en France. *(Ed.)*

un beefteck de bœuf étique ou une tranche de chameau, et quelques verres de gros vin de Languedoc, que des flots d'eau saumâtre avaient peine à décolorer, telles étaient les douceurs de notre table; car on ne pouvait pas tous les jours aller s'asseoir sous la tente d'Hennequin, et lui payer au poids de l'or ses compotes de perdrix, ses terrines aux truffes, sa blanquette de Limoux et son vin de Sillery. Nos promenades sur la plage, autour de nos tentes, les charmes d'un bain à la lame à l'aurore, ou le soir au coucher du soleil, étaient nos seuls plaisirs; notre spectacle, l'arrivée des convois de blessés; douloureux revers de la médaille, qui, bien mieux que la philosophie, dissipait avec amertume toutes les illusions de la gloire. Il faut avoir vu chaque jour le long cortège des fourgons d'ambulance, chargés de soldats mutilés, pâles, défaits, sanglans, pantelans de douleur, se dirigeant à travers un nuage de poussière vers ce lit d'hôpital où ils devaient laisser un membre, et souvent la vie, pour apprécier à leur juste valeur ces bulletins qui font les délices du désœuvré, qui les lit dans un journal, en prenant sa tasse de moka sous les ombrages du Palais-Royal, ou en avalant un long verre de vin de Champagne frappé, au Rocher de Cancale. Ce bulletin tient à peine une demi-colonne du *Moniteur*; mais le convoi qui traînait les blessés avec lesquels il a été fait, occupait une demi-lieue de terrain. Le lecteur philanthrope se félicite de la ligne rassurante qui le termine : *Nous avons perdu peu de monde dans cette glorieuse journée; à peine cent hommes tués et deux cents blessés*, et il croit payer sa dette à l'humanité en buvant une rasade à leur mémoire ou à leur santé, sans se douter seulement que ces deux chiffres, si simples sur le papier, remplissent de cadavres une fosse de vingt pieds carrés, et encombrent de mourans une vaste salle d'hôpital.

Ces réflexions me revinrent plus poignantes à l'esprit, dans la matinée du 28 juin. La plage était encore couverte de débris. Un ouragan, aussi violent que celui du 16, et qui avait duré deux jours, avait causé des dommages irréparables : dix-huit chevaux du train d'artillerie, que la tempête avait surpris dans un chalan au milieu de la rade, ne purent pas atteindre la plage, et furent noyés sans qu'on pût en sauver un seul. La désolation était parmi les marins; plusieurs bateaux chargés de vivres étaient à la côte, sans espoir d'être relevés; deux bricks de guerre mouillés dans la baie de l'Est, pour protéger cette partie du rivage, chassaient sur leurs ancres, et tiraient à chaque instant des coups de canon de détresse; déjà un bataillon se dirigeait vers cet endroit, pour protéger leur vie contre les hordes de Bédouins, dans le cas d'un naufrage presque inévitable.

Tous ces épisodes tragiques m'avaient mis la mort dans l'âme. Je sortais de voir le jeune Amédée, dont l'état empirait de jour en jour, et qui avait passé une nuit horrible. Mes yeux se tournèrent vers la porte du camp : à travers la poussière, je distinguai des soldats portant une civière sur laquelle était couché, recouvert d'un manteau, un homme dont la figure était cachée sous un voile de gaze verte, pour le soustraire à l'incommodité des mouches, qui sont un des tourmens de l'Afrique. Ce triste cortège était précédé par un officier à cheval. Je m'informai de lui quel était le blessé qu'il amenait; il m'apprit que c'était le brave commandant Borne, aide-de-camp, de M. le duc d'Escars. Il avait été blessé en indiquant à son général un mouvement de terrain; un boulet lui avait enlevé le bras droit à l'articulation de la clavicule : blessure horrible, et si effrayante, qu'on jugea convenable de le placer à part et seul dans une tente, qu'on recouvrit de feuillages pour la rendre plus fraîche. Le docteur Chevreau fut épouvanté de la gravité de cet accident, et ne nous dissimula pas l'impossibilité de le sauver. Ce malheureux avait conservé toute sa tête; en arrivant, et à peine remis du premier pansement, il demanda de l'encre et du papier pour écrire à sa femme. Il venait d'épouser dans le Vivarais une jeune personne dont il s'était séparé, quelques jours après la noce, pour venir trouver la mort sur la côte d'Afrique. Il écrivit sa lettre de la main gauche avec assez de fermeté : une lettre toute d'amour, et dans laquelle sa blessure occupait la plus petite place. L'infortuné Borne n'eut pas le temps de prolonger la sécurité de sa jeune épouse ; il succomba, quelques jours après, à la violence d'une fièvre de tétanos[1]

Il y avait dans une des salles de l'hôpital une femme qui excitait l'intérêt de tout le monde : c'était une vivandière du 37e, jeune, vive et fraîche, mariée ou non à un sapeur, qui, dans tous les cas, l'aimait comme une maîtresse et comme une femme tout à la fois. Elle avait été blessée le 29, au plus fort de la mêlée, au moment où elle distribuait quelques verres d'eau-de-vie ; une balle lui avait fracassé le genou ; elle fut portée à l'ambulance, et de là à Sidi-Ferruch. La blessure était grave, elle nécessitait l'amputation de la cuisse ; le sapeur ne quitta pas le chevet de son lit. L'opération ne l'effrayait pas, son courage était admirable ; mais elle s'attendrissait, en pensant que, mutilée, elle ne serait plus qu'une charge pour son mari : elle voulait mourir pour le rendre à la liberté. Les raisons que lui donnait le sapeur pour se laisser amputer étaient déchirantes de naturel et de tendresse ; il lui disait, la voix émue, les yeux humides, en agitant devant sa figure, un chasse-mouche fait de feuille de palmier : « Geneviève, ne crains rien, le colo-« nel m'a promis que tu resterais toujours vivandière du régi-« ment ; je vas, en sortant d'ici, tuer un Bédouin, et lui prendre « son cheval, tu feras ton service bien montée ; une jambe de

1. Voici la situation des hôpitaux de l'armée, du 14 (jour du débarquement) au 28. On pourra juger nos pertes, dans les combats des 14, 19, 24 et 28, en évaluant les morts pour un tiers du nombre des blessés.

Reçu des ambulances, du 14 au 27 juin	142	1061	1203
Le 28, *id*	11	218	229
	153	1279	1432
Sur lesquels on a évacué sur Mahon	119	812	931
Guéris	»	10	10
Morts	»	29	29
Reste à terre	34	428	462
Nombre égal	153	1279	1432

FORT L'EMPEREUR

« moins, ça n'empêche ni de vivre ni de marcher; et qui sait « si je remporterai les deux miennes de ce pays; ce qui t'est « arrivé à toi peut m'arriver à moi. Est-ce que tu ne m'aime- « rais plus pour ça, nom de D...!!! » Geneviève souriait, en lui serrant la main; de grosses larmes tombaient sur son épaisse barbe noire, et il ajoutait pour achever de la décider : « Va ton « train, tu sais que je connais M. de la Tour-Maubourg; mon « père a été à son service : je t'obtiendrai une petite cantine « à la porte des Invalides; c'est un bon parti, et laisse faire, « avec ma croix je t'établirai. » La pauvre Geneviève se laissa faire; elle mourut quelques jours après des suites de l'opération: le sapeur était retourné à son poste; il apprit la mort de sa femme à la tranchée sous le fort de l'Empereur : quelques heures après, il fut tué d'un éclat de bombe.

***

Enfin, le 25, on signala le convoi, ce convoi tant désiré et si long-temps attendu, et dont le retard nous coûtait chaque jour des hommes. Il fut aperçu à l'horizon mais le vent était si faible, qu'il arrivait lentement. Cependant, vers six heures du matin, le vent fraîchit, et avant midi, il fut presque entièrement mouillé dans la baie. Aussitôt on procéda au débarquement de l'artillerie; cette opération, contrariée par les coups de vent du 26 et du 27, dura quatre ou cinq jours. Il serait difficile d'imaginer quelque chose de plus beau que le zèle infatigable et le dévouement de tous les instans des officiers de marine et de leurs équipages, depuis le commencement de la campagne. Chaque vaisseau de la flotte avait détaché une partie de son monde à terre pour faire le service de la plage. Ce service accablant commençait au jour et ne finissait qu'à la nuit. Ces braves marins supportaient avec un courage au-dessus de tout éloge quatorze heures du soleil d'Afrique, sur un sable brûlant. Ruisselans de sueur, haletans de fatigue, ils se livraient sans relâche aux travaux les plus pénibles; il faut avoir vu pendant vingt jours les détails de cet immense débarquement, pour apprécier tous les services que notre brave marine a rendus dans cette campagne; il faut avoir vu débarquer des pièces de 24, des mortiers de 10 pouces, des affûts de siège, et des milliers de bombes et de boulets, pour comprendre jusqu'où peuvent aller la puissance de la discipline et le sentiment des devoirs; des officiers de la plus grande distinction, de jeunes matelots, de vieux marins exécutaient avec joie et enthousiasme des travaux qu'on regarderait comme une barbarie d'exiger des nègres ou des forçats; pas un murmure, pas une plainte; et cependant les officiers remarquaient quelquefois que la discipline était très-relâchée à terre. Des défenses étaient faites à toutes les cantines de vendre du vin aux matelots. On leur apportait leur ration du bord; ils la mangeaient gaiement sur la plage, sans abri contre les ardeurs d'un soleil de 40 degrés. Le soir, ils se débarrassaient des rigueurs de la consigne, ils se répandaient dans le camp, et trouvaient bon accueil au bivouac de nos soldats; ils partageaient la *ratatouille* du troupier, et le bidon de l'escouade circulait à la ronde; la vivandière avait soin de le tenir au complet, car ce n'étaient ni la soif ni l'argent qui manquaient; il en résultait bien parfois quelques rixes, quelques querelles, qui n'étaient, à tout prendre, que les épisodes obligés de ces scènes militaires. La gendarmerie du grand-prevôt[1] mettait les plus mutins, à la garde du camp, et, le lendemain, chacun retournait à son devoir avec la même ardeur, les uns aux avant-postes, tiraillant contre les Bédouins, les autres au débarcadour, pour les travaux de la marine.

Sur un des bâtimens du convoi qui venait d'arriver, se trouvait l'imprimerie de l'armée, que j'avais organisée quelques jours avant notre départ. Dans une expédition où tout avait été prévu, où rien n'avait été oublié, une seule chose semblait avoir été dédaignée, c'était une imprimerie pour le service

1. Le lieutenant colonel Maubert de Nérully.

de l'armée[1]. J'en fis l'observation, à Toulon, à M. de Bourmont, qui me parut regretter beaucoup de n'y avoir pas pensé à Paris; il me témoigna le désir de réparer cet oubli, et me donna l'ordre de partir pour Marseille, afin de me procurer le matériel et le personnel nécessaires au service d'une presse. En moins de quatre jours, la presse, ses accessoires, deux compositeurs et deux imprimeurs étaient embarqués à bord d'un transport, qui vint rallier la flotte en grande rade la veille de notre départ. Par un concours de circonstances contrariantes, cette imprimerie fut chargée sur un brick qui se trouva faire partie de cette 4e division, que les combinaisons de l'amiral retinrent si longtemps dans la rade de Palma. Enfin, elle arriva au milieu des affûts et des sacs d'avoine; il fallut en rassembler toutes les parties éparses sur la plage. En quelques heures, la machine infernale de Guttenberg, ce formidable levier de la civilisation, fut établie sur le sol africain. Le chef-d'œuvre de l'esprit humain fut naturalisé, le 26 juin 1830, dans une presqu'île inhabitée de la Régence d'Alger; deux tentes suffirent pour l'abriter; les ouvriers baptisèrent cette presse du nom d'*Africaine*, ils en firent l'inauguration en présence d'un grand nombre d'officiers de terre et de mer, de soldats et de marins accourus pour jouir du curieux spectacle d'une imprimerie française dans le pays des Bédouins. Des cris universels de *vive la France! vive le Roi!* éclatèrent quand on distribua à tout le monde les premiers exemplaires d'une relation de notre débarquement et de nos premières victoires[2]. Un bulle-

1. On avait attaché à l'intendance générale de l'armée le service d'une presse lithographique. Ce service, très bien organisé et placé sous la direction de M. Frossard, ancien commissaire des guerres, homme aussi actif qu'intelligent, fut d'une grande utilité, surtout pour l'empression des proclamations en langue arabe, et pour un grand nombre de travaux administratifs; mais les ressources de la lithographie sont très bornées. Plus tard, lorsque M. Frossard fut chargé à Alger de l'organisation des douanes, le service lithographique fut réuni à la direction de l'imprimerie.

2. Buonaparte avait une imprimerie française en Egypte; il l'avait placée à Giseh, au pied de la grande pyramide. Il est assez remarquable que la première chose qu'il y fit imprimer fut une édition de cette constitution de l'an II qu'il devait détruire deux ans après.

tin de l'armée française imprimé sur une plage de la côte d'Afrique, est un fait assez extraordinaire pour qu'on y attache de l'importance; dans quelques siècles, cette date signalera, peut-être, un des évènements les plus influens de civilisation, sur la plus belle comme sur la plus florissante de nos colonies. Elle fera époque dans les fastes de cette restauration, qu'on insulte aujourd'hui, et dont on ferait mieux d'imiter l'indépendance, la dignité et les victoires, qui retentissent encore depuis Cadix jusqu'à Navarin.

Le spectacle d'une imprimerie n'était pas le seul qui, sous le rapport des arts, dut fixer l'attention. Sur cette plage déserte, on rencontrait de tous côtés les peintres qui faisaient partie de l'expédition, dessinant, à l'ardeur du soleil, des points de vue de la côte, des scènes militaires et des effets de marine. L'amour de leur art leur faisait braver les dangers de la guerre et les incommodités du climat. On les voyait sur la plage, sur les rochers, aux avant-postes, l'album sous le bras et le crayon à la main. Que de peines et de soins a coûtés à Eugène Isabey son beau panorama de la presqu'île de Sidi-Ferruch! J'ai vu Gudin, sous des torrens de pluie, prendre l'esquisse de son admirable tableau de la tempête du 16 juin. Waschmut, Langlois, Tanneur et Gilbert n'avaient pas moins de zèle. On les trouvait souvent les uns et les autres au milieu des tirailleurs; ils allaient partager les fatigues et la soupe du soldat : ils partagent aujourd'hui l'espèce de disgrâce qui s'attache à tout ce qui a fait partie de l'expédition d'Afrique. Les esquisses de tous les hauts faits de notre brave armée, dans cette campagne, vieilliront peut-être dans les portefeuilles car le gouvernement n'oserait placer, en regard des batailles de *Jemmapes et de Valmy*, la bataille de Staoueli, la prise du château de l'Empereur ou l'entrée triomphante de nos troupes dans la Cassauba.

***

L'armée avançait; les journées du 27, du 28 et du 29

l'avaient portée en vue du château de l'Empereur[1]; les hauteurs et les batteries de Sidi-Bénédi avaient été enlevées à la baïonnete, avec une impétuosité qui avait rendu inutiles la bravoure et la furie de la milice turque; l'artillerie de siège arrivait, et on se disposait à ouvrir la tranchée. Le quartier-général était établi dans une maison de campagne, à une portée de canon du château[2]; Sidi-Ferruch en était éloigné de près de cinq lieues, et cette distance, que parcouraient chaque jour nos convois, avait besoin d'être gardée. De demi-lieue en demi-lieue, la route était protégée par des redoutes et des block-houses; mais l'intervalle était toujours un passage dangereux : des partis de Bédouins y guettaient nos soldats isolés, ils attaquaient même les convois sans escorte, et, selon leur horrible coutume, les malheureux qui tombaient en leur pouvoir étaient aussitôt décapités; leur tête, enveloppée dans un sac, était portée à la Cassauba, où elle était payée 50 piastres, et accrochée à des crampons de fer, placés en grand nombre au-dessus de chaque porte de la ville. Quand nous sommes arrivés à Alger, nous avons encore retrouvé quelques-uns de ces sanglans trophées, que nos soldats se sont hâtés d'enlever, et d'ensevelir avec une pieuse douleur[3].

Il est digne de remarque que les mœurs des Bédouins se sont conservées les mêmes depuis des siècles, et n'ont varié dans aucun des pays qu'ils habitent. Les mœurs des tribus de

1. Bourmont avait laissé à Sidi-Ferruch pour garder la presqu'île un bataillon du 48e. Il voulut y adjoindre 1400 marins. Duperré ne les envoya qu'avec beaucoup de mauvaise grâce et il terminait ainsi une lettre adressée à ce sujet au général en chef : « La marine a fait jusqu'ici son devoir et rempli ses obligations; vous demandez plus que son devoir, et des obligations hors de son service et qu'elle ne peut que mal remplir. Je me borne à déclarer qu'elle est disposée à faire ce qu'elle pourra, mais les conséquences ne peuvent jamais lui être imputées. » *(Ed.)*

2. Le quartier-général était établi sur un plateau, à peu de distance des consulats d'Espagne et de Hollande.

3. Il est juste de dire, cependant, que le dey répugnait à récompenser ces actes de cruauté, que sa politique l'obligeait à ne pas désapprouver hautement; nous avons eu la preuve que, tant qu'il l'a pu, il a sauvé des Français. Hussein n'était pas cruel à plaisir; les soins qu'il a pris des malheureux marins échappés au naufrage des bricks *le Silène* et *l'Aventure*, doivent lui mériter quelque estime.

l'Afrique occidentale sont celles des tribus de l'Egypte et de la Syrie; elles sont aujourd'hui ce qu'elles étaient du temps de saint Louis. En lisant Joinville, on croirait lire une relation faite de nos jours, si la grâce et la naïveté du style ne nous indiquaient une autre époque. Tout ce que je pourrais dire sur ce sujet, serait loin de valoir ce que je vais citer. « Les Béduyns « doncques sont gens qui vivent et habitent avec les Sarrazins; « mais ils tiennent une autre manière et façon de vivre; car « les Béduyns ne croyent point en Mahomet comme font les « Sarrazins; mais ils tiennent et gardent la loi Hely (la loi « d'Ali), qu'ils disent être oncle de Mahomet. Ils se tiennent « aucunes fois dans les montagnes et déserts, et croyent fer- « mement entre eux, que si l'un d'eux endure la mort pour son « Seigneur ou pour quelque autre bonne intention, que son « âme va en autre meilleur corps et plus parfait, et est plus à « son aise dans ce corps qu'elle n'estoit auparavant. Au moyen « de quoi ils ne font faute de s'offrir à la mort, par le com- « mandement de leurs anciens et supérieurs. Ils n'ont ni ville « ni cité où ils se puissent retirer, mais demeurent toujours « au champ ou dans les déserts; et quand il fait mauvais temps, « ils fichent par terre une façon d'habitacle qui est faite de « tonnes et de cercles liés à des perches, ainsi que font les « femmes quand elles font sécher leur lessive, et par-dessus « ces cercles et perches, ils jettent des peaux de grands mou- « tons. Ceux qui suivent les guerres sont communément à « cheval, et le soir, ils tiennent leurs chevaux auprès d'eux, et « ne font que leur ôter les brides, et ils laissent paître sur « l'herbe, sans leur donner autre chose; ils ne sont jamais « armés quand ils vont combattre (ils ne portent pas d'armes « défensives), pource qu'ils disent, que nul ne peut mourir « qu'un certain jour qui lui est ordonné; et, à cette cause, ils « ont une façon entre eux, que quand ils veulent maudire leurs « enfans, ils leur disent en cette manière : « Tu sois maudit, « comme celui qui s'arme de peur de la mort. » En bataille, « ils ne portent qu'un glaive, fait à la mode de Turquie, et sont

« tous revêtus de linge blanc comme si c'estoient surplis (le « burnous); ils sont laides gens et hideux à regarder, car ils « ont les cheveux longs et la barbe, et noirs outre mesure. « Ils vivent du laict de leurs bestes, de quoi ils ont grand abon- « dance; ils sont en si grand nombre, que nul ne sçauroit esti- « mer; car il y en a au royaume d'Egypte, de Jérusalem, et « par toutes les autres seigneuries que les Sarrazins tiennent, « auxquels ils payent de grands tributs par chacun an[1]. »

Tout cela est encore vrai et d'une exactitude scrupuleuse; j'ai pu en juger quand j'ai vu des Bédouins de près, et dans les rapports que nous avons eus avec eux à Alger, où ils encombraient les rues et les marchés. Leurs mœurs et leurs habitudes varient cependant beaucoup selon les tribus; ils conservent bien entre eux des caractères communs, tels que le fanatisme religieux, l'avarice, la cruauté et la soif du gain; mais quelques-uns sont moins féroces, surtout parmi les tribus qui avoisinent Alger. Quant à leur vie domestique, il est difficile d'en juger; il serait dangereux d'aller chercher à la connaître sous leurs tentes, au milieu de leur *dakerah* (bourg) ou de leur *doüar* (village).

Les premiers Bédouins qu'il nous fut possible d'observer, furent quelques blessés relevés sur le champ de bataille, et que les autres n'avaient pas eu le temps d'emporter; ils furent conduits à Sidi-Ferruch, et traités avec le plus grand soin. Deux d'entre eux fixèrent plus particulièrement mon attention; ils étaient placés dans la même tente, avec un Turc de distinction : on avait jugé convenable de les séparer de nos blessés; leur vue eût été un sujet continuel d'irritation. Ces malheureux, appartenant à trois tribus défférentes, avaient tous les trois des blessures à peu près semblables et très-graves : le premier était un jeune Bédouin de vingt ans, des environs d'Alger; sa figure était douce et son regard calme. Ses cheveux presque blonds s'échappaient en grosses boucles

1. *Mémoires* de Jean Sire, seigneur de Joinvile, sous le règne de saint Louis Roi de France, Paris, Cramoisy, 1668.

de dessous une calotte de laine rouge; c'était le fils d'un fermier de la plaine de la Metidja. Il avait eu la jambe brisée par un éclat d'obus. Timide et craintif, il paraissait surtout effrayé de se trouver parmi des Français : c'était un de ces malheureux que le dey avait forcés de marcher contre nous, et qui semblait plus propre à conduire des chameaux et à mener paître un troupeau, qu'à faire le coup de fusil et à manier le yatagan. Le second était un de ces atroces *Cabyles* (on prononce *Koubaïles*)[1] attirés des sommets de l'Atlas par l'appât du gain et du pillage. La férocité était peinte dans ses traits; sa peau basannée, sa barbe noire, et ses yeux vifs et pénétrans, qui remuaient d'une manière convulsive dans leur orbite, donnaient à sa physionomie un air sauvage, qui devenait effrayant quand il souriait d'un sourire satanique, en montrant deux rangs de dents serrées l'une sur l'autre, et d'une blancheur éblouissante; sa tête était recouverte du capuchon de son *bournous*, serré sur son front par trois ou quatre tours d'une cordelette de laine noire. Alongé sur son lit avec une cuisse fracassée, c'était le tigre blessé dans sa cage; il ne paraissait frappé que d'une chose en nous voyant autour de lui, c'était du nombre de *boudjous*[2] que lui auraient valu nos têtes entassées dans sa besace. Le troisième était un janissaire dont la rotule du genou droit avait été enlevée par un boulet; sa figure, noble et belle, avait le type oriental; c'était un homme de quarante ans, fort et robuste; sa tête, enveloppée d'un turban vert, qui indiquait qu'il était de la race d'Aly, reposait négligemment sur son bournous de laine rouge à franges d'or; ses bras étaient croisés sur sa poitrine; il y avait dans le calme de ses traits un mélange de résignation et de dignité qui indiquait que dans le fond de son âme il avait la conviction d'avoir bien fait son devoir. J'assistai à son pansement; l'opération douloureuse d'extraire de sa blessure des esquilles engagées

1. Ce sont les descendants des Berbères. Le mot *Kabila*, au pluriel *Kabail*, signifie tribu et tribu de nomades *(Ed.)*
2. Piastre d'Alger, qui vaut 3 fr. 72 c.

dans des chairs gangrenées, ne lui arracha pas une plainte. J'observais avec attention sa figure; elle ne subit pas la moindre altération. On eût pu croire qu'on opérait sur un autre corps que le sien[1].

J'avais à la main un gros morceau de sucre que je venais d'acheter à une cantinière (je cite ce fait, tout futile qu'il est parce qu'il se rattache à un trait de mœurs très-caractéristique); le jeune Arabe le regardait avec tant de convoitise que je m'empressai de lui en offrir la moitié : il l'accepta avec reconnaissance. A peine l'avait-il dans sa main, que le Cabyle, qui était couché sur le lit voisin, se jeta dessus avec l'avidité d'un vautour qui fond sur sa proie; ses yeux étaient étincelans d'envie et de rage : il s'en empara en laissant en même temps tomber son poing, comme une massue, sur la tête du jeune homme, pour l'effrayer, et afin de lui ôter toute idée de résistance. Nous fûmes indignés de cette brutalité; je consolai celui-ci en lui donnant une autre portion de sucre, et nous menaçâmes le terrible Bédouin de le faire mettre à part s'il poursuivait de son lit le cours de ses rapines. Pendant ce temps, le Turc restait immobile : je lui offris ce qui me restait de sucre; il l'accepta avec plaisir, mais sans témoigner de reconnaissance. En le prenant, il lança sur le Cabyle un regard accompagné d'un froncement de sourcil aussi expressif que le fameux *quos ego* de Virgile, et qui ôta à son voisin, si elle avait pu lui venir, l'idée de s'en emparer. Pendant tout le temps que je suis resté à Sidi-Ferruch, je suis allé chaque matin porter à ces blessés un petit cadeau du même genre, qui n'a servi qu'à leur procurer quelques jouissances dans leurs derniers momens, car aucun des trois n'a survécu à sa blessure.

La mort du jeune Arabe fut causée par un évènement aussi touchant que déplorable. Quelques jours avant la capitula-

1. Le capitaine Trobriant, qui avait reçu une balle dans la poitrine à l'affaire de Staoueli, et qui était encore en convalescence, à cette époque, à Sidi-Ferruch, a dessiné ces trois blessés, dans la curieuse collection de portraits qu'il a rassemblés dans son livre de croquis.

tion, on conduisit au camp un Bédouin qui avait demandé aux avant-postes la faveur de voir son fils, blessé et prisonnier. Après avoir visité plusieurs tentes sans le rencontrer, il vint à celle où il était. Leur reconnaissance fut attendrissante. Ce n'étaient pas des pleurs, ce n'étaient pas des démonstrations énergiques et violentes, c'était un sentiment profond, mêlé de satisfaction, de douleur et de résignation. Ces deux êtres se retrouvaient; mais ils se retrouvaient vaincus, malheureux et souffrans. Le vieillard était debout devant le lit de son fils, les bras tombant devant lui et les mains jointes, la tête penchée sur sa poitrine; son regard était triste, mais affectueux. Le jeune homme le regardait avec une douceur naïve; il lui tendait la main comme pour attirer la sienne sur ses lèvres. Ils échangèrent quelques paroles, après lesquelles le vieux Bédouin leva brusquement la couverture qui couvrait son fils, et nous montra la blessure horrible de sa jambe, cachée à peine par un large appareil. Un interprète lui fit comprendre que le lendemain on devait tenter l'amputation du blessé, comme le seul moyen de lui conserver la vie. La physionomie du père prit, à ces mots, tous les caractères de l'indignation; il éleva ses bras vers le ciel, et parla long-temps avec force et vivacité; il adressait d'un ton solennel à son fils des mots qui, à coup sûr, étaient des ordres : ses traits avaient tant d'expression, ses accens tant de gravité, que je regrettais de ne pas savoir l'arabe; j'étais convaincu qu'il devait y avoir de l'éloquence et de la poésie dans ce qu'il disait. Un nommé Jussuf, Tunisien, arrivé avec quelques personnes de la suite de M. de Girardin, témoin de cette scène, me la traduisit tant bien que mal en mauvais italien. Ce que je pus comprendre, c'est que le vieillard défendait expressément à son fils « de permettre « l'amputation, qu'il regardait comme une action criminelle « devant Dieu. Le corps que nous tenons de lui, disait-il, ne « nous appartient pas plus que la vie qu'il nous a donnée; « nous ne devons disposer ni de l'un ni de l'autre. Couper une « partie de notre corps est un sacrilège dont notre vie ne peut

« pas dépendre; car le terme de cette vie est fixé par la Provi-
« dence; et Dieu n'a donné aux hommes ni le droit de l'abréger
« ni le pouvoir de la prolonger. » Tout cela était mêlé d'*Allah* qui revenaient à tous momens, et de versets de l'Alcoran, qu'il récitait en agitant les grains d'un chapelet. Le Turc et le Cabyle paraissaient fort indifférens à cette scène, qui cependant finit par impatienter le janissaire; habitué à se faire obéir, il murmura avec humeur quelques paroles qui la terminèrent. Le vieillard s'accroupit alors tristement au chevet de lit de son fils, et fuma sa pipe en silence. J'ai su depuis que le chirurgien n'avait pas osé lutter contre les scrupules religieux de l'Arabe, et que ce jeune homme était mort victime des superstitions de l'islamisme.

***

L'armée, depuis le 29, faisait des progrès rapides ; tous les équipages de siège étaient arrivés sur le lieu indiqué pour commencer les travaux de l'attaque du fort de l'Empereur, que les Arabes appellent *Sultan-Calassi*. Les détails de ces travaux, si admirablement dirigés par les généraux Lahitte et Valazé, tiennent de trop près à des connaissances qui me sont étrangères, pour que j'entreprenne de les décrire[1]; je me bornerai à raconter ce qui se passait pendant ce temps au camp de Sidi-Ferruch, où me retenait le service de l'imprimerie, dont M. de Bourmont m'avait confié la direction.

L'armée se trouvait à près de six lieues de ses magasins et de son matériel; chaque matin des convois de fourgons et de chariots du train et des équipages, se rendaient, chargés de vivres, au quartier-général, et le soir en ramenaient les blessés à l'hôpital. Depuis le 28, le camp était presque abandonné; la brigade Monck d'Uzer était allée rejoindre sa division, et

1. Les gens du métier qui voudraient connaître les opérations du siége, les trouveront très bien décrites dans le rapport du général Valazé et dans la seconde édition de la relation de M. Fernel.

n'avait été remplacée que par le 48e, commandé par le colonel Léridant; deux mille marins des équipages de ligne avaient été mis à terre pour renforcer ce petit nombre d'hommes; les troupes dont le général en chef pouvait disposer, sans nuire aux opérations du siège, étaient échelonnées sur la route depuis Fontaine et Chapelle, où était le quartier-général, jusqu'à Staoueli; les redoutes et les blockhouses, placés de distance en distance, n'offraient que des secours incomplets pour protéger nos convois, souvent attaqués, et surtout pour la sûreté des hommes isolés, journellement massacrés sur la route[1].

La garde du camp fut l'objet de longues négociations entre le général en chef et l'amiral. Le capitaine Hugon[2], dont la bravoure et l'habileté sont connues, après avoir observé avec soin l'état de la place, refusa d'en prendre la responsabilité à moins qu'on ne mît sous ses ordres six mille hommes, tant de la marine que de l'armée de terre. Il était évident que la position la plus dangereuse était devenue celle du camp de Sidi-Ferruch. Un corps de Bédouins bien commandé et bien déterminé eût enlevé cette position, dont les retranchemens, fortement armés, manquaient d'hommes pour les défendre : une attaque de nuit eût peut-être réussi, opérée sur plusieurs points à la fois. Il était certain, d'après les renseignements qui arrivaient de toutes parts, que les Arabes, qui n'avaient rien à espérer en manœuvrant autour de notre armée, environnée de toute l'artillerie de siège, étaient répandus par masses

1. A ces scènes d'horreur se mêlaient quelquefois des épisodes burlesques. On avait donné à quelques généraux des chameaux pour le transport de leurs effets : ces animaux, que nous n'avions pas l'habitude de conduire, étaient tristes, bruyants et rétifs. Deux de ceux qui avaient été donnés au général***, escortée par un domestique, se rendaient au quartier, chargés des cantines du général. A quelque distance de la maison crénelée, ils entendirent dans la campagne les mugissements des chameaux d'un bivouac de Bédouins. A ce bruit, rien ne put les retenir; ils prirent leur galop vers leurs camarades, apportant sur leur dos aux Arabes les bagages du général.

2. Le capitaine de vaisseau baron Hugon, commandant supérieur de la flottille, montait la corvette la *Créole* que commandait M. de Perounc, capitaine de frégate *(Ed.)*

énormes dans la campagne, et méditaient une attaque sur la presqu'île, qui leur promettait un immense butin, en cas de succès. Il faut croire que l'audace leur a manqué, ou qu'ils ont été trompés sur la faiblesse réelle de nos moyens de défense [1].

Un soir, c'était je crois le 1er juillet, le temps était beau, le ciel était pur et l'air frais sans humidité, chose rare en Afrique; nous buvions du *grog* devant notre tente, lorsque des coups de fusil se firent entendre; on criait *aux armes!* de toutes parts, et les balles sifflaient sur nos têtes. A ce bruit confus se mêlaient des cris plus effrayans : *Les Bédouins sont dans le camp!* Nous n'eûmes pas de peine à le croire, d'après tous les récits qui nous étaient faits par les soldats qui conduisaient les convois. En quelques instans l'alarme fut dans la presqu'île; on battait la générale; le désordre régnait partout; on n'entendait au milieu des feux croisés de la mousqueterie, que ces mots, qui retentissaient dans l'air : *Les Bédouins! voici les Bédouins!* J'étais resté sur le plateau de Torre-Chica, au milieu de gens qui couraient aux armes, et d'une foule d'autres qui cherchaient, en fuyant, un refuge vers la plage. Essayant de me rendre raison de ce tumulte et de cette attaque subite, je ne m'expliquais pas comment les Bédouins avaient pu pénétrer dans le camp, en trompant la vigilance de ceux à qui la garde en était confiée, et sans que les batteries qui armaient les redoutes eussent fait feu à leur approche. J'étais préoccupé de la solution de ce problème, quand je vis venir à moi le commandant Préaux, qui me dit en riant : « Concevez-vous un pareil « tapage pour une barrique de vin volée par quelques matelots

1. Voici l'état de nos forces au 1er juillet au camp de Sidi-Ferruch :

Un bataillon du 48e	250 hommes
Un bataillon d'artillerie, commandé par M. Préaux	300 —
Sous le commandement du commandant Eggerlé, deux compagnies du génie	150 —
Marins des équipages de ligne	1500 —
Deux ou trois compagnies du train, environ	150 —
	2350 hommes

« ivres ? La sentinelle placée à côté de l'entrepôt, a fait feu « sur eux, cette alerte s'est communiquée dans toutes les par- « ties du camp, tous les goujats et les *fricoteurs*[1] de l'armée « ont été saisis d'une terreur panique, et tirent des coups de « fusil sans savoir pourquoi ni comment. » Il ajoutait gaiement : « Je voudrais pour tout au monde que nous fussions sérieuse- « ment attaqués, ce serait une bien belle occasion pour mes « artilleurs; je réponds qu'ils ne demandent pas mieux, et « qu'ils se moquent de tous les Bédouins du pays. » En quelques minutes le calme fut rétabli partout, et il ne resta plus que le côté ridicule de cette algarade.

Le commandant allait faire sa ronde sur toute la ligne du retranchement; il me proposa de l'accompagner. M. Frossard se joignit à nous; nous traversâmes le camp, où régnaient l'ordre le plus parfait et le silence le plus profond. La nuit était calme et fraîche, le ciel pur et étincelant d'étoiles; étincelant est le mot, car je ne connais pas de pays où les étoiles brillent d'un éclat plus vif. Nous parcourûmes toute la ligne sur la plateforme, d'où nous apercevions de distance en distance nos sentinelles immobiles, se détachant sur l'horizon comme de grandes statues de marbre noir, qui s'animaient à notre approche en criant : *Qui vive* ? La vigilance et la régularité du service ma parurent très-rassurantes; une surprise eût été impossible, et une attaque très-difficile : cependant elle eût pu être tentée avec quelque chance de succès du côté de la plage, où nous étions moins bien gardés; les deux extrémités du retranchement n'étaient défendues que par une carcasse de bateau coulée, armée d'une seule pièce de quatre et de quelques chevaux de frise à la poupe et à la proue, qui n'avançaient pas assez dans la mer pour que des hommes de résolution n'eussent pu les dépasser, en se jetant dans l'eau jusqu'à la ceinture.

1. On appelle *fricoteurs* à l'armée, toux ceux qui ne tiennent ni à un corps ni à une administration, ni à un service, qui suivent l'armée en curieux, et avec l'espoir d'y trouver quelque emploi, ou d'y prendre part à quelque affaire d'argent, d'intrigue ou de fournitures. Ces gens-là sont ordinairement fort mal vus, et fort surveillés par le grand-prévôt.

Il était près de deux heures du matin quand je rentrai dans ma tente; en me retirant, je passai devant la baraque où était placé Amédée de Bourmont. Le grenadier qui veillait auprès de lui était debout devant la porte, fumant tristement sa pipe. Je m'approchai; il me reconnut, et me dit d'une voix altérée : *Ah! monsieur, ça va mal; il dort dans ce moment, mais son sommeil n'a jamais tant ressemblé à la mort. Il a été saigné hier au soir, et il ne respire presque plus.* J'entrai dans la tente, qui n'était éclairée que par une lanterne accrochée à l'un des poteaux, et qui ne jetait qu'une clarté douteuse et vacillante sur le lit d'Amédée. En soulevant la portière pour entrer, un rayon de la lune vint frapper sa figure, et l'éclairer d'une lueur blafarde qui ajouta encore à sa pâleur. Cette noble figure, au milieu de ses souffrances, avait conservé tout son calme et toute sa douceur; sa tête était légèrement penchée sur son épaule droite; le drap qui couvrait à demi son corps était dans le désordre où l'avait placé une agitation de fièvre; il laissait à découvert sa poitrine enveloppée de l'appareil ensanglanté de sa blessure, à la place même où eût brillé cette croix de Saint-Louis dont le roi, dans ce moment, venait de le décorer : honneur tardif, qui ne devait ajouter qu'à l'illustration de sa mémoire! Il y avait sur cette figure du courage, de la douleur, mais surtout de la mort. Je sortis le cœur navré, avec le triste pressentiment que je ne reverrais plus cet excellent Amédée.

***

Le 4, à dix heures du matin, nous entendîmes une épouvantable explosion, à la suite d'une canonnade qui durait depuis le point du jour. Au même instant, l'horizon fut couvert d'une fumée noire et épaisse, qui s'élevait à une hauteur prodigieuse; le vent, qui venait de la région de l'est, nous apporta une odeur de poudre, de poussière et de laine brûlée[1], qui ne nous laissa pas de doute que le fort de l'Empereur n'eût sauté, soit par l'effet d'une mine, soit par l'incendie de ses magasins à poudre. La joie fut générale, et dès ce moment nous regardâmes la campagne comme finie. Nous savions que le dey avait placé ses dernières espérances dans les remparts de cette forteresse, qui fut si habilement investie, et dont les travaux d'attaque furent conduits avec tant de talent, que quatre jours de tranchée et sept heures du feu de nos batteries suffirent pour la réduire à une telle extrémité, que la garnison, composée de l'élite de la milice turque, n'écoutant plus que son désespoir, fit sauter ses remparts, dans l'intention de nous ensevelir sous leurs débris[2]. Ce projet infernal resta sans effet : des masses de pierres lancées en l'air retombèrent au loin, mais aucun de nos soldats n'en fut atteint; ce ne fut pour nous qu'un beau spectacle, et ce pouvait être un horrible désastre[3].

Un exprès qui fut expédié dans la soirée, du quartier-général, à M. Firino, trésorier de l'armée, nous apprit la capitulation. J'en donnerai ailleurs les détails, que j'ai connus à Alger d'une manière bien authentique, par le récit d'un homme qui a joué dans cette affaire le rôle le plus actif et le plus dangereux (M. Brassewitz).

On devait entrer dans Alger le lendemain; notre impatience

1. Les Turcs avaient recouvert de balles de laine les plates-formes des remparts et les terrasses des magasins et des logements du château de l'Empereur, pour amortir les effets de la bombe. Au moment de l'explosion, ces balles de laine furent dispersées en l'air par flocons, et, répandues au loin dans la campagne : il y en avait une quantité prodigieuse.

2. Pendant que notre artillerie agissait d'une manière si vigoureuse contre les remparts du fort de l'Empereur, la flotte, composée de tous les vaisseaux, frégates et bombardes de l'escadre, tentait une diversion du côté de la mer. Soit que le vent ne permît pas à l'amiral de serrer davantage la côte, soit qu'il eût été d'une témérité coupable d'affronter de trop près les formidables batteries du môle, à triple rang de canons, nos vaisseaux ne purent faire qu'une démonstration presque inutile de leur bonne volonté : les boulets étaient loin d'arriver jusqu'à la ville; et nous pûmes nous en convaincre plus tard, car nous n'en trouvâmes pas le moindre vestige. Je remarquai, cependant sur la terrasse du môle deux larges trous, qui pouvaient, bien avoir été faits par deux bombes : ce sont les seules traces qui soient restées de l'attaque de nos vaisseaux. J'ai entendu dire que le feu avait été plus décisif contre le

Bombardement et prise d'Alger le 5 juillet 1830

égalait notre curiosité. Je donnai dès ce moment les ordres nécessaires au transport de l'imprimerie, et je me préparai à aller retrouver M. de Bourmont, auprès de qui Chauvin était depuis deux jours. J'arrangeai mon départ avec Frossard pour le 7, à trois heures du matin. La route de mer eût été plus facile et moins périlleuse, je préférai la route de terre : je voulais voir le pays ; c'était la seule occasion que je devais en avoir, selon toute apparence, et je courus la chance d'une attaque de la part des quelques-uns des Bédouins chassés des environs d'Alger, et qui erraient dans la campagne, embusqués sur la route pour attaquer nos convois et surprendre des soldats isolés.

Il fallut se décider à faire la route à pied. Je ne pouvais pas penser à obtenir de l'obligeance de MM. les sous-intendans la faveur d'un cheval ou d'un mulet ; ils m'auraient volontiers dit, comme l'Argante des Fourberies de Scapin : *Je ne lui donnerais seulement pas un âne.* Ces messieurs sont sévères en diable sur les règlemens. Attaché particulièrement à M. de Bourmont, et ne tenant à aucun des services de l'armée, ils m'auraient refusé selon toutes les règles de l'administration militaire : on ne se figure pas à Paris qu'un sous-intendant soit quelque chose ; mais à l'armée c'est un homme pour le moins très-important.

Le commandant Préaux eut l'obligeance de me recommander

fort des Anglais, et que plusieurs de nos vaisseaux l'avaient battu de si près que la garnison avait été forcée de désemparer. Du reste, l'amiral et quelques gros vaisseaux de la flotte n'avaient quitté la rade de Sidi-Ferruch que le 2, dans la matinée. Ce fut le lendemain que la *Provence* perdit douze hommes par le funeste accident d'un canon qui creva dans la batterie de 36.

3. « Le château s'entr'ouvrit comme un volcan ; une immense trombe de poudre et de fumée, mêlée de membres humains, de cendres, d'éclats de pierre et de bois, enveloppa l'atmosphère, qui resta longtemps obscurcie par des flocons de laine provenant des ballots dont les Turcs avaient matelassé les brèches. Des canons de gros calibre furent lancés à d'énormes distances et des lambeaux sanglants se retrouvèrent jusque sur les terrasses et dans les rues d'Alger. Lorsque cet affreux désastre cessa, le fort de l'Empereur apparut comme un vaste tombeau, et les Algériens pressentirent que la fatalité se déclarait contre eux. Ils se souvinrent alors des vieilles prédictions de quelques marabouts annonçant qu'Alger la Guerrière serait serait un jour la proie de soldats francs vêtus de rouge. » Paul Christian, ancien secrétaire du général Bugeaud. L'AFRIQUE FRANÇAISE. P. 1846, p. 37.

au capitaine Anozé, qui partait le lendemain avec quelques voitures du train d'artillerie; un estrapontin fut mis à ma disposition sur un de ses chariots : je n'en fis pas usage, mais je lui en sus très-bon gré. A trois heures du matin on ouvrit au convoi la porte du camp, et nous nous mîmes en route par une belle matinée, qui nous promettait au moins quatre heures de marche avec la douce fraîcheur du matin. J'espérais être bien près d'Alger quand le soleil nous amènerait ses 38 degrés de chaleur. Notre caravane se composait d'une vingtaine de voitures du train, sans escorte; d'une vivandière montée sur un cheval de Bédouin, de deux ou trois soldats qui sortaient de l'hôpital, de quatre ou cinq infirmiers qui se rendaient au quartier-général; du bon et aimable Dubraque, qui était venu faire la campagne en curieux, et qui partageait, tout malade qu'il était, le siège d'un conducteur de fourgon[1]; enfin, de Frossard et de moi, qui cheminions côte à côte, à travers les tourbillons de poussière, et sur un chemin où nous enfoncions dans le sable jusqu'au-dessus de la cheville; ayant pour horizon devant nous des ravins et des coteaux couverts de broussailles hautes et épaisses. Le silence de la route n'était troublé que par les coups de fouets des charretiers, par les chansons grivoises de la vivandière et par le bruit des chaînes de fer, suspendues sous les essieus, rudement secouées à chaque cahot des voitures. Nous trouvâmes à une demi-lieue du camp, le seul *blockhouse* dont on ait fait usage dans la campagne[2]. *Vous rencon-*

1. M. Dubraque est connu aux armées comme un des fournisseurs les plus honnêtes et les plus loyaux, et dans les salons de Paris comme un des hommes les plus aimables et les plus spirituels. Ami des officiers les plus distingués de l'armée de terre et de mer, il avait fait la campagne en amateur; il partagea souvent avec moi l'ordinaire du camp, et, à Alger, nos modestes dîners, sur la terrasse de la maison du Beit-el-Mal, égayés par le vin de Champagne d'Hennequin.

2. On avait apporté les matériaux nécessaires à la construction de six *blockhouses;* on n'en a construit qu'un : il me semble qu'on aurait pu tirer un plus grand parti de ce moyen de défense, surtout pour la sûreté de la route. Je crois que les blockhouses seraient d'un grand secours pour faciliter les moyens de colonisation; ils offrent une retraite sûre à une vingtaine d'hommes, qui peuvent s'y défendre contre un nombreux parti d'Arabes : le moindre simulacre de fortification suffit pour arrêter les Bédouins.

trerez des Bédouins, nous cria un caporal du 3e qui fumait sa pipe sur la plate-forme du blockhouse; *depuis ce matin ils galopent sur les hauteurs, à la droite de Staoueli*; *méfiez-vous : ils nous ont tué hier deux voltigeurs de la* 3e *du* 1er *qui revenaient de chercher des vivres du camp*; *vous les trouverez même dans le ravin à deux portées de fusil d'ici*. Nous le remerciâmes de l'avis, et nous continuâmes notre route. Au bout de dix minutes, nous descendîmes dans ce fameux ravin où tant de Turcs avaient trouvé si glorieusement la mort dans l'affaire du 19, et en remontant la colline, nous arrivâmes sur le plateau de Staoueli. Deux beaux palmiers accouplés étaient à l'entrée du camp, ils s'élevaient seuls au milieu d'une végétation noire et triste. Des tentes arabes de formes pittoresques et variées se groupaient autour d'eux; elles étaient entourées d'un large fossé et d'une redoute. Ce camp était les restes de celui de l'aga; les riches tentes des beys avaient été enlevées, et envoyées à Paris; l'armée en avait fait hommage au Roi : ces trophées étaient encore en quarantaine quand les évènements de juillet ont eu lieu; ils sont sans doute relégués aujourd'hui dans quelque vieux garde-meuble de la couronne-citoyenne, comme un souvenir honteux pour elle des conquêtes de la restauration.

En sortant de Staoueli, la vue s'étend sur une vaste plaine couverte de bruyères, à travers laquelle est tracée cette belle et large route, improvisée par l'armée, sur un développement de seize mille mètres. Nous avions laissé le convoi derrière nous, et nous cheminions avec quelques compagnons de voyage, quand, sans nous en apercevoir, nous nous trouvâmes absolument isolés avec Frossard. La chaleur commençait à se faire sentir; l'attrait d'un peu d'ombre, et le désir de reposer la vue sur d'autres arbres que des lentisques et des arbousiers, nous firent diriger nos pas vers une touffe de verdure que nous apercevions devant nous, et du milieu de laquelle s'élevait le sommet d'un dôme blanc. Nous y arrivâmes en peu d'instans; c'était la demeure dévastée d'un marabout, chargé, comme celui de Sidi-Ferruch, de la garde du tombeau d'un santon nommé *Sidi-Kalef*. C'était, depuis notre départ, le premier vestige d'habitation que nous rencontrions sur notre route. Le tombeau, qui n'avait pas été détruit, était entouré de grands figuiers qui le couvraient de leur ombre. Des haies d'agaves, à moitié arrachées, servaient de clôture à quelques carrés de terrain qui avaient pu être un jardin, et où l'on remarquait encore les restes d'un champ de maïs, et quelques pieds d'orangers, dont les fleurs répandaient un parfum des plus agréables. A quelques pas, de l'autre côté de la route, était cette fameuse maison crénelée, où quelques Turcs avaient fait une si vigoureuse résistance, et plus loin, le jardin où Amédée de Bourmont avait reçu cette blessure mortelle, à laquelle il succombait au moment même où nous regardions la place d'où le coup était parti.

Après avoir pris quelques momens de repos à l'ombre parfumée des orangers, nous réfléchîmes d'un air moitié plaisant, moitié sérieux, que le yatagan d'un Bédouin aurait bon marché de deux voyageurs sans armes; nous regardions avec une sorte d'anxiété la route, sur laquelle nous n'apercevions pas encore le convoi, et autour de nous ces broussailles à travers lesquelles nous nous attendions à tout moment à voir poindre la cime d'un bournous. Le souvenir de l'infortuné Amoros, égorgé quelques jours auparavant[1], à peu près au même endroit, nous revint à l'esprit, et ne servit pas à égayer notre position. Nous marchions lentement sans nous parler, lorsque quelques coups de fusil tirés à une centaine de pas de nous, et dont les balles nous sifflèrent aux oreilles d'assez près, vinrent nous tirer de notre rêverie; j'avoue que je ne fus pas tenté d'aller voir d'où ils partaient; et je ne sais trop ce qui serait

1. « Entouré, saisi, ménagé par vingt ennemis à la fois, l'infortuné M. Amoros chercha en vain à apaiser la rage de ses bourreaux par ce mot *Allah! Allah!* sans cesse dans la bouche des Arabes. Deux cavaliers s'emparèrent de lui et le traînèrent, sans écouter ses supplications vers le chef apparent de la troupe, qui, lui appuyant d'une main la tête sur le pommeau de sa selle, tira de l'autre son yatagan et lui scia le cou froidement, lentement, méthodiquement, comme fait le boucher dépeçant ses viandes. » Félix Mornand. LA VIE ARABE. P. 1856, p. 272.

arrivé si quelques personnes à cheval ne fussent dans ce moment accourues par hasard auprès de nous[1]. L'une d'elles nous proposa d'aller visiter une jolie habitation à peu de distance de la route. Nous acceptâmes assez étourdiment, et nous nous enfonçâmes sans réflexion dans un vallon[2] très-étroit, resserré encore par des haies de roseaux, de jasmins, de genêts et de rosiers, qu'il nous fallait franchir à chaque instant; nous étions si charmés de trouver un site frais et touffu, qui nous tirât des sables et des broussailles, que nous ne calculions pas que nous pouvions très-aisément tomber au milieu d'un pulck de Bédouins embusqués dans le ravin. Ce lieu était si pittoresque, si romantique, si parfumé d'orangers, de citroniers, et de fleurs de tous les genres, le ruisseau qui coulait à travers le gazon était si limpide et si séduisant, que nous nous crûmes quelques instans dans une oasis. Pour apprécier les charmes d'un pareil moment, il faut se reporter aux sensations que devaient éprouver des gens qui, depuis six semaines, n'avaient trouvé d'ombre contre un soleil dévorant, qu'à l'abri de l'entrepont d'un vaisseau, ou sous le tissu presque transparent d'une tente; de l'ombre sous un dôme de verdure, et de l'eau vive limpide et fraîche, c'était le paradis. Nous commencions à prendre un avant-goût de ces belles campagnes du royaume d'Alger, que Shaler et tous les voyageurs qui ont écrit sur l'Afrique, nous peignent comme des lieux de délices. La maison que nous allâmes visiter nous rappela bientôt que nous étions sur un champ de bataille : cette maison avait appartenu à un officier de janissaires; les portes et les volets brisés par les balles, prouvaient qu'on y avait fait une vigoureuse résistance; deux cadavres turcs en putréfaction, mutilés, à moitié

1. M. de Béhigue, employé auprès du trésorier-général; M. Marcotte, payeur de la 2e division, et M. Roguin, directeur des postes de l'armée.

2. C'était l'entrée de la belle vallée de Backché-Dérré, qui commence au pied des collines de Boujaréah. C'est dans cette vallée qu'un bataillon du 4e léger, ayant démonté ses armes pour les nettoyer, fut surpris le 28 juin, à la pointe du jour, par un corps d'Algériens. Un grand nombre de nos soldats furent massacrés sans défense.

dépouillés, nous inspirèrent une telle horreur, que nous nous éloignâmes précipitamment de ce spectacle hideux, et qu'en grande hâte, nous vînmes rejoindre la route, où nous fûmes assez heureux pour retrouver le convoi[1].

La campagne s'embellissait devant nous, à mesure que nous approchions des hauteurs de Boujareah; nous commencions à découvrir cette multitude de maisons de campagne qui jettent tant de charme et de variété sur les environs d'Alger, et parmi lesquelles se font distinguer ces jolies *villa* consulaires, modèles de goût, d'élégance et d'agrément, dans lesquelles on a su réunir aux riches productions de l'Afrique, toutes les douceurs et les aisances du *confortable* européen; c'est en visitant ces agréables habitations qu'on conçoit tous les avantages d'une colonisation dans ce pays, et qu'on s'explique les goûts de ces sybarites diplomatiques, qui sollicitent comme une faveur de quitter Paris, Londres, Naples, Rome ou Madrid, pour aller vivre pendant quinze ou vingt ans auprès d'un chef de pirates, toujours au moment de les charger de chaînes au moindre caprice, ou à leur faire subir des outrages, que leurs gouvernemens avaient été jusqu'ici plus disposés à mépriser qu'à venger.

Nous commençâmes enfin à trouver cette voie romaine dont parle Shaler, et qui n'est aujourd'hui qu'un ravin étroit, sillonné par de profondes ornières : c'est là la route qu'on trouve une lieue à peu près, avant d'arriver à Alger; elle est bordée des deux côtés de haies vives et de murailles; de distance en distance, de quelques fontaines de mauvaise eau, de citernes taries et remplies de vase, mais surtout de maisons de campagne à chaque pas. Nous avions laissé le convoi, qui était rentré au

1. Ce fut dans cette maison qu'à l'affaire du 29, des soldats, en attaquant par une porte du jardin, qu'on s'obstinait à ne pas leur ouvrir, tirèrent quelques coups de fusil sur les panneaux. Une balle ayant traversé, frappa dans la poitrine une jeune servante juive, qui tomba morte et baignée dans son sang. Tous les secours furent inutiles. Elle avait seize ans, et était, *comme Rachel, belle de taille et belle à voir.* Cette mort attrista tous ceux qui en furent témoins. Gudin, qui se trouva là, fit un portrait charmant de cette jeune fille.

dépôt de l'artillerie, situé sur un vaste plateau à gauche avant d'arriver au consulat de Hollande. Je cheminais seul, harassé de fatigue et de chaleur, après une marche de huit heures, au milieu de la *voie romaine*, qui ressemble plus à une fondrière qu'à l'avenue d'une grande ville. La route était pavée de boulets, d'éclats d'obus et de bombes, de flocons de laine brûlés à moitié, de lambeaux de vêtemens, et de débris de moellons et de briques. Je me trouvais, sans m'en douter, dans l'enceinte des travaux du siège, et en levant la tête, je vis suspendues au-dessus de moi les ruines effrayantes du château de l'Empereur; je gravis sur le haut de la chaussée, et je me trouvai au pied de ces murailles, à moitié réduites en poudre par le feu de notre artillerie; des pans de remparts de quarante pieds de hauteur et de dix pieds d'épaisseur, avaient sauté en l'air par l'explosion de la poudrière; les merlons, les casemates, la plate-forme de la tour, rien n'avait résisté; une odeur infecte s'exhalait de ces décombres, sous lesquels étaient enfouis les cadavres de la brave garnison du château. C'était une des plus belles horreurs dont la guerre puisse offrir le spectacle[1].

Du pied de ces ruines, je vis devant moi, à une demi-lieue, la ville d'Alger[2], dont les maisons et les terrasses éblouissantes de blancheur, se détachaient sur le bleu foncé de la mer, qui venait baigner ses murailles; la Cassauba terminait, du côté de la terre, son enceinte, qui ressemblait à une vaste carrière; le drapeau blanc, brillant de tout son éclat, flottait dans les airs, sur le haut du kiosque du dey. Ce même pavillon couvrait la superbe baie d'Alger, où les vaisseaux de toute la flotte

1. *Le château de l'Empereur* fut bâti, vers la fin du seizième siècle, à l'endroit même où Charles-Quint avait placé sa tente impériale. Les travaux en furent ordonnés par *Hassan*, qui lui donna son nom. Il reçut, plus tard, celui de *Soltanié-Calessi* (Fort-du-Sultan). Ce sont les Européens qui lui ont donné le nom sous lequel il est connu. Réparé et fortifié à plusieurs reprises, il fut enfin revêtu d'une enceinte régulière, de forme carrée, flanquée de tours bastionnées : au milieu de cette enceinte, se trouvait une tour très élevée, entourée de magasins casematés.

2. Alger est bâti dans une position charmante, sur une côte qui rappelle la belle colline du Pausilype. (Châteaubriand, *Itinéraire*.)

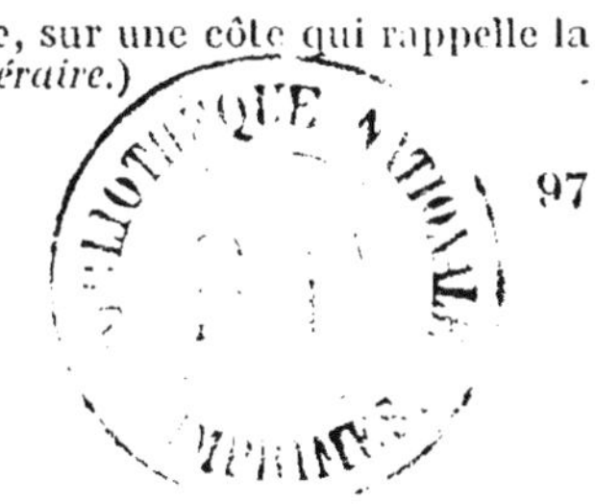

étaient réunis; on le retrouvait encore sur toute cette longue ceinture de forts et de bastions qui bordent la côte depuis le cap Caxine jusqu'au cap Matifoux. Tout cela avait un air de conquête qui faisait plaisir. Des soldats et des officiers qui revenaient de la Cassauba, portant les armes turques qu'on leur avait distribuées, couvraient la route : chargés des trophées de la victoire, ils rentraient joyeux dans leurs cantonnemens. A travers tout cela, des Bédouins montés sur leurs chevaux s'en retournaient dans leur *adouar* (village) après avoir vendu leurs denrées à nos soldats; ils faisaient humblement ranger leur monture pour nous céder plus de place, et criaient timidement : *Bââlleik! bââlleik!* (prenez garde). Ces Cabyles si terribles, si féroces quelques jours auparavant, étaient devenus tout à coup de modestes maraichers, de bons fermiers, qui nous offraient pour quelques *aspres* d'excellentes pastèques, des concombres, de gros raisins, et de belles poules de la Metidja. Il y avait cependant dans leur regard quelque chose de faux et de sournois, qui indiquait qu'à quelques lieues de là, dans l'isolement d'un ravin, ils auraient montré plus volontiers la lame de leur yatagan que les fruits de leur jardin ou les volailles de leur ferme.

Je touchais au terme de mon voyage, les murailles d'Alger n'étaient qu'à peu de distance; je ramassai tout mon courage, je quittai la chaussée romaine, et haletant de fatigue, lassé d'admirer l'Afrique depuis vingt jours, couvert de sueur et de poussière, le teint brûlé par le soleil, dont les larges bords d'un chapeau de paille ne m'avaient pas mis à l'abri, je me jetai à travers champs, et me dirigeai en droite ligne sur la Cassauba, en traversant un cimetière turc, dont les ronces et les broussailles couvraient les pierres tumulaires, autour desquelles paissaient quelques chèvres et quelques chameaux dont on avait dédaigné de s'emparer. Quelques minutes après, je franchissais le seuil de la porte de *Bab-Djédid* (la porte neuve).

La voûte qui conduit à la rue de la Cassauba, était remplie de soldats de la brigade du général Damrémont : c'était un désordre de joie et d'ivresse, un bruit assourdissant d'ordres et de défenses, une confusion de paroles et de conversations, au milieu desquels il était aussi difficile d'entendre que de se faire entendre; j'eus toutes les peines du monde à passer à travers les consignes, les faisceaux d'armes, les soldats couchés sur le pavé, les cuisines des escouades installées au coin des bornes, les distributions de vivres et les étalages des marchands d'oranges et de citrons; tout cela, dans une atmosphère de fumée et un tourbillon de mouches, bourdonnant de tous côtés par myriades[1].

En arrivant sur la place, un autre spectacle m'attendait; le cortège du dey sortait de la Cassauba. Hussein, monté sur un cheval blanc, précédé des aides-de-camp du général en chef, et suivi d'une vingtaine d'esclaves nègres chargés de paquets, de coffres et de cristaux, retournait à son palais, après avoir été faire une visite de politesse à son vainqueur. Le dey, arrêté un instant par la foule à la porte de la Cassauba, conservait alors plus de dignité que sa position n'aurait pu le faire supposer; son attitude était ferme et noble, sa figure calme; un léger froncement de sourcils qui n'ôtait rien à la vivacité de ses yeux, indiquait qu'il regardait avec mépris cette populace qui couvrait la place, et qui se disputait quelques dépouilles de son palais, arrachées de force à ses serviteurs[2]; jeta un dernier regard sur la Cassauba, et il ne parut éprouver

1. Les mouches sont une des calamités d'Alger; il n'y a pas de pays au monde où elles soient plus nombreuses et plus fatigantes; c'est un supplice de tous les momens, depuis le point du jour jusqu'à la nuit. Là, commence un autre tourment : les moustiques, les cousins et les insectes les plus désagréables s'emparent de vous, troublent et agitent le sommeil par une irritation si atroce qu'elle prend tous les caractères de la névralgie. Les moustiquaires sont un palliatif dont les Algériens se contentent : ce sont les seules douceurs que se procurent les gens riches. Du reste, les inconvénients des mouches et des insectes se font sentir depuis le palais du dey jusqu'au bouge du plus misérable Juif du faubourg de Babazoun.

2. La populace d'Alger s'était révoltée plusieurs fois, depuis l'arrivée des Français en Afrique; elle reprochait hautement à Hussein les malheurs qu'elle prévoyait. Il n'est pas douteux que, sans la capitulation, le dey, malgré ses efforts et sa résistance, aurait été attaqué dans la Cassauba, et massacré par ses sujets.

de sensation pénible, qu'en voyant ses janissaires arriver tristement de tous côtés pour rendre leurs armes entre les mains des officiers d'artillerie désignés pour les recevoir. Le cortège se dirigea lentement vers le quartier de la Marine, où était située la maison que le dey avait choisie pour passer les derniers momens de son séjour à Alger[1]. Cette maison, l'une des plus belles de la ville, était celle qu'Hussein occupait avant d'être élevé à la dignité souveraine, et qu'il avait toujours conservée avec une affection particulière[2].

La visite d'Hussein au général en chef fut l'objet de longues et sérieuses négociations. L'obstiné vieillard se refusait à l'entrevue qu'on sollicitait de lui; il fallut pour le déterminer mettre en jeu son intérêt. Le dey n'avait eu que dix-huit heures pour faire enlever de la Cassauba ses effets les plus précieux et ceux de son harem. Dans ce déménagement précipité, un grand nombre d'objets de prix furent oubliés; il les fit réclamer après l'entrée des Français; mais, pendant les journées du 5 et du 6, on fut occupé de trop grands intérêts pour songer aux affaires particulières du dey. Cependant, dans la soirée du mardi, on s'aperçut qu'il était inconvenant que le dey ne vînt pas faire sa soumission au représentant du roi de France; on l'y détermina, en lui faisant entrevoir qu'il n'obtiendrait que par ce moyen des arrangemens de départ; on lui promit aussi de l'autoriser à faire enlever les effets qu'il réclamait; on poussa même la complaisance jusqu'à lui faire payer deux

1. Cette maison, qu'Hussein avait fait construire, s'appelait la maison Rouge (Dar-el-Hamra). Elle se trouvait dans la rue Ali-el-Hamra, qui est devenue la rue Philippe. C'est aujourd'hui la Direction du Génie. *(Ed.)*

2. Hussein-Pacha, dernier dey d'Alger, s'était élevé, par sa bravoure et son intelligence, des derniers rangs de la milice turque, au plus haut degré de faveur. Il fut l'ami et le premier ministre d'Aly-Codgia, son prédécesseur, qui ne régna que quatre mois, et mourut au mois de janvier 1818. Hussein est né à Vourla, en 1764. Elevé à Constantinople, il avait servi dans le corps des *topchyrs* (canonniers); c'est un homme de moyenne taille, d'une figure douce et agréable; sa longue barbe blanche lui donne un air vénérable. Son costume quand je l'ai vu, était simple et riche tout à la fois : un cachemire rouge lui servait de turban; et son *bournous* blanc, jeté négligemment sur son épaule gauche, couvrait à moitié un bombet de velours bleu, relevé par une large broderie d'or.

cent cinquante mille francs, prix qu'il mit lui-même à son mobilier resté à la Cassauba. Pendant tout le temps que dura son entrevue avec M. de Bourmont, une vingtaine de ses esclaves enlevèrent dans les appartements du palais tous les objets qu'ils jugèrent convenable de conserver à leur maître, en armes, vêtemens, tapis et argenterie; ils profitèrent même de la liberté, qu'on leur avait accordée, pour enlever la montre du général Desprès, et le nécessaire de toilette du général en chef[1]. A la suite des domestiques du dey, une nuée de Juifs s'introduisit dans la Cassauba; ils firent main-basse sur les cuisines, sur les offices, et sur quelques magasins remplis de différentes marchandises. On arrêta à temps ce pillage en les chassant à grands coups de bâton des cours et des galeries du palais, et on les vit pendant huit jours vendre dans les rues d'Alger ce qu'on n'avait pas eu le temps de leur faire rendre[2].

***

Par les soins de mon ami Chauvin, j'avais trouvé, en arrivant à Alger, un logement convenable, dans la maison du *Beit-El-Mal*[3]. Je le partageais avec M. d'Aubignosc, membre de la

1. Je crois avoir entendu dire que la montre avait été retrouvée; mais le nécessaire fut perdu.

« Tandis que le général en chef faisait au dey les honneurs de la générosité française, un esclave de la suite de celui-ci dérobait la montre du général Desprèz. Mais le Dey la fit restituer, désigna au général en chef les hommes de confiance qui devaient enlever ce qui restait encore de son mobilier dans la Cassauba et dit à M. de Bourmont que s'il s'en présentait d'autres « *il le priait de leur faire trancher la tête.* » Ault-Dumesnil, p. 116.

2. La canaille juive, est, à Alger, ce qu'on peut imaginer de plus ignoble et de plus crapuleux. Tout ce que la misère a de dégoûtant, la cupidité de honteux, l'abrutissement de pénible, se retrouve chez les Juifs de la basse-classe, que l'indigence ou l'appât du gain réduisent aux emplois les plus abjects. Les Juifs de la classe aisée ont, au contraire, de la noblesse dans les manières et de la générosité dans les sentimens. Plusieurs familles juives, à Alger, vivent honorablement, et jouissent d'un grand crédit et d'une grande considération.

3. Magistrat chargé des successions et de l'administration de différents genres d'impôts.

commission du gouvernement[1], qui nous céda ensuite la maison tout entière, quand il prit possession de celle qu'on lui donna dans le quartier du *Djéniné* (jardin), en qualité de commissaire-général de police. J'avais à peine vu la Cassauba la veille, et je me disposais à aller la visiter le lendemain de mon arrivée. Notre imagination avait été si souvent frappée de ce nom depuis le commencement de la campagne, que cette vieille citadelle était devenue pour nous un piquant objet de curiosité.

La maison que j'occupais était très-près de la Cassauba; une petite ruelle conduisait sur la place; cette place, ou plutôt les deux rues en équerre qui la forment, étaient couvertes de soldats et de Juifs qui faisaient entre eux des échanges de tous les genres; tous les cantiniers de l'armée s'étaient installés dans les corps-de-garde des janissaires et dans les espèces d'échopes où les officiers de justice du dey donnaient leurs audiences; là étaient étalés sans ordre des marchands d'oranges de Majorque, de citrons d'Ivice, de cédrats de Valence; les uns vendaient des terrines de Grosbot et des pâtés de Périgueux qu'on mangeait sous le pouce; on buvait à pleins verres le vin de Champagne, l'orangeade, le Malaga, la limonade, le rhum, le lait de chèvre, le cognac, l'hydromel; la rue de l'aga était une salle de restaurant, un café, une guinguette : c'était un banquet général, sans apprêts, sans nappes, sans fourchettes; sur le pavé, sur la borne, à l'ombre des murailles de la Cassauba, debout, assis, sous la tente, au soleil, tout était joie : c'était la conquête sous son plus bel aspect. A deux pas de là, des Turcs au sourcil froncé, au front plissé, à la mine altière, au regard farouche, arrivaient par files déposer, sans dire un seul mot, des armes qu'ils jetaient sur un tas énorme de fusils, de yatagans, de pistolets, de sabres, de poignards,

1. d'Aubignosi connaissait très bien l'Orient, et il avait fait ses preuves d'administration, sous l'Empire, à Hambourg, pendant que Davoust gouvernait cette ville. Il fut un des bons ouvriers de la première heure en Algérie. Il défendait encore l'Afrique française en 1836 dans ses *Lettres sur Alger* adressées à la Chambre des députés en partie hostile à l'occupation. *(Ed.)*

que des officiers de tous grades et de toutes armes se distribuaient avec empressement. Les Maures apportaient aussi, leurs armes, mais avec plus d'indifférence et de soumission[1].

J'eus toutes les peines du monde à arriver jusqu'à la grosse et lourde porte qui sert d'entrée au palais du dey, et qui ressemble à une vieille porte de ville. J'entrai sous le porche obscur qui conduit à l'intérieur, et qui n'est égayé que par une fontaine de marbre, d'où s'échappe, dans une coupe de forme gracieuse, une eau fraîche et limpide. Une ruelle assez sale, entourée des écuries du dey, conduit à la cour du divan. Cette cour, qu'on peut regarder comme la partie la plus importante du palais, est vaste et belle; elle est pavée en marbre, et entourée d'une galerie couverte, formée par un rang d'arcades moresques, soutenues par des colonnes de marbre blanc; une fontaine en forme de coupe, aussi en marbre, et du milieu de laquelle s'élève un mince jet d'eau, est le seul ornement de cette cour; je ne dois cependant pas oublier un citronier d'une grande beauté, placé à l'angle opposé à la fontaine. Un des côtés de la galerie, beaucoup plus orné que les autres, était couvert de glaces de toutes les formes et de tous les pays; une banquette régnait dans toute sa longueur, et, à l'une de ses extrémités, elle était recouverte d'un tapis de drap écarlate, bordé d'une frange de même couleur : c'est sur ce tapis que se plaçait le dey quand il tenait son divan, qu'il rendait la justice, ou qu'il donnait audience aux consuls et aux marchands étrangers; c'est de là que partit le fameux coup de chasse-mouches qui a été cause de sa chute. Cette galerie n'avait d'autres meubles que quelques tapis de Smyrne, une pendule

1. Les Turcs apportaient de très belles armes, la plupart de grand prix, garnies d'or et d'argent. Les Maures et les Koul-Oglis avaient été plus avisés; ils apportaient les leurs, mais ils avaient eu la précaution d'en enlever tout ce qui avait quelque valeur. Les riches fourreaux ciselés avaient été dépouillés de leur garniture, que les Juifs avaient achetée au poids, et qu'ils revendirent ensuite à ceux de nos officiers qui avaient eu de ces armes dépouillées de leurs ornemens : ce qui explique la quantité d'armes de prix qui ont été rapportées en France, et qui, loin d'être le fruit des spoliations de la Cassauba, avaient été pour la plupart achetées très cher par les amateurs.

gothique en garniture de Boule, enrichie de bronze doré, un petit meuble de laque, dans les tiroirs duquel se trouvaient un *Koran*, un calendrier turc[1] et quelques boîtes de parfums. Je crois y avoir vu aussi un baromètre anglais monté sur une table d'acajou, avec les légendes gravées sur des plaques de platine. Il y en avait plusieurs du même genre, et de formes différentes, dans les appartemens du dey, un surtout très-beau et très-riche, de Dollon : c'était un cadeau du prince-régent, en 1819.

Sous cette même galerie, à l'extrémité de cette banquette était la porte du trésor, armée de ses grosses serrures et d'un fort guichet de fer; elle donnait entrée à deux ou trois corridors, sur lesquels ouvraient des caveaux sans fenêtres ni soupiraux, coupés dans leur longueur par une cloison de quatre pieds à peu près. C'était là qu'étaient jetées en tas des monnaies d'or et d'argent de tous les pays, depuis le boudjou d'Alger jusqu'à la quadruple du Mexique[2].

Il serait aussi difficile qu'inutile de décrire les nombreux bâtimens et les appartemens que contient la Cassauba; cette fastidieuse nomenclature serait sans intérêt. Qu'on se figure autour de la cour du divan, qui en est la pièce principale, des salles et des magasins, des écuries et des jardins, ou plutôt des cours plantées d'arbres, dans lesquelles se promenaient des autruches[3]; un kiosque, une mosquée, une salle d'armes, une

1. Ce calendrier turc est une longue bande de parchemin, de quatre pieds de longueur et de trois pouces et demi de largeur, sur laquelle sont tracés, en caractères arabes, les mois de l'hégire, entourés de versets du Koran; le tout orné d'arabesques d'or et de couleur d'un fini précieux. J'ai obtenu ce singulier almanach d'un officier de gendarmerie, qui l'avait acheté d'un soldat du 6e de ligne. J'ai donné, en échange, un beau *bournous*, qui m'avait été donné par M. Bacry.

2. Voir, aux *Pièces justificatives*, la note sur le trésor de la Cassauba.

3. Il y avait un grand nombre d'autruches dans la Cassauba : Ces pauvres oiseaux furent inhumainement plumés vivans. L'amateur le plus curieux de leurs plumes, était un général, qui en fit une très belle collection, et qui disait à ceux qui s'amusaient en le voyant plumer ces pauvres autruches, qui criaient à fendre le cœur : *Ceci fera plaisir à ma petite Anaïs*. Ce mot est resté proverbe à l'armée. A coup sûr. Mlle Anaïs a dû avoir de quoi fournir de marabous toutes les dames de sa société.

longue treille et un berceau de jasmin, une ménagerie renfermant quelques tigres et quelques lions, un vaste magasin à poudre, dont le dôme avait été mis à l'abri de la bombe par une double couverture de balles de laine; un parc à boulets, tout cela enclavé dans de hautes murailles de quarante pieds, terminées par une plate-forme à embrasures, sur laquelle étaient placées près de deux cents canons de tout calibre, soigneusement peints en vert, et en rouge à leur embouchure, et dont une moitié servait à défendre la ville du côté de la campagne, et l'autre moitié à la réduire en poudre en cas de révolte.

Les appartemens du dey et son harem pouvaient présenter seuls quelque intérêt. Ces appartemens étaient situés au second étage, dans le côté de l'est. La galerie qui y conduit par un petit escalier en bois peint vert et rouge, comme toutes les boiseries de la Cassauba[1], servait de salle à manger à M. de Bourmont. Cet escalier mène à une petite galerie fermée par des stores de toile de Perse et par de larges fenêtres à la turque donnant sur la cour du divan. Trois grandes pièces, qui ne communiquaient pas entre elles, étaient les seuls appartemens du dey, et furent ceux de M. de Bourmont. Au bout de cette galerie est un petit kiosque entouré d'un divan rouge, dans lequel le dey venait prendre le café et fumer sa pipe après ses audiences publiques. Ce kiosque servait de salon aux aides-de-camp du général en chef. Au-dessous était une porte très-basse; c'était l'entrée du harem. C'est un bâtiment composé de deux cours, autour desquelles étaient des chambres et des boudoirs, et toutes les dépendances nécessaires au service des femmes. Ces appartemens n'avaient aucune fenêtre sur les parties publiques du palais; de petites croisées garnies de barreaux serrés ouvrant sur les jardins, donnaient de l'air et du jour, et de petites ouvertures longues et étroites comme des meur-

1. Le vert et le rouge sont les couleurs du dey : ce sont celles de son pavillon.

trières, laissaient apercevoir quelques échappées de mer et de campagne.

Le mobilier du harem était plus somptueux qu'élégant; on n'y trouvait ni le goût français, ni la propreté anglaise; mais des tapis de grand prix jetés à profusion sur le carreau, des étoffes d'or et d'argent, un luxe étonnant de coussins de toutes les grandeurs et de toutes les formes, en drap et en velours, rehaussés de riches broderies arabes; des glaces et des cristaux sans nombre; des meubles d'acajou lo[illegible] massifs, et surchargés d'ornemens de bronze doré, des lits entourés de moustiquaires de mousseline de l'Inde brochée à fleurs d'or; des divans partout : tout cela dans une atmosphère de roses, de jasmin, de musc, de benjoin et d'aloës. On trouva dans le harem un grand nombre de tables, de toilettes, de coffres, et de nécessaires en bois précieux de l'Asie, incrustés de nacre, d'ambre, d'ivoire et d'ébène[1]; des porcelaines de la Chine et du Japon du plus grand prix, et une multitude incroyable de petits meubles bizarres et inconnus en Europe, inventés pour satisfaire les caprices enfantés par l'ennui et le désœuvrement du harem, et par les habitudes fantasques et voluptueuses des femmes de l'Orient[2].

Les appartemens du dey étaient beaucoup plus simples; les murailles en étaient nues, et blanchies à la chaux; des tapis et des divans étaient les seuls objets qui les meublaient; des pipes, des armes, plusieurs pendules anglaises, un baromètre et quelques lunettes marines, fut tout ce qu'on y trouva; le reste avait été emporté par le dey. Tous ces appartemens étaient si sales, si négligés, et tellement infestés d'insectes de

1. Parmi les coffres précieux, M. de Bourmont fit un choix des plus beaux pour les offrir, au nom de l'armée, à Mme la dauphine, à S. A. R. MADAME, duchesse de Berri, et à MADEMOISELLE. Ils ne sont pas arrivés à leur destination : il serait curieux de savoir ce qu'ils sont devenus.

2. « Rien ne ressemble moins à un boudoir de Paris : pas de lits, pas de fenêtres, des tapis, quelques coussins, quelques rideaux brochés d'or et d'argent, une malpropreté que nous ne pouvons pas même exprimer, voilà le luxe du sérail d'Alger. « Ault-Dumesnil, p. 11.

Reddition de la ville d'Alger
(Une vivandière s'est battue avec le courage le plus intrépide...)

tous les genres, que M. de Bourmont, le général Després et les officiers qui habitèrent le harem et cette partie des bâtimens de la Cassauba, furent obligés, pour pouvoir y dormir, d'employer, pendant plusieurs jours, des Juifs à les laver au vinaigre et au chlorure de chaux. L'état-major-général, l'intendance et les administrations financières de l'armée furent établis dans la Cassauba, qui resta, comme par le passé, le centre du gouvernement. Un bataillon d'infanterie, une compagnie d'artillerie, un poste de gendarmerie et un piquet de cavalerie y faisaient le service.

Les galeries du second étage, qui servaient d'antichambre à M. de Bourmont, étaient sans cesse remplies par les consuls de toutes les nations, qui venaient régulièrement faire leur cour au général en chef, et lui présenter les étrangers de distinction, qui arrivaient de toutes parts, attirés par l'intérêt de curiosité qu'inspirait à l'Europe notre nouvelle conquête. Le capitaine Mansell, qui avait fait avec une grande valeur la campagne comme volontaire, et qui, dès les premiers jours, avait demandé et obtenu une place à nos avant-postes[1], était redevenu à Alger le commensal de M. de Bourmont. Je m'aperçus qu'il prenait là une attitude politique qui nous expliqua beaucoup de choses; il commença même à perdre son air de bonhomie, et à s'envelopper d'une espèce de morgue diplomatique qui ne tourna pas à son avantage; il s'agitait dans tous les sens autour du consul anglais et du général en chef, et donna lieu à tout le monde de lui croire des vues et un crédit que nous étions loin de lui soupçonner à bord de *la Didon*. Ces intrigues avaient alors pour but de décider le dey à s'établir en Angleterre, ou tout au moins à Malte; il y avait

1. Il s'était fait incorporer dans une compagnie de grenadiers, partageait la soupe du soldat, et prenait place au feu du bivouac. Une nuit, il promenait, selon son habitude, ses rêveries philosophiques, et jouissait, en chemise, de la fraîcheur, assez près d'une sentinelle avancée, qui le prit pour un Bédouin, fit feu sur lui, et le manqua fort heureusement. Le capitaine Mansell s'avança vers elle, se fit reconnaître, et lui dit avec son sang-froid britannique : *Camarade, une autre fois regardez mieux et visez mieux.*

dans ce projet une arrière-pensée qu'on déguisait du mieux qu'on pouvait, mais qu'il n'était pas difficile d'apercevoir. Ce n'était pas à coup sûr pour le plaisir de voir Hussein se promener dans les allées d'Hyde-Park ou sur les trottoirs de Regent's street, que le consul anglais désirait le voir fixer son séjour à Londres; il était aisé de deviner que l'Angleterre voulait se ménager des moyens d'action sur une conquête faite sans sa permission[1]. Il pouvait y avoir pour le gouvernement anglais de l'avenir dans la possession du dey. M. de Bourmont ne fut pas la dupe de ces petites menées, et ne céda pas plus dans cette circonstance aux obsessions des Anglais, qu'il n'y avait cédé dans la journée du 4, quand, après la prise du fort de l'Empereur, le consul de cette nation, et le capitaine Mansell, vinrent solliciter des conditions avantageuses pour le dey : le consul offrit sa médiation au général en chef, qui la refusa poliment, en lui disant avec ce sourire fin et spirituel qui lui est ordinaire : *Je vous remercie, monsieur, c'est une affaire que je veux arranger moi-même avec le dey.*

Ce fut dans la matinée du 8 que j'allai à la Cassauba; je ne me présentai pas chez M. de Bourmont, qui ne recevait personne; il avait appris la veille, dans la soirée, la nouvelle de la mort de son fils Amédée. Tout était fort triste du côté de ses appartemens; mais il régnait, du reste, un grand mouvement dans le palais; on y faisait dans les cours des distributions d'armes : elles étaient entassées sous les galeries, mais ce n'étaient que les plus communes : chacun choisissait à son gré des fusils de janissaires, des gibernes turques, des yatagans et des pistolets; les armes de choix avec des garnitures de perles et de corail, les sabres à fourreau d'or et d'argent, avaient été

1. Il n'est pas inutile de rappeler ici au parti qui outrage chaque jour la restauration, que le ministère du 8 août ne sacrifiera jamais à sa politique ni la dignité de son roi, ni l'honneur de la France. M. de Polignac répondait aux exigences du cabinet de Saint-James, dirigé alors par le duc de Welington. : *La France, insultée n'a demandé le secours de personne pour venger son injure, et elle n'aura besoin de consulter personne pour savoir ce qu'elle doit faire de sa nouvelle conquête.*

mis à part; le général en chef les avait fait distribuer à tous les généraux et à tous les officiers supérieurs de l'armée : un choix parmi les plus riches avait été fait pour être offert à M. le dauphin. Une grande faute fut commise : la marine fut oubliée dans cette distribution; cet oubli ne peut être justifié que par le chagrin qui absorbait dans ce moment M. de Bourmont; il est fâcheux que ceux qui étaient autour de lui, n'aient pas trouvé les moyens de le réparer; je connais des généraux qui auraient pu aisément offrir quelques armes de prix à l'amiral; c'eût été à la fois une justice et une convenance; je suis certain que leur part eût été encore fort belle; un d'eux, que toute l'armée connaît bien, *s'est fait donner* toutes les armes de l'aga, qui en avait une riche collection[1].

C'est ici le cas de parler de ces fameux *vols de la Cassauba*, de ces *spoliations* dont on n'a pas rougi d'accuser notre armée. Rien n'a coûté au parti qui s'est acharné contre l'expédition, pour flétrir des lauriers conquis sous le drapeau blanc. La commission d'enquête établie à Alger, après trois mois de travaux et de recherches sans nombre, a fait justice de ces calomnies[2]. Je vais dire, moi, ce que j'ai vu et ce que j'ai su.

Le dey, après la capitulation, employa toute la soirée du 14 juillet, toute la nuit suivante et toute la matinée du 5, à emporter de la Cassauba son trésor particulier, ses effets les plus précieux et tous les bijoux de ses femmes; il avait à sa disposition assez d'esclaves et assez de temps pour que rien ne fût oublié. A midi, aux termes de la convention, une compagnie de sapeurs du génie, une compagnie d'artillerie et un bataillon du 6e de ligne se présentèrent à la porte neuve, et se dirigèrent vers la Cassauba, pendant que d'autres troupes

1. Je connais un employé supérieur de l'administration, qui avait trouvé moyen de faire sortir de la Cassauba, et de faire transporter dans une maison particulière d'Alger, deux fusils turcs du travail le plus admirable, dont la riche garniture de corail était sans prix, et une selle en velours rouge sur laquelle il y avait au moins pour trois mille francs d'or sur les pommeaux et sur les broderies.

2. Voir aux *Pièces justificatives*, le n° III.

prenaient possession des forts et des portes de Babazoun et de Babaloued; les sapeurs entrèrent les premiers dans la Cassauba; leur vue épouvanta tellement les esclaves du dey qui emportaient les derniers paquets, qu'ils les laissèrent tomber les uns dans la rue, les autres dans les cours, d'autres dans les escaliers. Les Juifs qu'on avait employés à ce déménagement, sous les ordres des esclaves du dey, moins timides que les nègres, gardèrent les objets qui leur avaient été confiés, et s'enfuirent avec. La Cassauba fut bientôt tellement remplie de troupes, que, naturellement, elles se répandirent dans toutes les parties du palais, et on s'imagine bien que les premiers objets qui s'offrirent aux soldats furent des objets de tentation. J'en ai vu plusieurs entre leurs mains, et je puis garantir qu'il eût été bien ridicule d'y attacher la moindre importance; c'étaient, pour la plupart, des *babouches* de maroquin et des pantoufles de femme brodées en paillettes et en cannetille; des petites tasses de porcelaine d'Italie, des supports de tasse en cuivre doré de Constantinople, des vases de verre et de cristal à fleurs d'or, remplis d'odeurs, des cuillers d'une forme bizarre, pour manger le riz et le *couscoussou*[1], faites en bois de palissandre, en ivoire ou en ébène, garnies de petites perles de corail; d'autres avaient trouvé dans les paquets abandonnés par les esclaves, des habits de femme, des voiles de mousseline, et de la toile de coton à turban. J'ai vu aussi entre leurs mains des bournous de scheick en drap amaranthe, et d'autres en tissus blancs de laine de Tunis; je crois être certain que quelques officiers qui entrèrent les premiers dans les appartemens du harem, y trouvèrent quelques bijoux de peu de valeur. M. de Bourmont ayant su que des pièces d'argenterie et de vermeil y avaient été trouvées, donna l'ordre qu'elles fussent déposées dans le trésor. Ce désordre dura à peine quelques heures, et ce fut par la faute de l'officier supérieur qui avait été chargé du

1. Espèce de pilau, fait avec de la farine de maïs, de l'huile d'olive et des morceaux de volaille : c'est un mets du pays, dont les Algériens sont très friands, et qu'ils mangent en gala certains jours de l'année.

gouvernement de la Cassauba, qui perdit la tête d'abord, et prit si mal ses mesures, que les sentinelles ne furent placées et les logemens distribués que dans la soirée du 6. J'ai vu, du reste, quelques jours après, le général Tolozé, qui avait été le premier à rétablir l'ordre, en faire devant moi, à cet officier, des reproches très-vifs. Si l'on ajoute à cela quelques autres bagatelles de très-peu de valeur[1], quelques lambeaux de tapis, quelques plats et quelques aiguières en métal d'Alger[2], ou aura une idée exacte du *pillage de la Cassauba*, dont toute la France a retenti. Quant au trésor, il est connu non seulement de toute l'armée, mais de toute la population d'Alger, qu'il n'en a pas été distrait un *aspre chique*[3]. Lorsque le général en chef fit son entrée dnas la Cassauba, entouré de tout son état-major, il trouva devant la porte du trésor le khasnadgi qui l'attendait pour lui en remettre les clés; elles passèrent immédiatement de ses mains dans celles des membres de la commission des finances. La probité sévère de MM. Denniée, Firino et du général Tolozé, ne peut laisser aucun doute sur la surveillance scrupuleuse qui a été exercée pendant l'inventaire des valeurs de l'*Haznah* (trésor), et sur la régularité avec laquelle ont été dirigées toutes les opérations qui se rattachent à cette mission de confiance.

Je ne passerai pas sous silence le prétendu pillage de la maison du bey de Constantine. Le bruit se répandit à Alger que

1. J'ai vu, le jour de mon arrivé à Alger, un soldat du train qui portait sous son bras un gros sac de peau renfermant une douzaine de livres de café en poudre : il l'avait trouvé dans quelque office, et il en était si embarrassé, qu'il en donnait à tout le monde. Pour en finir, il échangea son sac avec un Juif, qui lui donna une pipe turque et une demi-livre de tabac. Il y eut aussi un grand gaspillage de pots de confitures, par la valetaille.

2. Il y avait une quantité prodigieuse de ces ustensiles en métal d'Alger, de toute grandeur et pour tous les usages : un grand nombre d'officiers vinrent en chercher pour meubler leur cuisine du camp. Les Juifs en volèrent beaucoup et il en resta encore deux ou trois grandes chambres remplies. Je n'ai jamais pu concevoir ce que les deys pouvaient faire de tant de plats, de marmites, de chaudrons, de bouilloires et de cafetières. Un Maure m'a dit que c'était le service de table, quand le dey, dans certaines circonstances, recevait à dîner des *orta* de janissaires.

3. Voir le n° II des *Pièces justificatives*.

dans la nuit du 5 au 6, on y avait volé environ 60.000 francs d'espèces d'or, d'argent ou de lingots; on disait que des officiers qui étaient entrés les premiers dans cette maison se les étaient partagés. Ce qui donna lieu à ce bruit ridicule, fut la réclamation faite par le bey d'une valeur de 70.000 à 80.000 francs, qu'il déclarait avoir *laissés* dans sa maison. M. Jacob Bacry, qui connaissait ce bey, et à qui j'en ai parlé, le jugeait trop avisé pour avoir *laissé* dans sa maison de pareilles valeurs; on a pu lui prendre quelques armes et quelques selles de prix, mais à coup sûr, il n'avait pas *laissé* dans une maison qu'il n'habitait que rarement, et quand il venait à Alger, des espèces d'or et d'argent. Ce bey est un administrateur trop fin et trop habile pour qu'on ait eu à lui reprocher une pareille imprudence; il a pu réclamer 80.000 francs, mais ce qu'il y a de certain, c'est qu'on ne les lui a pas pris[1].

C'est assez parler de ces misérables calomnies et de tous ces vols de laquais. Nos grands généraux de la révolution et de l'empire riront à coup sûr de pitié, en entendant parler du *pillage de la Cassauba*; ce n'étaient pas des babouches, des pipes et des bournous qu'on s'amusait à prendre dans les belles *villa* de la Lombardie et de la Toscane; dans les riches palais de Parme, de Rome, de Florence et de Venise; dans les antiques cathédrales de Tolède, de Grenade, de Burgos et de Valence; dans les gothiques châteaux de la Souabe, de la Bavière, de la Saxe et de la Bohême; tout le mobilier du dey ne valait pas la moitié d'un des fourgons d'Augereau[2].

1. On a beaucoup parlé de quelques exactions commises par des soldats dans des maisons turques et maures : j'ai eu des renseignements certains qui me donnent lieu d'assurer que ces faits ont été fort exagérés. Le fait le plus grave fut l'espèce d'imposition arbitraire exigée de la veuve d'un aga, qu'on accusait d'avoir caché des armes dans sa maison. Un Juif, et un interprète juif attaché à l'armée, furent accusés d'avoir enlevé à cette femme 800 sequins; deux officiers, compromis dans cette affaire, furent, après une enquête sévère, reconnus innocens. L'interprète resta longtemps en prison : j'ignore ce qu'il est devenu depuis; ce dont je suis sûr, c'est que M. de Bourmont a fait rendre à la veuve de l'aga tout ce qui lui avait été enlevé, quoiqu'elle eût déclaré l'avoir donné volontairement.

2. L'ex-maître d'armes n'était peut-être pas un grand général mais c'était

***

La maison du Beit-El-Mal que j'occupais, est située sur le point culminant d'Alger; elle est adossée à celle de l'Aga; de l'une des terrasses qui lui servent de toiture, la vue s'étend sur toutes les maisons de la ville, dont les masses blanches et irrégulièrement accidentées, arrivent par une pente rapide jusqu'à la marine, et viennent se terminer au môle et aux triples rangs de forts et de redoutes qui défendent les approches de la côte et du port. L'œil y embrasse tout à la fois la campagne depuis les hauteurs de Boujareah et du fort des Anglais, jusqu'au cap Matifoux, où se termine cette large baie qui sert de limite du côté de la mer à la plaine de la Métidja, si riche, si féconde, si riante, et où sont jetés avec tant de variété ces milliers de maisons de campagne, entourées de bosquets d'orangers et de citronniers, où les Algériens allaient se délasser, au milieu des douceurs du harem, des fatigues de la piraterie. Trois cents de nos vaisseaux dans la rade, et la mer, jusqu'à l'horizon, couverte de nos voiles, terminait ce magnifique tableau, qui a séduit le pinceau de Gudin, et nous a valu un nouveau chef-d'œuvre[1].

La capitulation fut rigoureusement exécutée; aucun Français ne fut admis dans une maison turque[2]; les seules qu'on occupa furent celles qui appartenaient aux officiers du dey, et qui se trouvèrent abandonnées; celle du Beit-El-Mal était de ce nombre, et plusieurs autres où furent logés des généraux

certainement un grand voleur. Napoléon, jugeant à Saint-Hélène Augereau, disait qu'il s'adjugeait honneurs et richesses. « de toutes mains et de toutes les manières. » *(Ed.)*

1. Voir au Salon le n° 2966.

2. « Il y eut un désordre plus apparent que réel; et, je le dirai parce que ma voix a l'autorité d'une longue expérience, jamais, dans aucune de nos campagnes, une ville n'a été occupée avec tant de ménagement. Pas un seul officier, pas un soldat n'a franchi le seuil de la demeure d'un Maure, d'un Turc ou d'un Juif... » PRÉCIS HISTORIQUE ET ADMINISTRATIF DE LA CAMPAGNE D'AFRIQUE, par l'intendant en chef Denniée. P. 1830.

et des officiers d'état-major. Si les maisons des Turcs furent respectées, il ne nous fut pas défendu du moins de jouir de celles que nous occupions, et dont les terrasses étaient le principal agrément. A la chute du soleil, c'est l'endroit le plus commode à habiter; les appartemens, sans fenêtres sur la rue, sont tristes et étouffés; le soir, on est forcé de venir chercher de l'air et de la fraîcheur sur ces terrasses; c'est là aussi que les femmes turques viennent respirer; c'est la seule liberté dont elles jouissent à Alger; au soleil couché, elles leur appartiennent; les hommes en sont rigoureusement exclus, et ne peuvent s'y montrer que le jour. Comme il n'était pas dit que nous devions nous en priver, nous en usions, au grand chagrin des dames d'Alger, qui, pendant les premiers jours, ne s'y montrèrent plus, ou du moins elles y venaient si tard, que la nuit les dérobait à nos regards. Ce n'étaient plus que des fantômes blancs qui se confondaient avec la blancheur des murailles. Cependant, au bout de quelques jours, elles se décidèrent à reparaître de meilleure heure; la chaleur était si étouffante, que la brise de mer était réellement un besoin. Ces pudiques Algériennes se cachaient, autant que possible, en s'abritant derrière leurs négresses, et cherchaient tous les moyens de se soustraire à l'indiscrétion des lorgnettes et des longues vues braquées sur elles dans toutes les directions. En les voyant venir presque nues sur les terrasses, ayant pour tout vêtement une chemise de soie ou de perkale très-légère, nous nous expliquions à merveille que les maris eussent pris la résolution de s'interdire mutuellement les terrasses, pendant les heures où ils permettaient à leurs femmes d'y paraître dans ce négligé : cette règle était si sévère, que pendant long-temps j'eus beaucoup de peine à décider un *rais*[1] nommé *Aly*, qui venait me voir chaque jour, à s'y promener avec moi le soir avant la brune; il prenait plus volontiers son parti sur le Champagne que nous lui faisions boire pour de la bière, que sur l'indiscré-

1. Capitaine de marine.

tion que nous l'obligions à commettre en lui faisant fumer sa pipe sur une terrasse.

Les dîners au soleil couchant en plein air, suivis des douceurs d'un *hookha* fumé avec du bon tabac turc et du bois d'aloës, étaient les seuls plaisirs du soir, dans une ville où, à la nuit tombante, on ne trouve plus une âme dans les rues; les boutiques, les cafés sont fermés, et la porte d'un Algérien ne s'ouvre plus pour personne. Le jour, le soleil est si brûlant, il se reflète d'une manière si éblouissante et si lourde sur les murailles blanches des maisons, que les promenades dans la ville sont un véritable supplice. Alger est, de toutes les villes que j'ai parcourues, celle dont les rues sont les plus désagréables; dans la plupart d'entre elles deux hommes ont peine à passer ensemble sans que l'un des deux s'efface pour laisser passer l'autre. On sent aisément que quand un Arabe les traverse, monté sur son cheval chargé de fagots ou de légumes, il faut nécessairement trouver une porte ou une encoignure qui vous donne asile, ou se résoudre à se laisser caresser la figure par des branches de genêts ou des feuilles de choux. A ces désagrémens vient se joindre celui d'une marche très-pénible sur un sol tellement incliné, que le mouvement en est involontairement précipité, et met hors d'état de pouvoir éviter les embarras sans nombre qui encombrent les rues dans les quartiers populeux. La plupart des rues sont voûtées, d'autres sont tellement resserrées, que les murs des maisons se joignent presque dans le haut; dans celles-ci, le jour et l'air circulent à peine; dans celles que sont un peu plus aérées, le soleil darde de toute sa force, et y rend le pavé brûlant : descendre de la Cassauba à la Marine, et monter de la Marine à la Cassauba, sont deux voyages également pénibles; les recommencer plusieurs fois dans un jour, serait un supplice tellement fatigant, qu'à la longue on finirait par y succomber.

Le haut quartier de la ville, celui qui se trouve entre la Cassauba et la rue de Babazoun, est peu fréquenté; les rues y sont désertes, on n'y rencontre que quelques vieilles femmes algériennes, enveloppées de longs voiles de toile ou de laine, et dont la figure est cachée par une mentonnière et un bandeau de mousseline, qui n'ont entre eux d'autre séparation que la largeur des yeux; ou des jeunes négresses qui vont à la fontaine ou à la provision, et dont le vêtement n'est composé que d'une grande pièce de toile de Guinée à carreaux blancs et bleus, dont elles se couvrent de la tête aux pieds d'une manière gracieuse et piquante.

Les Algériens sont un peuple paresseux; ils passent leur vie au café ou chez le barbier[1], accroupis les uns à côté des autres, sur des nattes, les jambes nues et croisées, le tuyau de leur longue pipe fixé entre le pouce et le second doigt du pied, leurs babouches devant eux : ils boivent, de demi-heure en demi-heure, du café dans de petites tasses de porcelaine. Les cafés ne ressemblent en rien aux nôtres : ce sont des espèces de salles basses où quatre ou cinq personnes ont peine à tenir; les autres habitués se placent sur l'appui qui forme les deux côtés de la porte; d'autres devant la porte, sur des pierres, ou même par terre. Le cafetier est le plus souvent un esclave nègre, qui n'a d'autre occupation que de faire bouillir de la poudre de café dans un grand vase de terre ou de métal. Le nombre de ces boutiques à café est incroyable; on en trouve à chaque pas; deux ou trois ont un caractère particulier : ce sont de grandes salles pavées en marbre, dont la voûte, d'une forme élégante, est soutenue par des colonnes de marbre blanc; une fontaine au milieu y entretient toujours la fraîcheur. Ces cafés sont mieux fréquentés que les autres; ce sont ordinairement des négocians aisés qui s'y réunissent et qui y causent de leurs affaires; mais malgré tout ce luxe de colonnes, de marbres et de fontaines, tout est sale, triste, obscur et enfumé.

Les barbiers algériens sont d'une grande habileté; ils se servent de larges rasoirs, qu'ils repassent sur une lanière de

1. Les contes des *Mille et une Nuits* peuvent donner une idée de l'importance du barbier et des boutiques de barbiers dans tous les pays d'Orient. *(Ed.*

cuir de deux pieds, qui pend devant leur ceinture; ils rasent en plaçant la tête sur leur genou : cette opération se fait avec autant d'adresse que de légèreté.

Les bains d'Alger sont renommés par leur élégance et leur propreté[1]. J'ai visité ces établissemens, et je n'ai été frappé ni de l'un ni de l'autre : du marbre, de l'eau bouillante, du linge de coton, du café et des pipes, voilà tout ce qu'on y trouve et tout ce qui suffit aux besoin des Turcs et des Maures, qui vont au bain autant par des motifs d'hygiène que par devoir religieux. Les bains de vapeur d'Alger ressemblent aux bains de l'Orient; ce sont les mêmes usages, que les Lettres de milady Montagu et les descriptions de Savary et de tous les voyageurs en Turquie et en Egypte nous ont fait connaître.

Les boutiques d'Alger, car il est impossible de donner le nom de magasins aux ridicules échoppes dans lesquelles sont accroupis les marchands[2], sont presque toutes fermées sur la rue à hauteur d'appui; on n'y entre pas, les achats se font en dehors; le marchand seul est dedans, assis les jambes croisées; ces boutiques sont si petites[3], que dans le plus grand nombre il peut, sans se lever, atteindre à tous les rayons sur lesquels sont placées ses marchandises. Il ne faut chercher chez ces marchands ni des objets de luxe, ni des objets d'agrément, ni des objets de goût : du tabac, des pipes, du sucre, du café, des épices, des étoffes de laine et des tissus de coton, des calots rouges de Tunis, des essences de rose, de jasmin, de canelle

1. D'après le médecin hollandais, Dapper, dont la *Description des pays de l'Afrique, de l'Europe, de la Barbarie*, etc., est de 1668, et Laugier de Tassy qui visita l'Algérie vers le milieu du XVIIIe siècle, il y avait alors, et le nombre n'en varia guère, une soixantaine de bains pour les hommes. La femmes avaient des bains particuliers, et il leur arrivait parfois, malgré la sévérité des châtiments (la noyade pour la femme, l'empalement pour l'homme) d'y introduire des jeunes gens déguisés en filles. *(Ed.)*

2. Leur métier n'était pas de tout repos. Vendaient-ils à faux poids, on les bâtonnait; faisaient-ils une banqueroute frauduleuse, on les pendait. Beaucoup de ces marchands étaient des Maures ou des Juifs. *(Ed.)*

3. Tous ceux qui ont habité ou visité Alger savent que ces boutiques, dans certaines ruelles, sont des espèces de placards, où le marchand, quand il est un peu trop gros, a quelque peine à se glisser. *(Ed.)*

et de girofle, des verroteries d'Italie de formes bizarres, quelques fichus de soie de Smyrne, des ceintures de brocart à fleurs et à franges d'or de fabrique algérienne, au milieu de tout cela de sales étaux de bouchers[1] et de fruitiers, et des rues entières remplies de cordonniers et de fripiers, voilà ce qu'offre de plus curieux le quartier marchand. Une des industries d'Alger qu'il ne faut pas oublier, c'est celle des brodeurs : les Maures sont d'une habileté remarquable dans ce genre de travail; ils font, dans de petites boutiques où n'oserait pas se placer chez nous un savetier, des ouvrages en broderie d'or et d'argent du travail le plus parfait, et des dessins les plus riches et les plus compliqués. Ils brodent avec le même talent sur le velours et sur le maroquin. J'ai vu dans ces échoppes des portefeuilles, des bourses, des pantoufles et des bombets qui ne seraient pas déplacés dans les plus brillans magasins de Paris. Du reste, tous les marchands maures ou koul-oglis sont avares et méfians; je ne parle pas des Juifs, qui font à eux seuls les trois quarts du commerce d'Alger, et qui joignent à ces défauts, celui d'être fripons[2]. Ils ont, pendant les premiers jours de l'occupation, volé nos soldats sur la valeur de la monnaie : ce brigandage n'a duré que peu de temps; nos petits conscrits ont été bien vite avisés[3].

1. Pour se sentir très porté à devenir végétarien, on n'avait, il y a une trentaine d'années, qu'à voir, littéralement couverte de mouches, la viande étalée chez les bouchers d'Alger ou de Constantine. *(Éd.)*

2. Les Arabes ne l'étaient guère moins. Ils passaient, malgré leurs nobles attitudes, pour fort avides. Laugier de Tassy prétendait que pour avoir une idée exacte de l'Algérien, il fallait se représenter un homme à qui on bouchait un œil avec une piastre, pendant qu'on lui crevait l'autre avec un couteau. Le gain de la piastre lui paraissait une compensation très suffisante. *(Éd.)*

3. Nos soldats, qui vivaient de privations depuis longtemps, se livrèrent, sans ménagement à toutes les petites douceurs qu'ils trouvaient à Alger. L'abus des fruits rafraîchissans, si abondans et à si bon compte ; les excès de café, qu'on leur donnait à moins de deux liards la tasse, et surtout l'usage des liqueurs fortes, dont on trouvait des débits tenus, dans toutes les rues, par des Provençaux, des Catalans et des Génois, ont été les causes les plus influentes des dysenteries qui se sont emparées de l'armée, peu de jours après notre entrée à Alger. Je veux bien croire, cependant, qu'elles ont eu pour cause première, la fatigue d'une campagne très active de vingt jours, et surtout la fraîcheur des nuits, pendant lesquelles, malgré les ordres les plus sévères, aucune précaution n'a jamais été prise par nos soldats.

***

Tout était ivresse à la Cassauba, la conquête s'y montrait de tous côtés; de la cour du divan on entendait peser l'or et l'argent par quintaux; l'armée qui avait été si courageuse, si dévouée, si désintéressée, dont la discipline au milieu d'une ville ennemie était admirable, s'attendait au moins à une légère part dans ce trésor qu'elle venait de conquérir. M. de Bourmont, général en chef et ministre d'un roi constitutionnel, n'avait pas osé en distraire un sequin ; il attendait le moment de pouvoir faire donner à l'armée, d'une manière légale, trois mois de gratification; le gouvernement des barricades en a autrement décidé; l'or conquis par l'armée a servi à payer d'autres genres de services. Ce qu'il y a de certain, c'est que dans ce moment tout était joie et confiance à Alger; soldats et officiers voyaient sans regrets l'or de la Régence partir pour la France, pour *aller enrichir le trésor français*, comme le disait l'ordre du jour du 6 juillet.

La Cassauba ne désemplissait pas d'admirateurs et de solliciteurs. Une commission de gouvernement avait été formée, et elle s'occupait sans relâche à organiser tous les services publics qui n'existaient plus[1]. Aux embarras qui s'offraient de toutes parts, on pouvait s'apercevoir quel vide immense laisse un souverain qui s'en va, même quand ce souverain n'est qu'un dey. Il n'y a rien de plus difficile que de remplacer un pouvoir par un autre; il n'est pas aussi aisé qu'on le croit de se mettre à la tête d'un peuple et de lui improviser des lois, des institutions, de la justice, du crédit et du bonheur. La commission instituée par le général en chef s'en aperçut bientôt; il lui fallut créer une administration complète. Toute celle du dey avait disparu avec lui, tous les ressorts du gouvernement étaient

1. Cette commission fut composée de M. Denniée, intendant-général, président; du général Tolozé; de MM. Firino, trésorier-général de l'armée; Deval, neveu de l'ancien consul de France, et d'Aubignosc, commissaire-général de police. M. Edmond de Bussière fut nommé secrétaire de la commission.

détruits; il restait une milice turque sans *aga*[1]; un port, un arsenal, une marine sans *raïs-el-kebir*[2]; des domaines immenses à régir sans le *khodgia*[3]; des finances à administrer et des revenus à faire rentrer sans le *kasnadji*[4]; la police d'une grande ville à surveiller sans le *mesouar*; la justice à rendre sans *kadi*. La religion seule n'éprouva aucun préjudice; le service des mosquées fut toujours fait avec une entière liberté par le *mufti* et les *iman*. Je n'ai pas entendu dire qu'un seul Français ait troublé l'exercice du culte musulman. Personne n'a osé franchir le seuil d'une mosquée; l'armée a eu pour la religion de Mahomet un respect qui l'honore; la religion de Jésus-Christ a été depuis moins bien traitée dans le royaume de saint Louis.

Je vis M. de Bourmont le 10 juillet à la Cassauba; quand j'allai lui présenter mes devoirs, il était dans son cabinet, occupé de quelques affaires domestiques avec ses enfans. Au milieu de la gloire qui l'environnait, il y avait sur sa figure une profonde impression de chagrin; ce n'était pas le général en chef, c'était le père de famille, que la conquête d'Alger ne consolait pas de la perte d'un fils; *Aimé*, *Charles* et *Adolphe* étaient auprès de lui : *Amédée* y manquait! Je ne puis exprimer ce qui se passa en moi; mais par un mélange confus d'idées qui s'offraient à la fois à mon esprit, il me semblait que M. de Bourmont avait perdu un membre dans la campagne, je le voyais devant mes yeux comme un soldat amputé... Il venait d'écrire au président du conseil ces lignes touchantes dans lesquelles il apprenait au Roi la perte qu'il venait de faire : « La plupart des pères de « ceux qui ont versé leur sang pour le Roi et la patrie, seront « plus heureux que moi. Le second de mes fils avait reçu une « blessure grave dans le combat du 24; il vient de succomber. « L'armée perd un brave soldat. Je pleure un excellent fils[5]. »

1. Chef militaire.
2. Grand amiral.
3. Régisseur, surveillant, inspecteur.
4. Trésorier.
5. L'histoire conservera les paroles à la fois si simples et si touchantes qu'il adressait au Roi, en lui annonçant la blessure de son fils à l'affaire du 24. « Un seul officier a été blessé dangereusement « c'est le deuxième des quatre

Au chagrin qu'il éprouvait comme père, se joignaient encore les contrariétés qu'il éprouvait comme général; le travail qu'il avait adressé au Roi, et qui contenait la demande de récompenses pour l'armée, lui avait été renvoyé morcelé; cette demande avait été soumise à M. le dauphin, et la *camarilla* du prince l'avait ridiculement marchandée; en vain M. de Polignac avait-il employé son influence, pour que l'armée d'Afrique fût noblement traitée; il ne put vaincre les jalousies, les intrigues, les susceptibilités et les perfidies de cette foule de valets en crédit qui ont entouré le prince de leur fatal dévouement, jusqu'au jour où leur intérêt a été de le trahir ou de l'abandonner. Il est inouï tout ce qu'on employa de moyens dans le *cabinet* de M. le dauphin pour réduire les effets de la munificence royale, qui, dans cette occasion, eût été moins une faveur accordée qu'une dette acquittée. On persuada au prince que l'on ne devait pas traiter aussi magnifiquement les vainqueurs d'Alger que les vainqueurs du Trocadero, et qu'une armée commandée par un lieutenant-général, ne pouvait pas être récompensée comme une armée commandée par l'héritier de la couronne; on ne croirait pas à de pareilles inepties et à de semblables pauvretés, si ce que nous avons vu pendant quinze ans ne nous avait appris tout ce que peuvent contenir de sottise, de lâcheté et d'infamie les antichambres de Saint-Cloud et des Tuileries.

Le travail qu'on renvoya à M. de Bourmont n'accordait pas le quart des récompenses qu'on devait légitimement aux belles actions de la campagne. Ce travail avait été cependant fait par le général en chef avec cette loyauté et cette délicatesse dont il a donné tant de preuves dans son commandement et dans son ministère[1]. Il n'était que le résumé des rapports des

« fils qui m'ont suivi en Afrique. J'ai l'espoir qu'il vivra pour continuer à « servir avec dévouement le Roi et la patrie. »

1. Jamais ministre de la guerre n'a été plus réservé dans ses faveurs; on ne pourrait pas citer de M. de Bourmont un seul passe-droit. Son fils Amédée était lieutenant depuis plus de quatre ans, il avait été présenté par l'inspecteur-général, demandé par le colonel d'un régiment de l'expédition, et il ne put obtenir le grade de capitaine; *une ordonnance s'y opposait.* Il a été tué avec l'épaulette de lieutenant.

généraux de division et des généraux de brigade. M. de Bourmont fut cruellement trompé dans son attente, et l'armée s'aperçut du violent chagrin qu'il éprouvait, dans la revue qu'il passa le 12, des deux premières divisions, sur la plage, entre le fort de Babazoun et l'embouchure de l'Aracht, sur le lieu même du débarquement de Charles-Quint. Il ne put offrir à ses braves soldats que de nouveaux éloges et un nouveau tribut d'admiration : il ne put pas distribuer une seule croix, pas annoncer un seul grade ; on ne s'était pas même donné la peine de répondre à la demande de 3 millions qu'il avait faite, pour être distribués en gratification à une armée qui venait d'en conquérir cinquante, et d'enrichir la France de la plus belle région de l'Afrique[1].

En sortant de chez M. de Bourmont, je trouvai les galeries qui lui servaient d'antichambre remplies de monde. Le fils du bey de Titteri venait y solliciter la faveur d'une audience pour son père, qui, en offrant sa soumission, méditait déjà l'infâme trahison de Bélida. Le consul anglais, M. de Saint-John, venait prendre les derniers arrangemens pour le départ du dey, qui avait changé de projet, et avait demandé à aller à Naples, au lieu d'aller à Livourne; il devait partir le soir

1. Je sortais de chez M. de Bourmont, au moment où M. le duc d'Escars y entrait, suivi du général Berthier. Le duc s'était acquis, dans cette campagne l'estime et la confiance de l'armée; il ne vint pas faire la guerre en grand seigneur, il la fit en soldat, avec une bravoure sans ostentation, une simplicité de manières et une sévérité de service qu'on aurait remarquées dans un vieux troupier. Il commandait la 3e division. Fatigué d'attendre en seconde ligne l'ennemi, il sollicita du général en chef, le droit de combattre à son tour. Il partit, avec sa division, de Sidi-Ferruch, le 24 au soir, et, depuis ce moment jusqu'à la prise d'Alger, ne quitta plus les avant-postes. Il contribua au succès des journées du 28 et du 29, et soutint tous les travaux du siège du fort de l'Empereur. Après avoir donné des preuves éclatantes de son courage, il en a donné d'honorables de sa fidélité. Lorsque les évènements de juillet furent connus à Alger, il se démit sur le champ de son commandement et, après avoir frété à ses frais un petit bâtiment marchand, il se rendit en Espagne, et de là auprès de ses anciens maîtres.

Le général Berthier de Sauvigny a soutenu, dans cette campagne, la réputation qu'il s'était acquise dans la garde; il s'est montré partout brave et excellent officier. En rentrant en France, au mois d'août, il a accompli son dernier devoir, en envoyant du lazaret sa démission au ministre de la guerre du roi Louis-Philippe.

Entrée triomphante des Français dans la ville d'Alger
Remise des clefs à l'amiral Duperré

même; un grand nombre d'autres personnes de distinction attendaient l'heure du déjeuner du général en chef, dont la table était toujours nombreuse; il en faisait les honneurs avec une grande générosité, et il les faisait à ses dépens[1].

Parmi ceux qui se promenaient dans la galerie était le vieux Brassewitch, premier interprète de l'armée, qui avait partagé mon logement à Torre-Chica. Je le trouvai changé : ses traits, si calmes quand je l'avais vu la première fois, avaient pris une expression d'exaltation que je ne m'expliquais pas; il y avait dans toute sa personne quelque chose de convulsif qui devait être causé par une grande irritation nerveuse. « Vous « êtes étonné, me dit-il, de me voir dans cet état; c'est la suite « de l'émotion profonde que j'ai éprouvée dans la journée du « 4. Vous ne savez peut-être pas que c'est moi qui ai fait la « capitulation, au péril de ma vie. J'étais auprès du général

1. M. de Bourmont vécut, pendant toute la campagne, avec noblesse et dignité, et sans calculer si sa représentation était juste en rapport avec le traitement qu'on lui passait, *selon les ordonnances*; ce qui n'a pas empêché un journal de dire qu'il avait donné *des bals avec l'argent de la Cassauba.* D'abord, M. de Bourmont n'a pas donné de bals, il n'était pas dans une disposition d'esprit à se donner ce passe-temps; et eut-il pensé à le faire, il aurait été obligé de faire danser ses officiers entre eux, puisqu'il n'y avait pas à Alger une seule femme à inviter à ces bals. Quant aux dépenses de sa table, elles ont été payées par lui; car *le Moniteur* nous a appris que, *depuis le 1er juillet, il n'avait reçu aucun traitement du trésor.* Ces détails d'argent sont misérables, et bien dignes de l'époque mesquine et matérielle où nous vivons : il fallait la révolution de juillet, pour qu'un conseil municipal vînt réclamer du vainqueur d'Alger *dix-sept cents francs pour frais de logement à Toulon.* J'étais dans la calèche de M. de Bourmont, quand ce même conseil municipal vint à la porte de la ville, le 27 avril, offrir au général en chef de l'armée d'Afrique un logement dans l'hôtel de la mairie; on *le pria de l'accepter comme un témoignage de l'estime profonde des Toulonnais pour sa personne.* On tint juste ce qu'on lui avait offert, un simple logement, car il ne s'y trouva pas une assiette, pas un gobelet. A huit heures du soir, les domestiques du général furent obligés d'aller courir la ville pour acheter du pain, du vin et une volaille froide pour son dîner et celui de ses aides-de-camp. Les cantines n'étant pas arrivées, on fut obligé de manger sans nappes, sans serviettes, sans couteaux et sans fourchettes. Le lendemain, on loua un service de table à un marchand de porcelaines; et, pendant tout le temps de son séjour, M. de Bourmont, qui eut tous les jours quinze à vingt personnes à déjeuner et à dîner, fit, *à ses dépens*, les honneurs de sa table aux autorités civiles et militaires de la ville. J'ai dû donner ces détails, pour mettre un terme aux inconcevenantes plaisanteries sur les dépenses de M. de Bourmont à Toulon et à Alger. (Voir, aux *Pièces justificatives*, la lettre de M. de Lamire.)

« en chef dans l'après-midi, quand Boudarba et Sidi-Musta-
« pha vinrent y demander à traiter au nom du dey. On ne s'ac-
« cordait pas sur l'*ultimatum* du général en chef; il fallait quel-
« qu'un qui se dévouât pour aller l'intimer au dey, au milieu
« de son divan. Si c'eût été une mission militaire, on n'eût
« pas manqué d'officiers pour la solliciter; mais il fallait un
« interprète, et personne ne s'offrait : on jouait sa tête dans
« cette ambassade. J'avais traité avec Mourad-Bey dans la
« campagne d'Egypte; je trouvai piquant de traiter avec
« Hussein dans celle d'Afrique; je m'offris, et on m'accepta. En
« arrivant à la Porte-Neuve, qu'on n'ouvrit qu'après beaucoup
« de difficultés, je me trouvai au milieu d'une troupe de janis-
« saires en fureur : ceux qui me précédaient avaient peine à
« faire écarter devant moi la foule de Maures, de Juifs et
« d'Arabes qui se pressaient à mes côtés, pendant que je montais
« la rampe étroite qui conduit à la Cassauba; je n'entendais
« que des cris d'effroi, de menaces et d'imprécations, qui reten-
« tissaient au loin, et qui augmentaient à mesure que nous
« approchions de la place. Ce ne fut pas sans peine que nous
« parvînmes aux remparts de la citadelle. Sidi-Mustapha, qui
« marchait devant moi, s'en fit ouvrir les portes, et elles furent,
« après notre entrée, aussitôt refermées sur les flots de popu-
« lace qui les assiégeaient. La cour du Divan, où je fus conduit,
« était remplie de janissaires; Hussein était assis à sa place
« accoutumée; il avait debout autour de lui ses ministres et
« quelques consuls étrangers. L'irritation était violente. Le
« dey me parut calme, mais triste. Il imposa silence de la main
« et tout aussitôt me fit signe de m'approcher avec une expres-
« sion très-prononcée d'anxiété et d'impatience[1]. J'avais à
« la main les conditions du général en chef, qui avaient été

1. Lorsque Brassewitch fut envoyé à Alger, le dey avait déjà eu connaissance des conditions de la capitulation par un premier message de Boudarba et de Sidi-Mustapha; il s'agissait d'expliquer les mots *se rendre à discrétion*, que le dey ne comprenait pas. C'est ce qui motiva la mission de Brassewchit. Ces mots furent supprimés dans la capitulation, avant son départ, et l'article rédigé différemment.

« copiées par M. Denniée sur la minute du général Desprès, « écrite sous la dictée de M. de Bourmont. Après avoir salué « le dey, et lui avoir adressé quelques mots respectueux sur « la mission dont j'étais chargé, je lus en arabe les articles sui- « vans, avec un ton de voix que je m'efforçai de rendre le plus « rassuré possible : 1° *L'armée française prendra possession de « la ville d'Alger, de la Cassauba et de tous les forts qui en « dépendent, ainsi que de toutes les propriétés publiques, demain « 5 juillet* 1830, *à neuf heures du matin (heure française)*[1].

« Les premiers mots de cet article excitèrent une rumeur « sourde, qui augmenta quand je prononçai les mots *à neuf « heures du matin*; un geste du dey réprima ce mouvement d'hu- « meur. Je continuai : 2° *La religion et les coutumes des Algé- « riens seront respectées ; aucun militaire de l'armée ne pourra « entrer dans les mosquées.* Cet article excita une satisfaction « générale; le dey regarda toutes les personnes qui l'entou- « raient, comme pour jouir de leur approbation, et me fit « signe de continuer. 3° *Le dey et les Turcs devront quitter « Alger dans le plus bref délai.* A ces mots, un cri de rage reten- « tit de toutes parts; le dey pâlit, se leva, et jeta autour de lui « des regards inquiets; on n'entendait que ces mots, répétés « avec fureur par tous les janissaires : *El-mout! el-mout!* (la « mort! la mort!) Je me retournai au bruit des yatagans et des « poignards qu'on tirait des fourreaux, et je vis leurs lames « briller au-dessus de ma tête. Je m'efforçai de conserver une « contenance ferme, et je regardai fixement le dey; il comprit « l'expression de mon regard; et prévoyant les malheurs qui « allaient arriver, il descendit de son divan, s'avança d'un air « furieux vers cette multitude effrénée, ordonna le silence « d'une voix forte, et me fit signe de continuer. Ce ne fut pas « sans peine que je fis entendre la suite de l'article, qui ramena « un peu de calme : *On leur garantit la conservation de leurs*

1. Le dey obtint que la reddition n'aurait lieu qu'à dix heures, ensuite à midi. Il demanda encore, dans la matinée du 5, que l'entrée de l'armée fût retardée de deux heures : ce nouveau délai lui fut refusé.

« *richesses personnelles; ils seront libres de choisir le lieu de* « *leur retraite.*

« Des groupes se formèrent à l'instant dans la cour du Divan; « des discussions vives et animées avaient lieu entre les offi- « ciers turcs : les plus jeunes demandaient à défendre la ville. « Ce ne fut pas sans peine que l'ordre fut rétabli, et que l'aga, « les membres les plus influens du divan et le dey lui-même leur « persuadèrent que la défense était impossible, et qu'elle ne « pourrait amener que la destruction totale d'Alger et le mas- « sacre de la population. Le dey donna l'ordre que les galeries « de la Cassauba fussent évacuées, et je restai seul avec lui et « ses ministres. L'altération de ses traits était visible. Sidi- « Mustapha lui montra alors la minute de la convention, que « le général en chef nous avait remise, et dont presque tous les « articles lui étaient personnels, et réglaient ses affaires parti- « culières. Elle devait être échangée et ratifiée le lendemain « matin, avant dix heures[1]. Cette convention fut longuement « discutée par le dey et par ses ministres; ils montrèrent dans « la discussion des articles et dans le choix des mots, toute la « défiance et la finesse qui caractérisent les Turcs dans leurs « transactions. On peut apercevoir, en la lisant, les précautions

1. « Convention entre le général en chef et S. A. le dey d'Alger.

« Les forts de la Cassauba, tous les autres forts qui dépendent d'Alger, « et les portes de la ville, seront remis aux troupes françaises, ce matin à dix « heures (heure française).

« Le général en chef de l'armée française s'engage envers S. A. le dey « d'Alger à lui laisser la libre possession de toutes ses richesses personnelles.

« Le dey sera libre de se retirer, avec sa famille et ses richesses, dans le lieu « qu'il fixera; et, tant qu'il restera à Alger, il sera, lui et toute sa famille, sous « la protection du général en chef. Une garde lui sera donnée pour la sûreté « de sa famille et celle de sa personne.

« Le général en chef assure à tous les soldats de la milice les mêmes avantages « et la même protection.

« L'exercice de la religion mahométane restera libre. La liberté à toutes les « classes d'habitans, leur religion, leurs propriétés, leur commerce et leur « industrie ne recevront aucune atteinte; leurs femmes seront respectées : « le général en chef en prend l'engagement sur l'honneur.

« L'échange de cette convention sera fait avant dix heures du matin; « et les troupes françaises entreront aussitôt après dans la Cassauba, et « successivement dans tous les forts de la ville et de la Marine.

« Au camp devant Alger, le 5 juillet 1830. »

« qu'ils prirent pour s'assurer toutes les garanties désirables ; « les mots et les choses y sont répétés à dessein et avec affecta- « tion ; et toutes ces répétitions, qui ne changeaient rien au « sens, étaient demandées, exigées ou sollicitées avec les plus « vives instances de la part des membres du divan.

« Sidi-Mustapha copia en langue arabe cette convention, « et la remit au dey avec le double en langue française, que « j'avais apporté. Comme je n'avais pas mission de traiter, « mais de traduire et d'expliquer, je demandai à retourner vers « le général en chef, pour lui rendre compte de l'adhésion du « dey, et de la promesse que l'échange des ratifications serait « fait le lendemain de grand matin. Hussein me parut très- « satisfait de la conclusion de cette affaire. Pendant que ses « ministres s'entretenaient entre eux, sur le moyens à prendre « pour l'exécution de la capitulation, le dey se fit apporter « par un esclave noir un grand bol en cristal, rempli de limo- « nade à la glace : après en avoir bu, il me le présenta, et je bus « après lui. Je pris congé : il m'adressa quelques paroles affec- « tueuses, et me fit reconduire jusqu'aux portes de la Cassauba, « par le *bachi-chiaouch* et par Sidi-Mustapha, son secrétaire. « Ce dernier m'accompagna, avec quelques janissaires, jusqu'en « dehors de la Porte-Neuve, à peu de distance de nos avant- « postes. »

« Je revins au quartier-général avec une fièvre nerveuse, « suite des émotions violentes que je venais d'éprouver pen- « dant plus de deux heures, et je ne fus pas du nombre des « personnes qui se rendirent le lendemain matin, à sept heures, « à la Cassauba, pour prendre les derniers arrangemens sur « la reddition des portes de la ville, des forts et de la citadelle. « Cette mission fut confiée à M. de Trélan, premier aide-de- « camp du général en chef, et à MM. Lauxerrois et Huder, « interprètes. Il leur adjoignit le colonel Bartillat, qui rem- « plissait les fonctions de commandant du quartier-général. »

Ce bon Brassewitch était encore fort ému en me racontant tous ces détails, quoique les dangers qu'il avait courus fussent passés depuis plusieurs jours. Je crus deviner que ce qui augmentait surtout son irritation, était la contrariété qu'il éprouvait de se voir, en quelque sorte, oublié : il avait vu organiser tous les services à Alger, sans qu'on eût songé à récompenser son zèle et son dévoûment dans la journée du 4. Le chagrin s'empara de lui, et vint augmenter l'intensité de sa névralgie: il y succomba quinze jours après son acte héroïque, dans un hôpital, oublié et presque sans secours.

On a beaucoup reproché à M. de Bourmont cette capitulation, même dans son armée : on s'accordait à trouver qu'il avait traité le dey, les Turcs et les Algériens avec trop de générosité. Ces reproches ne sont pas sans quelques fondemens; cependant la conduite du général en chef, dans cette circonstance, peut être excusée sous plusieurs rapports. J'ai su d'une manière certaine que M. de Bourmont avait les ordres les plus positifs de hâter de tous ses moyens la conquête et la prise d'Alger; il se liait à la précision de ces ordres des combinaisons politiques qui ne m'ont été que trop expliquées plus tard. Ce qu'il y a de bien sûr, c'est qu'il fallait que l'expédition réussît, et réussît dans un temps donné. M. de Bourmont avait subi avec un profond chagrin toutes les lenteurs de l'amiral[1], les retards du départ, la mauvaise manœuvre devant Alger le 31 mai, les douze jours passés à louvoyer devant les îles Baléares, l'attente de notre convoi après le débarquement; on ne doit pas être étonné que, lorsqu'il a été le maître de ses

1. Toute l'armée était embarquée le 18 mai. Il est prouvé qu'avec le vent de nord-ouest, qui souffla pendant toute l'après-midi du 19, on aurait pu sortir de la rade. Le 20, au matin, l'escadre aurait été sous voile en pleine mer. En supposant six jours pour arriver devant Torre-Chica, nous aurions pu débarquer le 26. Si tout notre matériel nous eût suivi, en quatre jours, au plus, nous aurions été sous les remparts du fort de l'Empereur. Le 1er juin, les travaux du siège auraient commencé; et, en calculant d'après ce qui est arrivé le 5 juin Alger aurait capitulé, c'est-à-dire un mois plus tôt, et l'armée aurait perdu quinze cent hommes de moins dans les affaires de tirailleurs. Quant aux conséquences politiques, elles sont peut-être incalculables : les élections de 1830 auraient été faites sous l'influence de la conquête; M. de Bourmont eût été de retour à Paris dans les premiers jours de juillet, et à coup sûr les fatales ordonnances n'auraient pas été rendues!

opérations, il ait cherché par tous les moyens à regagner le temps perdu. On pouvait à coup sûr, après la prise du fort de l'Empereur, imposer des lois plus dures au dey, frapper sur la ville d'Alger une contribution de guerre de plusieurs millions, exiger des Turcs une forte rançon; mais n'était-il pas à craindre que les exigences du vainqueur ne les réduisissent au désespoir, et que le dey et sa brave milice ne voulussent s'enterrer sous les décombres de leur ville ? Deux fois Hussein, dans la matinée du 4, avait pris un pistolet pour aller mettre le feu aux poudres de la Cassauba; il faut connaître les Turcs pour apprécier ce que leur désespoir peut avoir de redoutable; leur dernière ressource eût été d'incendier la ville, et d'engloutir avec eux toutes leurs richesses : la conduite de M. de Bourmont a été ce qu'elle devait être pour conserver sa conquête dans tout son éclat et avec tous ses avantages[1].

Quand l'esprit de parti aura perdu toute influence sur l'opinion publique, l'expédition d'Afrique se montrera à la France comme l'évènement le plus glorieux et le plus fécond de l'histoire moderne. Quand le commerce, l'industrie et l'agriculture pourront jeter un regard sur cet immense continent, livré à toutes les ressources de leur génie, on jugera des avantages de notre nouvelle conquête; l'avenir et la fortune de la France se trouveront peut-être dans ce dernier bienfait de la restauration, dans ce legs fait au royaume d'Henri IV par ses petits-fils, au moment de partir pour l'exil. Ce n'était pas une pensée ordinaire que celle qui a *placé une vaillante colonie dans le repaire des anciens pirates que l'Europe entière, pendant trois siècles, n'avait pu détruire*[2]. A cette pensée, qui a été si heureusement

1. Le seul reproche qu'on pourrait lui adresser, serait d'avoir négligé, dans la soirée du 4, après la capitulation, de faire garder par une brigade le bord de la mer, du côté de l'Aracht. Il est sorti d'Alger, par cette route, des richesses immenses, qui ont été dirigées vers Bone et vers Constantine.

On aurait pu aussi se montrer moins généreux envers le dey, et s'assurer de ce qu'il emportait avec lui, l'opinion générale étant qu'il avait avec lui pour 30 millions de valeurs. Des renseignements plus certains qui m'ont été donnés par Bacry, me donnent lieu de penser que le dey est parti d'Alger avec 18 millions en bijoux, diamans et pierres précieuses.

2. Chateaubriand.

fécondée, venaient encore s'en joindre d'autres. Le général qui avait dirigé l'expédition voulait proposer au roi de fonder à Alger une dotation pour la Légion-d'Honneur : il eût été beau de voir notre jeune armée doter nos vieux soldats! Il voulait aussi lier d'une manière inséparable la France à nos possessions d'Afrique, en obtenant de l'Espagne, soit par concession, par achat ou par compensation de ce qu'elle nous doit, les îles Baléares, où nos vaisseaux auraient trouvé, à moitié chemin de leur voyage, des ports pour les abriter, et des forteresses pour les défendre.

Dans quelques années peut-être, quand la colonie d'Alger sera arrivée au plus haut degré de prospérité, que ses produits agrandiront notre commerce, que notre population y trouvera des ressources immenses et des fortunes faciles, le général qui a commandé l'armée d'Afrique, enrichi la France des trésors de la Régence, et payé cette conquête du sang de sa famille, mourra pauvre et proscrit sur une terre étrangère; on ira chercher le nom du *Maréchal de Bourmont* sur le pavé poudreux d'une chapelle de Westminster, où reposera son cercueil ; et la France se vantera d'avoir un monument qui porte pour inscription : AUX GRANDS HOMMES, LA PATRIE RECONNAISSANTE[1] !

1. La postérité aura peine à croire qu'on ait eu l'injustice de contester à M. de Bourmont le titre de *maréchal de France*, gagné sur les champs de bataille d'Afrique, titre qui lui fut conféré par Charles X, dans la plénitude de sa puissance. Ce bâton de maréchal a été, à coup sûr, aussi légalement donné que celui de M. le maréchal Gérard, et aussi glorieusement mérité que celui de M. le maréchal Maison. L'armée d'Afrique accueillit par des acclamations unanimes cette noble récompense accordée à son général. *Tous les officiers* de l'armée se rendirent spontanément, le 19 juillet (le lendemain même du jour où la nouvelle de cette nomination fut apportée à Alger par le bateau à vapeur *le Sphinx*), à la Cassauba, pour féliciter le *maréchal de Bourmont* : *tous* étaient émus de la joie la plus vive; tous l'exprimaient à leur général, avec cet accent de franchise et de loyauté qu'on ne trouve que chez les militaires. Un seul homme était péniblement affecté; c était M. de Bourmont : il ne répondait aux félicitations qu'on lui adressait, qu'en témoignant le chagrin qu'il éprouvait de ce qu'on avait pensé à lui avant de penser à son armée. Les perfides conseillers qui composaient ce qu'on appelait alors *le cabinet du dauphin*, avaient tout détruit, tout gâté; le mécontentement de l'armée d'Afrique entrait dans les calculs de ceux qui méditaient la révolution de juillet.

Je ne terminerai pas cet ouvrage, où j'ai cherché à faire dominer le sentiment de la vérité et de la conviction, sans relever une insinuation maladroite et injurieuse pour M. de Bourmont, qui se trouve dans un ouvrage écrit, dans de bonnes intentions et surtout avec bonne foi (*a*) : « La France regrette-« ra peut-être un jour cette exigence des partis, elle brise les hommes les plus « utiles. M. de Bourmont eût pu rendre des services signalés, s'il n'eût pas « été forcé d'abandonner l'Afrique : *sa position lui eût fait considérer un séjour « de quelques années à Alger comme un honorable éloignement.* »

Je n'ai connu M. de Bourmont que pendant les trois mois que j'ai passés auprès de lui en Afrique, en qualité de son secrétaire. Je l'ai quitté à Alger, le 29 juillet, pour retourner en France; mais j'ai conservé de lui une telle opinion, que je suis convaincu qu'à aucun titre, il n'eût consenti à accepter un commandement du roi Louis-Philippe : il obéit aux ordres que ce prince lui fit transmettre comme lieutenant général du royaume nommé par Charles X. Ce devoir accompli, sa place était auprès de ceux à qui il avait voué depuis l'enfance son épée et sa vie; il se rendit en Espagne sur un petit bâtiment autrichien, où lui et les deux fils qu'il ramenait eurent peine à trouver place (*b*). L'amiral refusa un bâtiment de l'Etat à l'homme qui, quelques jours auparavant, commandait une armée victorieuse, et donnait des ordres à une flotte de cent vaisseaux.

(*a*) *Coup-d'œil sur la campagne d'Afrique en* 1830. Paris, 1831. Un vol. in-8° Chez DELAUNAY et DENTU.

(*b*) Aimé de Bourmont, l'aîné de ses fils, n'était plus à Alger lors du départ de son père; il était parti pour la France, avant la nouvelle des évènements de juillet, pour aller porter à Charles X les drapeaux conquis pendant la Campagne.

PIÈCES JUSTIFICATIVES

N° I

RAPPORT

SUR LES TRAVAUX DU GÉNIE POUR LE SIÈGE D'ALGER

Le débarquement s'est fait le 14 juin, et la tranchée a été ouverte, devant le château de l'Empereur, le 29 du même mois. Voici sommairement les travaux exécutés pendant ce temps par le corps du génie :

La presqu'île de Sidi-Ferruch mise en état de défense au moyen d'une ligne retranchée de plus de mille mètres de développement; l'établissement dans cette place de fours souterrains, les premiers qui ont donné du pain aux troupes; le montage des fours en tôle; la construction de six fours en maçonnerie; le creusage de plusieurs puits ou abreuvoirs pour donner de l'eau aux hommes et aux chevaux; l'exécution d'une route et de chemins latéraux sur une longueur de plus de seize mille mètres et une largeur de six mètres, dans un pays couvert et accidenté, où il existait à peine quelques mauvais sentiers; la construction de neuf redoutes de fortes dimensions; l'érection d'un blockhaus, et le crénellement de deux maisons pour protéger les communications; l'ouverture de plusieurs chemins pour les manœuvres de l'artillerie aux affaires des 19, 24 et 29 juin; l'établissement du camp retranché à Staoueli; le débarquement complet du matériel du génie; enfin, l'organisation de deux parcs provisoires pour ce matériel, entre Sidi-Ferruch et le château de l'Empereur.

Le 29, à midi, après une marche des plus pénibles pour l'armée, un bataillon du 49e de ligne, avec quatre pièces de canon, avait pris position en avant du consulat de Hollande, derrière la crête qui domine le château : elle en est à la distance de cinq cents mètres environ. A deux heures, le général commandant du génie, après avoir reconnu les lieux, ordonna d'occuper militairement, en les crénelant, cinq maisons situées à la distance apparente de cinq à six cents mètres du château, entre le consulat de Suède à droite, jusque vis-à-vis le mamelon coté (100) par Boutin, sur notre gauche; de se loger sur un plateau très rapproché des murailles du fort, et de rallier entre eux les différents points occupés, en suivant les crêtes autant qu'il serait possible. Cette manière de former nos premiers établissemens, semblait indiquée par la configuration même du terrain, dont les pentes en deçà des crêtes étaient toutes dérobées aux vues du château. Plusieurs communications existantes servaient à parcourir, sans être vu, l'espace embrassé par nos attaques. Elles consistaient en sentiers tels qu'on en voit généralement dans le pays, avec un bourrelet de chaque côté, surmonté de haies d'aloës et d'arbustes. Nos deux ailes étaient assez bien appuyées, à droite par des escarpemens considérables près du consulat de Suède et par un camp posté en arrière, et sur la gauche par des pentes rapides que devaient protéger des batteries placées sur l'un des contreforts de la hauteur des signaux, à l'endroit coté (100).

Quoique les fatigues de la journée du 29 ne permissent de disposer, pour l'ouverture de la tranchée, que d'un bataillon de travailleurs et de deux bataillons pour la garde, on n'en procéda pas moins à l'exécution du projet d'attaque. Les maisons furent occupées sans résistance sérieuse par les compagnies de voltigeurs et de grenadiers, précédées de détachemens de troupes du génie ayant leurs officiers en tête. Au jour, nous étions établis sur un développement de mille mètres environ. L'ennemi, découvrant nos travaux et nous apercevant si près de lui, fit un feu terrible : il le dirigea surtout contre le logement avancé du centre, qui n'était qu'à la distance de deux cents et quelques mètres de ses batteries. Le parapet de ce logement n'avait pas une hauteur suffisante partout; et s'il était assez épais pour résister aux boulets, il ne pouvait empêcher les coups plongeans, de bombes et autres projectiles, de labourer son terre-plein. Le lieutenant Richard, de la 4e compagnie du 2e régiment du génie, reçut un éclat de pierre à la poitrine, et les deux sapeurs Caparan et Lorrain furent également blessés. On s'était porté à ce logement en se servant d'un des sentiers dont il a été parlé : il formait une assez bonne communication du moment; mais en arrivant on était obligé d'en sortir à découvert pendant une trentaine de mètres : on ne put dans la nuit, faute de temps et de bras, y pratiquer une tranchée; cela fit décider que l'on quitterait ce travail jusqu'à la nuit suivante, en laissant des postes dans le voisinage pour le protéger. Au moment de la retraite de nos travailleurs, l'ennemi sortit contre eux; mais, vigoureusement repoussé, il se borna à redoubler le feu de son artillerie. C'est quelques instans après, et à une distance assez grande du logement abandonné, que le chef de bataillon du génie Chambaud, relevant son camarade Vaillant dans le service de tranchée, fut atteint d'un biscaïen à travers le corps. Cette blessure, dont il est mort le 8 juillet à Alger, a privé le corps du génie d'un officier du mérite le plus distingué. Il était rempli de connaissances et de talens; à l'expérience de la guerre et au plus grand sang-froid, il joignait un zèle et une activité à toute épreuve; enfin, il avait l'affection de tous ses camarades.

Le feu de l'ennemi se fit sentir jusque dans l'intérieur des maisons crénelées, qui, étant en évidence, attiraient le plus son attention; cependant on y avait laissé peu de monde : en général, on avait retiré les travailleurs de tous les points où le feu de l'ennemi était trop meurtrier, et les gardes de tranchée furent presque toutes placées dans les plis du terrain et dans les portions de logement assez avancées pour servir d'abri : il y en avait très peu où l'on fût à couvert, parce que l'on avait rencontré le tuf à la profondeur de trente centimètres.

Au résumé, la journée du 30 se passa à perfectionner une partie du travail de la nuit précédente, et à pratiquer sur les pentes de notre côte des communications que l'on pouvait considérer comme de véritables tranchées, car les hauteurs couvrantes en représentaient les parapets. On se donna pour condition, en les traçant, d'éviter autant qu'on le pourrait les longues branches dans la direction du tir du château. On a remarqué, en effet, que des hommes ont été tués ou blessés par des coups perdus, sur des parties du chemin qu'on n'avait pu soustraire à cet inconvénient.

Dans la nuit du 30 juin au 1er juillet, on reprit tous les travaux suspendus depuis le jour, surtout le logement avancé au centre. On en commença un nouveau en arrière de la maison crénelée, à notre extrême droite, dans le but d'éclairer le vallon profond entre elle et le consulat de Suède. Une tranchée fut poussée à gauche de la maison, jusqu'à la route romaine; elle fut reliée avec celle du centre, et la route fut coupée par un parapet en sacs à terre et gabions.

A la gauche des attaques, on s'étendit aussi loin que possible sur l'extrémité d'un plateau allongé, où l'artillerie désirait établir une batterie de revers contre le château.

La journée du 1er juillet fut consacrée à l'élargissement des tranchées, au réépaississement des parapets, et en général au perfectionnement de tout ce qui a été fait précédemment; on poursuivit l'achèvement de toutes les communications, en soignant particulièrement celles par lesquelles on devait amener l'artillerie. Le dépôt de tranchée fut définitivement installé sur un revers du terrain où, tout en étant à portée des travaux, il était moins en prise au feu de l'ennemi que dans les positions précédentes.

Dans la matinée de ce jour, nous eûmes encore le chagrin de voir rapporter blessé le chef de bataillon Vaillant, qui avait monté la première tranchée le 29, et avait continué de diriger les travaux avec autant de talent que d'ardeur. Il venait d'être frappé d'un biscaïen à la jambe. Sa blessure, large et grave, puisqu'elle était accompagnée d'une fracture, ne donne heureusement pas d'inquiétude pour ses jours.

La direction des attaques fut alors remise à M. le chef de bataillon Lenoir, commandant les troupes du génie attachées à l'expédition. Il restait encore un officier supérieur faisant partie de l'état-major du génie, M. le commandant Lemercier; mais il était chargé de l'importante fonction de directeur du parc à Sidi-Ferruch, et d'en expédier tout le matériel nécessaire pour le siège : d'ailleurs, dans ce moment, il souffrait des suites d'un accident.

Depuis le 1er jusqu'au 3 inclus, les travaux marchèrent sans interruption, et reçurent tout le développement dont ils étaient susceptibles. Une partie des tranchées, celles d'où l'on voyait le château, furent transformées en logemens à feux, afin d'y placer des fusils de rempart. On comptait inquiéter par ce moyen les canonniers ennemis, qui jusque-là avaient tiré en toute sécurité. L'attention fut portée sur notre extrême gauche, que l'ennemi venait continuellement assaillir, en se glissant à travers les ravins environnans et les broussailles qui les recouvrent. Une batterie de six pièces, que l'on construisait sur ce point, obligeait à s'en rendre tout à fait maître. Un officier du génie fut envoyé à la division Berthezène, campée à portée des plateaux (100); et avec deux cents outils et les fantassins mis à sa disposition, il établit sur ce plateau l'épaulement d'une batterie et trois autres petits épaulemens pour la fusillade, tout cela flanquant notre extrême gauche. Afin d'obtenir une protection plus immédiate à cette extrémité, il fut tracé un petit logement fermé, couronnant le bout arrondi du plateau où se trouvait la batterie. L'ennemi ne le laissa pas faire sans venir nous inquiéter. Le 3, entre autres, il y mit tant d'acharnement, qu'il parvint à entrer dans l'ouvrage pendant que les travailleurs prenaient les armes, et avant que les hommes de garde se fussent avancés. Il fut promptement chassé, en laissant des morts et des blessés; mais il n'en continua pas moins une fusillade assez vive. Enfin, profitant d'un pli de terrain dérobé à la vue du logement, quelques-uns vinrent s'y poster, et nous insultèrent à coups de pierres lancées à la main. Alors le capitaine du génie Faureau, réunissant les sapeurs et quelques soldats de la ligne, sortit contre eux, et les mena battant une centaine de pas. Le sapeur Polisse fut seul blessé dans cette action. A partir de là, on fut plus tranquille. Tous les moyens accessoires de défense dont on pouvait disposer furent mis en usage pour renforcer ce petit logement : deux rangs de hérissons-lances furent plantés sur son pourtour; le sapeur Pierron plaça le second rang en plein jour, sous le feu de l'ennemi, avec autant de résolution que d'adresse.

Notre droite, protégée efficacement, comme on l'a déjà dit, par la position de nos troupes en arrière, fut néanmoins renforcée, autant qu'elle le comportait, par la construction et l'amélioration de divers logemens.

Durant cette période de l'attaque, ainsi que pendant tout le reste du siège, l'ennemi lança une grêle de projectiles. La forme du terrain occupé par les attaques le dérobait, il est vrai, à leur effet direct; mais dans le grand nombre de coups, beaucoup atteignirent, en plongeant, les travailleurs et les gardes de tranchées, ramassés sur un espace étroit. C'est ainsi que le capitaine Gibon, de la 2e compagnie du 1er régiment du génie, et le lieutenant Richard, du 2e, furent blessés, mais légèrement.

Enfin, le 4 au matin, quand l'artillerie a ouvert son feu avec ses six batteries, nous avions achevé un développement de tranchée de deux mille mètres environ; des communications sûres et faciles pour l'artillerie et l'infanterie conduisaient partout où l'on avait besoin d'aller; et nous étions en mesure, en nous aidant des couverts qu'offrait le terrain, de venir à la nuit occuper une crête située à quatre-vingts mètres de l'emplacement où devait se faire la brèche. Il fallait, au préalable, nous emparer d'une maison crénelée d'où l'ennemi voyait cette crête de revers et de très près. L'artillerie avait permis de l'ouvrir en dirigeant sur elle quelques-unes de ses pièces.

Vers neuf heures, l'ennemi fit sauter le château de l'Empereur, en mettant le feu à ses poudres. Les officiers de tranchée, suivis des travailleurs, se portèrent aussitôt sur les ruines. Le général commandant du génie arriva en même temps, et ordonna, comme première disposition, de fermer l'entrée du côté de la ville, de déblayer le pied de la seule brèche existant sur le long côté ouest, et d'en couronner le sommet par une gabionnade surmontée de sacs de terre; et enfin de dégager l'intérieur du fort, pour se porter facilement sur toutes les parties de son enceinte. Des troupes furent placées dans une espèce de tranchée pratiquée par l'ennemi au sommet des glacis du fort; et l'on se mit à l'élargir, afin de la rendre réellement défensive dans la partie qui regardait la ville. Une communication latérale à la route romaine fut bientôt établie, pour éviter les nombreux mauvais pas qu'on rencontrait en descendant vers le château.

A deux heures de l'après-midi arrivèrent deux envoyés du dey, avec lesquels on convint d'un armistice jusqu'à sept heures du soir.

Pendant les pourparlers, une compagnie d'infanterie envoyée en tirailleurs sur notre droite, ne rencontrant aucune résistance, descendit progressivement vers le fort Babazoun, et n'apercevant point de défenseurs derrière ses parapets, conçut l'idée d'y entrer. Dès que, du haut du château de l'Empereur, on eut reconnu l'intention de cette troupe, un détachement de sapeurs et des officiers du génie furent envoyés pour la seconder; mais à peine étaient-ils à moitié chemin que des coups de canon et de fusil, tirés sur la compagnie au moment où elle allait atteindre le pied des murailles du fort, firent tout rétrograder. Si l'on avait eu le temps de faire venir du dépôt de tranchée quelques échelles d'escalade ou quelques sachets de poudre pour faire sauter la porte, on aurait sans doute assuré le succès de cette petite expédition, dont le résultat eût été de nous mettre en possession complète de la principale issue de la ville sur la campagne.

La suspension d'armes pouvant se terminer autrement que par un arrangement, il fut ordonné de continuer les travaux d'attaque contre la ville.

Une reconnaissance fut faite par le général commandant le génie jusqu'à la hauteur des Tagarins, à environ deux cent cinquante mètres de la Cassauba. Peu de temps après, des officiers tracèrent une communication pour arriver du château à cette hauteur sans être vus de la ville. On fit venir du parc du génie un approvisionnement de pelles, pioches, gabions, sacs à terre et autres objets.

A la nuit, le commandant Lemercier, arrivé de Sidi-Ferruch, réunit sous ses ordres quinze cents travailleurs et trois cents sapeurs, et fit exécuter à la sape volante un logement de deux cents mètres de développement sur les hauteurs des Tagarins, et un autre de trois cents mètres au pied des glacis du château. Ces deux logements étaient reliés entre eux par la communication dont il vient d'être question, laquelle fut également mise à exécution.

L'ensemble de cette opération, conduite avec vigueur et intelligence, donna pour résultat au jour un développement de tranchée de plus de treize cents mètres.

C'est ainsi que le 5 au matin on menaçait la Cassauba et l'on se trouvait en mesure d'agir contre elle, lorsque la reddition de la ville fut annoncée.

Depuis le commencement du siège, sans jamais interrompre le roulement de service des tranchées, des officiers du génie, avec des détachemens de nos troupes, tracèrent et firent exécuter à travers les jardins un chemin latéral à la route romaine, dont l'encaissement et le peu de largeur offraient de grandes difficultés aux charrois, et auraient pu, dans l'occasion, amener des encombremens.

Plusieurs autres furent détachés pour reconnaître et lever l'emplacement du camp de divisions de siège, et pour déterminer les ouvrages d'une ligne de circonvallation. Déjà on avait commencé à y mettre la main.

Des ateliers de gabions et de fascinages furent montés sur l'emplacement du parc du génie; et, au moyen de bois ramassés dans les haies et les jardins, on était parvenu à en faire confectionner une assez grande quantité pour qu'en les joignant à ce qui était venu de France, on fût certain de n'en pas manquer pour les opérations du siège de la ville.

Tel est l'exposé succinct et rapide des travaux du corps du génie, depuis le 14 juin, que l'armée a débarqué, jusqu'au 5 juillet, jour de notre entrée dans Alger.

Le maréchal de camp commandant le génie à l'armée d'Afrique,

VALAZÉ.

***

N° II

NOTE

SUR LE TRÉSOR DE LA CASSAUBA

Le trésor de la Cassauba a été l'objet d'une foule de divagations et d'hyperboles plus ridicules les unes que les autres; on en a fait une des merveilles des *Mille et une Nuits*; ce n'étaient que souterrains remplis d'or, d'argent et de pierreries. Voici les détails les plus authentiques que j'ai pu réunir, sur ces cérémonies séculaires des deys d'Alger[1] :

1. Les contes sur les trésors mystérieux sont de tous les temps. Lors de l'expédition d'Egypte. Buonaparte fut soupçonné par toute l'armée d'avoir détourné à son profit les trésors des Pharaons, cachés dans les pyramides : cette absurde calomnie était si répandue parmi les troupes, que, lorsque Junot retourna en France, quelques mois après son général, il fut accusé d'être resté exprès pour emporter les *immenses trésors* que Buonaparte n'avait pu embarquer avec lui. Les soldats nommèrent des commissaires, chargés d'aller visiter à bord les effets de Junot; ils brisèrent une grande caisse, placée dans l'entrepont, qu'ils croyaient renfermer les *trésors*, et qui ne renfermait que les outils du maître charpentier. (Voir les *Mémoires de Mme la duchesse d'Abrantès*, t. II, p. 225.)

Les valeurs composant le *Hasnah* (trésor de la régence) étaient, avant le règne du dey Aly-Codgia, renfermées dans les souterrains de l'ancien palais des deys, situé dans la basse ville. D'après les conseils d'Hussein, alors son confident et son premier ministre, Aly prit la résolution, pour sa sûreté, d'aller habiter la Cassauba.

Cet arrangement eut lieu dans le mois de décembre 1817. On employa soixante-seize voyages de mulet pour le transport de l'or, et quatorze cents voyages pour le transport de l'argent.

On estimait à 3 quintaux la charge de chaque mulet ; ce qui donnait 228 quintaux d'or ou 11.159 kilos, qui, au titre de 900 à raison de 3 mille 091 francs avec la retenue faite au change[1], donne une valeur de.................................... 34.492.469 fr.

Quatorze cents voyages d'argent à 3 quintaux donnent 3120 quintaux ou 152.724 kilog. d'argent, qui, au titre de 900, vaut, avec la retenue faite au change, 200 francs le kilog., et donne..................... 30.544.800 fr.

Total approximatif de la valeur de l'Hasnah....... 65.037.269 fr.

Il faut ajouter à ces valeurs celle des bijoux et objets précieux, qui furent remplacés plus tard par le dey, par une somme en numéraire de..................... 3.500.000 fr.

Total général....................... 68.537.269 fr.

Il faut déduire de ce total la différence des titres des monnaies turques d'argent, qui ne s'élèvent guère qu'au titre de 500, et les déficits avoués par le kasnadjy, qui, par suite des sommes que les besoins de l'État avaient mis dans la nécessité de puiser dans le trésor, devaient s'élever, depuis 1818, à......................... 18.000.000 fr.

Il restait donc dans le trésor, à notre entrée dans la Cassauba, environ.............................. 50.537.269 fr.

On sent ce que cette évaluation a de vague et d'incertain : des valeurs d'or et d'argent calculées par des *à peu près* de charges de mulets, ne peuvent pas donner un résultat bien exact; les assertions mêmes du kasnadjy étaient aussi éventuelles. Voici ce qu'il y a eu de plus sûr et de mieux constaté :

Dès que le général en chef fit son entrée dans la Cassauba, entouré de tout son état-major, il trouva le kasnadjy dans la cour du Divan, qui l'attendait pour lui présenter les clés du trésor et lui en faire prendre

1. Ces évaluations sont faites d'après le tarif de la valeur des matières d'or et d'argent, qui se trouve dans l'*Annuaire du bureau des longitudes de* 1831.

possession. Ces clés furent remises à l'instant même, par M. de Bourmont, à MM. Denniée, intendant en chef, Firino, trésorier de l'armée, et au général Tolozé, qui avaient été nommés membres de la commission des Finances. Ces messieurs s'occupèrent à l'instant même de faire mettre, en présence de tout le monde, les scellés sur toutes les portes du trésor[1].

On procéda dès le lendemain à l'inventaire et à la reconnaissance des valeurs; des officiers d'état-major furent désignés pour aider dans ce travail les membres de la commission; on pesa toutes les monnaies, et une douzaine de sous-officiers d'artillerie furent employés à placer l'or et l'argent dans des caisses ficelées, cachetées et marquées d'un numéro d'ordre. Un inventaire indiquait les valeurs contenues dans chaque caisse, numéro par numéro. On trouva dans le trésor une valeur effective de.............................. 48.684.527 fr.

Cette somme fut expédiée pour la France de la manière suivante :

En or sur *le Marengo*..............	13.218.598 fr.	
— sur *le Duquesne*................	11.550.000	
En argent sur *le Scipion*............	5.100.600	
— sur *le Nestor*..................	10.240.000	
— sur *la Vénus*..................	3.289.600	
Total des sommes envoyées en France..........................	43.398.798 fr.	48.684.527 fr.
On garda pour les besoins de l'armée..........................	5.285.729 fr.	

1. Il y a autant de lâcheté que de perfidie à avoir fait planer un soupçon d'infidélité sur M. de Bourmont, dont la conduite, dans cette campagne, a été un modèle de loyauté et de désintéressement. Il paraît, du reste, qu'il n'était permis qu'aux généraux de la révolution de s'enrichir aux armées; car ce n'était pas, certainement, avec les 15 mille francs d'appointemens que la république leur donnait, que les Masséna, les Brune, les Augereau, et vingt autres aussi fameux, avaient amassé leurs fortunes de nababs. Buonaparte lui-même, dont la probité n'a jamais été révoquée en doute, revint de l'armée d'Italie avec 3 millions et de très beaux diamans, sur lesquels le bon sens public ne fit jamais la moindre observation. Toutes les calomnies se sont accumulées contre la seule expédition militaire qui, depuis quarante ans, ait profité à la France. Que nous reste-t-il, aujourd'hui, des conquêtes de la Hollande, de l'Italie, du Hanovre, du Piémont, de l'Espagne, du Portugal, de l'Egypte ? La seule conquête, riche, grande, féconde, qui soit en notre pouvoir, c'est la conquête d'Alger : à la vérité, c'est une conquête de la restauration, et le fruit des victoires d'un général royaliste, qui doit expier ce crime envers la France de juillet par l'exil et la misère. *Le Moniteur* annonça en effet *officiellement* que, depuis le 1er juillet 1830, M. de Bourmont ne recevrait aucune espèce de traitement; mais, en revanche, M. de Bourmont a envoyé d'Alger 48 millions, qui ont servi, dans la pénurie où s'est trouvé le trésor après la *grande semaine*, à empêcher que les traitemens de MM. les maréchaux Soult, Maison et Gérard éprouvassent aucun retard.

Cette somme, d'après l'inventaire dressé par la commission, était répartie de la manière suivante :

« La première salle, coupée vers le milieu par une cloison de trois « pieds, contenait des boudjoux, monnaie d'Alger qui vaut 3 fr. 72 c.

« Une seconde porte fut ouverte, puis une troisième donnant dans « une salle transversale, éclairée par une fenêtre à barreaux en fer, « ouvrant sur la galerie du Divan. Cette salle renfermait trois coffres « formant banquettes. Ces coffres contenaient des boudjoux, de la « monnaie de billon et des lingots d'argent.

« Trois portes également séparées, s'ouvrant au moyen d'une même « clé, fermaient trois pièces obscures, coupées, comme la première salle, « par des compartimens en bois. Celle du milieu renfermait des monnaies « d'or jetées pêle-mêle, depuis le *roboa-soltani* (3 fr. 80 c.) jusqu'à la « double quadruple du Mexique (168 francs). Il y avait 24 millions en or.

« Les deux autres caveaux latéraux renfermaient, l'un des *mokos* « ou piastres de Portugal, le second des piastres fortes. Il y avait en « argent 24 millions.

« La commission, après s'être assurée qu'il n'y avait pas d'autre « issue que la porte principale, referma toutes les portes soigneusement, « y apposa les triples scellés, et fit placer dans la galerie un poste per- « manent de gendarmerie, commandé par un officier. »

Toutes les opérations de la commission des finances furent faites avec publicité. Les chargemens se préparaient dans la cour du Divan, en présence de tout le monde; et les gens chargés de porter les caisses à bord des bâtimens, étaient toujours escortés d'un employé du trésor.

Peu de personnes se doutent peut-être que le poids d'un million en or est de six cent soixante-six livres, et le poids d'un million en argent de dix mille livres. Il faut à peu près quatre hommes pour porter un million en or, et soixante-dix ou quatre-vingts hommes pour porter un million en argent.

Les sommes qu'on trouva dans le trésor de la Cassauba étaient si loin de celles qu'on s'attendait à y trouver, qu'on crut pendant quelques jours que cette citadelle renfermait quelque casemate, quelque souterrain ou quelque lieu secret qui contenait de grandes valeurs. Shaler, d'après des *on dit*, évaluait le trésor à 50 millions de dollars (environ 271 millions francs). Un Mémoire envoyé en l'an XI au gouvernement français, l'évaluait à 100 millions. Toutes ces exagérations disparaissent devant la réalité.

Pour n'avoir rien à se reprocher, les membres de la commission mandèrent le kasnadjy, et le menacèrent d'une prison sévère s'il ne révélait pas le trésor caché de la régence. Le général Desprès, chef d'état-major général, l'interrogea lui-même, ainsi que *Mustapha-Saiji*, trésorier maure placé près du kasnadjy, et *Mohamed-Ogel-Harji*, chargé d'accompagner le kasnadjy quand il ouvrait les portes du trésor. On n'en obtint aucun renseignement. Tous les trois offrirent de jurer sur le Koran que tout ce qu'on voyait était le trésor de la régence; et ils consentaient à ce qu'on fît tomber leur tête, si on trouvait dans la Cassauba un autre endroit secret qui contînt de l'argent.

Ce qui paraît bien prouvé, c'est qu'on ne tenait aucun compte pendant l'administration du dey, ni des entrées ni des sorties des sommes du trésor; qu'on y versait l'argent sans compter, et qu'on l'en tirait pour les besoins de l'État, sans registres ni écritures; que depuis vingt ans les dépenses avaient toujours excédé les recettes de quelques millions, et que ces déficits annuels, comblés avec les économies du trésor, l'avaient diminué considérablement, et avaient rendu fausses les évaluations qu'on en avait faites.

Tout cela rendait très vraisemblable cette opinion des Algériens, qui disaient « qu'autrefois le puits d'Ali débordait d'or, que depuis il fallut « se baisser beaucoup sur la margelle pour l'atteindre, et qu'à présent « il fallait une longue échelle pour y puiser. »

Enfin, en comparant les dépenses de l'expédition aux recettes obtenues par le trésor, et différens autres produits, voici le résultat qu'on peut donner comme certain :

Recettes

Valeur du trésor	48.684.527 fr.
En laines, denrées et marchandises de différens genres environ	3.000.000 fr.
En pièces d'artillerie de bronze, environ huit cents, au poids du métal seulement	4.000.000 fr.
Total	55.684.527 fr.

Dépenses de l'expédition.

Les dépenses de la guerre ne se sont élevées, jusqu'au 1er octobre, qu'à la somme de	15.000.000 fr.
Les commandes faites à la maison Seillières pour quatre mois de vivres, calculés sur un effectif de trente-sept mille hommes et quatre mille chevaux, du 16 juin au 20 octobre, y compris les frais d'emballage, d'encaissement et de frêt des bâtimens, ci	15.000.000 fr.
Le compte de la marine ne s'élève qu'à la somme de	13.500.000 fr.
La dépense totale au 20 octobre, c'est-à-dire comptée plus de trois mois encore après la conquête, ne s'élève qu'à	43.500.000 fr.

Résumé général.

La conquête a rapporté........................	55.684.527 fr.
Les frais de l'expédition sont de..................	43.500.000 fr.
Bénéfice..................................	12.184.527 fr.

Sans compter des valeurs considérables en poudre et en projectiles de tous les genres; plus de douze cents pièces de fonte de tout calibre, et trois mille six cents lieues carrées de terrain enlevées à la domination turque sur la côte d'Afrique[1].

N° III

AVIS OFFICIEL

SUR L'ARMÉE D'AFRIQUE

La prise d'Alger ou son trésor a été pendant longtemps le sujet des rapports les plus propres à flétrir la réputation d'hommes honorables employés à l'armée d'Afrique. Il n'est pas d'exagération, on est forcé d'en convenir, qu'on se soit épargnée pour gendarmer l'opinion contre eux, et les présenter au jugement de leurs concitoyens comme coupables des plus audacieuses et des plus graves infidélités.

Le gouvernement ne pouvait rester indifférent à ces clameurs. Le

1. La conquête s'étend, sur un littoral de cent quatre-vingts lieues, de Bonne à Oran, et, vers le Sud, sur une vingtaine de lieues, de la mer au pied du petit Atlas. Quand la France voudra réellement coloniser Alger, tout ce pays lui appartiendra. Les Turcs en sont chassés pour jamais; les Maures ne demandent qu'à y vivre tranquilles sous la protection d'une administration française. Restent les tribus arabes, dont les unes seront aisément soumises, au moyen de quelques mesures vigoureusement prises, et en employant les ressources de la diplomatie et des traités d'échanges et de commerce. Quant aux autres tribus, plus hostiles et plus barbares, on peut, sans chercher à les réduire, les rejeter au-delà de l'Atlas au moyen de quelques établissemens militaires placés à l'embouchure des principaux défilés. On ne récusera pas l'opinion du général Clausel, qui vient à l'appui de ce que j'avance. Dans sa lettre au *Constitutionnel*, du 8 juin 1831, il disait : *Je puis vous assurer qu'avec deux mille hommes et quatre pièces de canon, tous les Arabes, Bédouins ou Kabyles, qui, contre toute vraisemblance, songeraient à venir nous attaquer, seraient facilement refoulés de l'autre côté de l'Atlas.* Voilà ce qu'il pense DE CETTE RICHE POSSESSION, DONT L'IMPORTANCE EST ENFIN APPRÉCIÉE.

trésor d'Alger devenu par la conquête la propriété du pays, il a dû s'assurer si cette propriété avait été violée, et si les hommes de sa confiance s'étaient rendus coupables d'infidélité.

Une commission d'enquête a été nommée. Cette commission a procédé avec un ordre, une exactitude et une impartialité remarquables; elle s'est livrée aux opérations les plus minutieuses pour reconnaître la vérité; et cependant elle a déclaré, dans sa conviction profonde, qu'il n'y a eu aucun détournement de fonds, aucune dilapidation du trésor de la régence; et sans s'arrêter à quelques vices de forme dans la relation des faits, la commission proclame hautement que tous les bruits de soustraction et d'infidélité qui ont circulé dans le public, sont autant de fables dénuées de fondement; et dans le sentiment profond de son devoir, elle se fait une loi de les démentir de tout le poids de l'autorité de sa mission.

Ordre du jour

Du 22 octobre 1830.

Le général en chef éprouve une grande satisfaction en faisant part à l'armée du résultat de l'enquête faite à Alger, sur le prétendu pillage des trésors de la Cassauba.

La déclaration expresse de la commission est que rien n'a été détourné au trésor de la Cassauba, et qu'il a tourné, au contraire, tout entier au profit du trésor de France.

La commission a reconnu qu'on avait pris à la Cassauba quelques effets et quelques bijoux abandonnés par le dey et par des officiers de sa maison, et dont une partie avait déjà été prise par des Maures et des Juifs : c'est affligeant, sans doute; mais il est consolant pour le général en chef d'avoir acquis la certitude que des soldats, des sous-officiers, des officiers de troupe et d'état-major ont remis au payeur des bijoux trouvés au milieu des hardes et des meubles en désordre.

Il a été commis aussi des désordres dans quelques maisons particulières par des hommes déshonorés, comme il s'en glisse toujours quelques-uns dans les armées.

En masse, l'armée n'a aucun reproche à se faire; c'est une assurance que le général en chef aime à lui donner, qu'il aime aussi à donner à la France.

Les hommes qui ont pu s'avilir par des désordres particuliers, on les livre aux remords qui les poursuivent et les poursuivront sans cesse, et à la crainte non moins poignante d'être, comme ils le seront successivement, reconnus un peu plus tôt, un peu plus tard, pour les auteurs d'actions coupables, qui avaient donné lieu de supposer que le trésor public avait été pillé par l'armée.

Par ordre du général en chef,

Le lieutenant-général, chef de l'état-major général,
M.-J.-R. DELORT.

On le voit, l'opinion s'était égarée dans de fausses conjectures. Espérons maintenant que, mieux éclairés, les hommes mêmes si soigneux à signaler les fautes des agens de l'armée d'Afrique, auront aussi tenu registre des services qu'ils ont rendus, et qu'ils sauront leur accorder la justice qu'ils méritent. (*Moniteur.*)

***

Nº IV

AU RÉDACTEUR DE LA QUOTIDIENNE

Je lis, dans votre feuille quelques lignes dans lesquelles vous parlez de nouveau de la prétendue dette contractée par M. le maréchal de Bourmont envers la ville de Toulon, pendant son séjour avant notre embarquement pour Alger.

Ce que vous dites à ce sujet, et l'offrande aussi généreuse que délicate qui a motivé votre article, me prouvent que, depuis l'époque où vous en avez parlé pour la première fois, il ne vous est arrivé de Toulon aucune des explications que, dans l'intérêt de la vérité et de l'honneur même de la ville, on aurait dû s'empresser de vous adresser.

A défaut des membres du conseil municipal, auxquels j'aurais cru faire injure en les prévenant dans cette occasion, je me présente pour éclaircir la question; et j'ai d'autant plus droit de le faire, que c'est *moi* que M. le maréchal a chargé, au moment de l'embarquement, de satisfaire, dans toute leur étendue, aux dépenses que son séjour à Toulon aurait pu occasionner. Venons au fait : Son Excellence le général en chef fut logé à l'Hôtel de Ville de Toulon, avec deux de ses fils *seulement,* qui occupèrent la même chambre. Ses aides-de-camp et officiers d'ordonnance reçurent des billets de logement, comme le reste de l'état-major général.

L'exécution des règlemens militaires n'en fut pas même complète pour le logement du général en chef. On accorde *au soldat* la place au foyer domestique, et l'usage des ustensiles de la famille pour la préparation de ses alimens.

Une chambre au rez-de-chaussée, sans cheminée, sans aucun mobilier quelconque, fut la seule cuisine offerte au général en chef.

Des fourneaux de campagne de la marine furent empruntés *par lui* à l'Arsenal de la marine, et ses propres cantines fournirent les seuls ustensiles qui servirent à préparer ses modestes repas.

Aucune dépense quelconque de ce séjour n'a été laissée à la charge de la ville; je l'affirme sur l'honneur.

J'en appelle, entre autres, à ce marchand qui ne craignit pas de demander 250 fr. pour le loyer, pendant quinze jours, de quelques tasses à café, d'une théière et de quelques douzaines d'assiettes de porcelaine blanche, indépendamment du prix de ceux de ces objets qui se trouvèrent cassés.

S'il fait partie du conseil municipal actuel, il peut témoigner, vis-à-vis de ses collègues, du scrupule avec lequel le général en chef s'est empressé de satisfaire à toutes les réclamations qui lui furent faites.

Quelques dépenses préparatoires ont pu être jugées nécessaires pour rendre l'appartement de la mairie susceptible de recevoir le commandant en chef de l'armée d'Afrique : à coup sûr, ces dépenses ne peuvent être mises à sa charge; le simple bon sens l'indique. La réclamation du conseil municipal devient donc étrangère au maréchal; et le but que se proposait le journaliste de Toulon ou de Marseille, qui a rapporté le fait, se trouve manqué.

J'ajouterai que l'état de la dépense soldée, faite par M. le maréchal pendant son séjour à Toulon, a dépassé 5.000 francs.

Recevez, etc.

Le comte de LA MYRE-MORY,
ex-officier d'ordonnance de M. le maréchal comte de Bourmont.

TEXTES COMPLÉMENTAIRES

A

Le coup d'éventail.

Deval, né en Asie mineure, avait exercé pendant plusieurs années, à Constantinople, la profession de drogman. De son pays d'origine, de son séjour et de ses fonctions en Turquie, il devait toujours garder, avec la connaissance de plusieurs langues orientales, ces allures souples et obséquieuses, que les sultans, habitués à une soumission absolue, à un perpétuel agenouillement, exigeaient de tous les agents d'ordre inférieur à qui ils avaient affaire. L'empreinte et le pli restèrent ineffaçables.

Nommé en 1815 consul général de France à Alger [1], Deval, pour affermir sa situation et accroître son influence, poussa un peu loin le désir de ne pas déplaire au dey, à Hussein-pacha, car les prédécesseurs de celui-ci ne firent que paraître et disparaître. A ce souverain assez brutal et qui n'admettait guère la contradiction, il sacrifia plus d'une fois, par peur, par esprit de courtisanerie, ou même par intérêt, les droits et les avantages du pays, qu'officiellement il représentait. Ce fut en grande partie à cause de sa faiblesse, d'une faiblesse érigée en système, que la redevance annuelle de la Compagnie d'Afrique fut portée, le 24 juillet 1820, de 118.000 à 220.000 francs, et que la France se laissa imposer l'humiliante condition de ne construire, dans la limite de ses concessions,

1. Il était aussi le chargé d'affaires du pape, ce qui permit aux adversaires du gouvernement de voir, dans l'expédition d'Afrique, surtout une intervention en faveur de la papauté et du catholicisme.

ni fort, ni enceinte pourvue d'artillerie, ce que les traités précédents nous avaient permis et nous garantissaient.

Le Gouvernement français, qui ne le voyait que de loin, s'obstinait à l'apprécier et à le soutenir. A des plaintes envoyées contre lui à Paris, à une demande d'enquête, on ne répondit qu'en le décorant.

A Alger, son influence, entretenue par une invincible souplesse et par une gaîté intarissable, qui déridait le vieil Hussein, était très grande, et il lui arriva parfois d'en faire un assez bon usage[1]. Sa réputation, en revanche, hors des milieux turcs et arabes, était médiocre. Ses collègues l'avaient en piètre estime. Ils l'accusaient d'avoir reçu de l'argent des juifs Bacri et Busnach, pour soutenir leurs revendications. Le général Berthezène, assez malveillant, mais bien renseigné, prétend que les consuls étrangers lui avaient, à plusieurs reprises, assuré que si ce diplomate était revenu avec les troupes françaises (mais il avait de sérieuses raisons de ne pas le faire, étant mort un an avant, le 26 août 1829) ils étaient décidés à rompre avec lui toutes relations[2].

Comment cet homme si plat, si obséquieux, se montra-t-il, un jour, capable d'un sursaut d'énergie et même d'un accès de brutale franchise? On a peine à se l'expliquer et il faut cependant l'admettre. Sans doute, ce jour-là, poussé à bout, il se redressa, et sa situation domina son caractère.

On a contesté récemment le geste peu diplomatique du dey. On l'a contesté à tort, mais une rectification, tout de même, s'impose.

L'histoire parle d'un coup d'éventail. En réalité, il y en eut trois, et c'est Deval qui l'affirme dans son rapport au baron de Damas, ministre des Affaires étrangères dans le cabinet Villèle. « Le dey, dit-il, me porta avec le manche de son chasse-mouches trois coups violents sur le corps.

Hussein lui-même raconta plus tard cette scène, cette dramatique audience du 27 avril 1827, au lieutenant de vaisseau Bézard, envoyé comme parlementaire à Alger, en avril 1828, et cette conversation, ou une autre sur le même sujet, exprimant les mêmes plaintes et manifestant les mêmes regrets, a été reproduite dans l'ouvrage de Montgaillard, *Histoire de France depuis l'année* 1825 *jusqu'à l'avènement de Louis-Philippe*[3]. Montgaillard assurait la tenir du colonel d'état-major, Charles Langlois, qui la tenait peut-être de Bézard :

1. Le capitaine de vaisseau du Buisson envoyé en 1824, en mission à Alger avec la frégate *L'Hermione*, écrivait à Bourmont, qui commandait à cette époque l'armée d'occupation en Espagne, qu'il n'avait eu qu'à se louer du consul Deval, très lié avec les ministres du Dey et jouissant par suite d'une grande faveur.

2. DIX-HUIT MOIS A ALGER, DE 1830 A LA FIN DE 1831, par le général Berthezène. P. 1832.

3. P. 1839, tom. IV, p. 196-197.

« Deval, déclara le dey, s'était bien mis dans mon esprit. Il était adroit, insinuant; je ne me défiais point de lui. Il était gai et me plaisait pour cela; je crus à la sincérité de son affection pour moi. Il devint très familier parce que je le traitais en ami; et j'ai su depuis par quelques-uns de mes officiers qu'on disait généralement au sérail qu'une pareille intimité avec un homme de son espèce ne pouvait manquer d'avoir une mauvaise conclusion. Vers la fin du ramadhan, Deval, que je commençais à aimer moins, parce qu'il me parlait souvent mal de son souverain et que je pouvais craindre qu'il ne lui parlât mal aussi de moi, Deval vint me faire la visite officielle d'usage. Je me plaignis à lui de n'avoir pas de réponse à quatre lettres écrites par moi au roi de France; il me répondit (le croiriez-vous ?) : « Le roi a bien autre chose à faire que d'écrire à un homme comme toi ! » Cette réponse grossière me surprit[1]. L'amitié ne donne pas le droit d'être impoli. J'étais un vieillard qu'on devait respecter, et puis j'étais dey ! Je fis observer à Deval qu'il s'oubliait étrangement. Il continua à me tenir des propos durs et messéants; je voulus lui imposer silence, il persista. « Sortez, malheureux ! » Deval ne bougea pas; il me brava en restant, et ce fut au point que, hors de moi, je lui donnai en signe de mépris de mon chasse-mouches au visage. Voici l'exacte vérité. Il existe beaucoup de témoins de cette scène qui pourront vous dire jusqu'à quel point je fus provoqué, et ce qu'il me fallut de patience pour supporter toutes les invectives de ce consul, qui déshonorait ainsi le pays qu'il représentait. »

Deval nia toujours l'insolent propos qu'on lui attribuait. Ce n'est pas une raison pour qu'il ne l'ait pas tenu. Entre sa parole et celle du dey, il n'était guère possible d'hésiter.

Quoi qu'il en soit, ce fut avec son chasse-mouches qu'Hussein fit entrer les Français à Alger.

B

La mauvaise humeur britannique

Napoléon avait songé à entreprendre la conquête d'Alger, et à l'entreprendre malgré l'Angleterre, son éternelle ennemie, et contre elle.

Il écrivait, le 18 avril 1808, au ministre de la Marine Decrès :

« Méditez l'expédition d'Alger, tant sous le point de vue de mer que sous celui de terre. Un pied sur cette Afrique donnera à penser à l'Angleterre. »

1. Elle fut confirmée par le secrétaire du dey, Sidi-Hamdan, qui se donnait comme témoin oculaire. Mais cette audience du 27 avril 1827 eût-elle des témoins ? On l'a contesté.

Ce fut à cette époque que le commandant du génie Boutin fut chargé d'examiner, d'explorer, pour une attaque possible, la côte barbaresque.

Le projet que Napoléon avait formé ne devait être repris que vingt ans plus tard, et, dès que l'Angleterre en eut connaissance, dès qu'elle comprit, après l'avoir d'abord jugé chimérique et irréalisable, que la France était non seulement désireuse, mais très capable de le mener à bonne fin, elle essaya d'opposer son véto. La déplorable attitude d'une partie du pays l'y encourageait.

La résolution prise par le roi, le prince de Polignac l'annonça officiellement à toutes les puissances chrétiennes, le 4 février 1830.

Le 20 mars, après s'être donné le temps de la réflexion, le ministre des Affaires étrangères du Royaume-Uni, lord Aberdeen, fit transmettre par lord Stuart, ambassadeur à Paris, ses observations, ses craintes que la France ne dissimulât sous le prétexte de détruire la piraterie sur les côtes d'Afrique, une intention de conquête. Et il demandait des explications.

Le lendemain, au conseil du 21 mars, Charles X se plaignit vivement de cette espèce de sommation. « La France insultée, déclara-t-il, n'a besoin de l'aide de personne pour se venger... Quant aux Anglais, nous ne nous mêlons pas de leurs affaires, qu'ils ne se mêlent pas des nôtres! Tout ce que je puis faire pour l'Angleterre, c'est de n'avoir pas écouté ce que j'ai trop entendu[1]... »

La France, en 1830, était une grande nation qui ne sollicitait aucun appui et n'acceptait aucune tutelle.

Ce qu'elle pensait, ce qu'elle voulait, ce qu'elle était résolue à faire, malgré toutes les oppositions du dedans et du dehors, Chateaubriand l'avait formulé, avec une ironie hautaine, dans ce passage de son magnifique discours à la Chambre des Pairs, le 19 mars :

« Je n'ai que quelques mots à dire sur Alger. Je déclare que je suis toujours d'avis que l'on châtie toute insulte faite au pavillon de la France, soit que l'outrage vienne d'un pirate ou du premier potentat de la chrétienté. Mais, quand j'entends répéter qu'on nous a permis de porter des soldats en Afrique, je pense que l'on a calomnié les ministres, car je cherche à qui l'on aurait pu demander cette permission. Les vieux capitaines que j'aperçois dans cette enceinte avaient-ils besoin, il y a une vingtaine d'années, des feuilles de route de l'Amirauté anglaise pour voyager avec la victoire d'un bout de l'Europe à l'autre? Je ne sache pas d'un autre côté que nous ayons visé les papiers de mer de lord Exmouth pour aller bombarder Alger. »

Les explications que réclamait l'Angleterre et qu'elle se donnait un

1. *Carnet ministériel* du baron d'Haussez.

peu trop l'air d'exiger, il eût été difficile de les lui fournir. Ce qu'on ferait, on l'ignorait encore. Tout devait dépendre des circonstances. Une lettre du prince de Polignac, le 20 avril, au comte de Rayneval, ambassadeur de France à Vienne, montre bien que le Gouvernement français hésitait alors entre plusieurs projets très différents, maintien du dey, après la destruction des forts, établissement de l'ordre de Malte à Alger, cession de la Régence à la Turquie, partage de la côte entre plusieurs puissances, etc.

A la fin d'avril, excédé par les observations, les récriminations, les menaces déguisées de lord Stuart, le baron d'Haussez, qui n'était pas d'une humeur très endurante, finit par perdre patience et, entre les deux hommes, s'échangea ce dialogue véhément :

— Le Roi veut que l'expédition se fasse et elle se fera.

— Vous croyez donc que l'on ne s'y opposera pas ?

— Sans doute, qui l'oserait ?

— Qui ? nous les premiers.

— Milord, je n'ai jamais souffert que, même vis-à-vis de moi, simple individu, on prît un ton de menace; je ne souffrirai pas davantage qu'on se le permette à l'égard d'un gouvernement dont je suis membre. Je vous ai déjà dit que je ne voulais pas traiter cette question diplomatiquement; vous en trouverez la preuve dans les termes que je vais employer : *la France se fout de l'Angleterre.* La France fera dans cette question ce qu'elle voudra, sans souffrir ni de contrôle ni d'opposition[1]...

Phrase superbe, mot magnifique, et digne d'un Cambronne. C'est ainsi qu'un ministre répondait aux Snowden de 1830.

Wellington[2], qui se souvenait trop de Waterloo, s'étonnait et s'indignait de la fière attitude de la France. Il menaçait de soumettre la question au Parlement anglais et de provoquer ainsi l'intervention de l'Europe. La résolution du Gouvernement français ne s'en trouva ni affaiblie ni modifiée.

Les événements suivaient leur cours et, comme le succès a toujours raison, chacune de nos victoires rendait notre cause meilleure et faisait paraître plus légitimes nos projets et nos ambitions.

Mais ces victoires, l'Angleterre les trouvait inopportunes et malencontreuses.

« Le 25 juillet, raconte Camille Rousset, l'ambassadeur de France à Londres, le duc de Laval, au moment de s'en aller en congé à Paris, échangeait avec lord Aberdeen des adieux d'une courtoisie menaçante. « Jamais, disait le ministre de la couronne britannique, jamais, ni sous la République, ni sous l'Empire, la France n'a donné à l'Angleterre des

1. *Carnet ministériel* du baron d'Haussez.
2. Il faisait partie de ministère anglais, comme premier lord de la Trésorerie.

sujets de plainte aussi graves. » Et il ajoutait : « Je me sépare de vous avec plus de peine que jamais, car peut-être ne sommes-nous plus destinés à nous revoir. » A quoi le duc de Laval répliquait fièrement : « J'ignore, milord, ce que vous pouvez espérer de la générosité de la France ; mais ce que je sais, c'est que vous n'obtiendrez jamais rien d'elle par la menace[1]. »

Deux jours plus tard, une révolution, qu'on put prendre à Londres pour une revanche, renversait Charles X et le condamnait à l'exil — mais Alger était à nous, et pour toujours.

C

Sidi-Ferruch.

« Sidi-Ferruch, et mieux Sidi-Feredj, était un marabout en grande vénération chez les Algériens. Au nombre des miracles qu'il fit, la tradition a conservé le suivant : Un matelot espagnol voulant emmener, par surprise, Sidi-Feredj en Espagne[2], fut tout étonné, après une nuit de navigation, de se retrouver en vue de la Turquie qu'il avait quittée. « Fais-moi remettre à terre, lui dit le marabout, et ton vaisseau pourra reprendre sa route. » Sidi-Feredj fut débarqué, et comme, après une seconde nuit, le navire se retrouvait encore à la même place, et cela parce que Sidi-Feredj avait oublié ses babouches sur le pont, l'Espagnol les prit, se hâta de les rapporter à leur propriétaire, et lui demanda, comme grâce, de rester auprès de lui et de le servir. L'Espagnol, devenu fervent musulman, vécut et mourut avec Sidi-Feredj. Tous deux furent enterrés dans la Koubba[3]... »

Cette Koubba existait encore en 1830. Elle fut démolie vers 1865. Depuis longtemps avait disparu la châsse ornée de drapeaux qui recouvrait le tombeau de Sidi-Feredj et de son serviteur.

Le capitaine Boutin, sous le Premier Empire, et après lui l'Américain Shaler, auteur d'un livre sur l'Algérie[4], avaient signalé l'importance de la presqu'île de Sidi-Ferruch comme point de débarquement. Aussi, dès les premiers préparatifs de l'expédition, avait-on décidé que ce serait là que les troupes aborderaient la côte.

1. La Conquête d'Alger, p. 254.
2. Cette histoire ou cette légende doit se rattacher à l'expédition de Charles-Quint.
3. Itinéraire de l'Alger, par Louis Piesse. P. 1862. p. 73.
4. Esquisse de l'État d'Algérie, considéré *sous les rapports historique, politique et civil*. Traduit de l'anglais par M. X. Bianchi. Paris 1830, in-8°. (William-Shaler écrivit cet ouvrage en 1825. Il était consul des Etats-Unis à Alger.

« On s'attendait à une vigoureuse résistance; il n'y en eut pour ainsi dire pas; et telle fut l'inconcevable ineptie du dey ou de ses chefs militaires, qu'ils ne songèrent même pas à établir sur quelques points de la côte des batteries, dont le feu bien dirigé, au moment de la concentration de la flotte, nous eût fait un mal considérable. On reconnut que la tour de Torra-Chica n'était point armée, et que des canons y étaient grossièrement figurés par des pièces de bois. Quand on eut doublé la pointe de Sidi-Ferruch, la batterie basse présenta ses douze embrasures; mais pas une seule bouche à feu ne s'y montrait. Le commandant de Sidi-Ferruch, au lieu de disputer ce point important, comme il eût pu le faire, se contenta d'établir au delà de la presqu'île plusieurs mortiers et pièces de canon, et de lancer sur la flotte quelques bombes et quelques boulets; mal dirigés, ils atteignirent peu de monde et ne firent qu'endommager faiblement le Breslau[1]... »

Le dey et ses sujets avaient sans doute espéré que le marabout lui-même se chargerait de défendre son tombeau et sa presqu'île.

D

La mort d'Amédée de Bourmont.

Amédée de Bourmont était lieutenant de grenadiers au 49e de ligne, qui faisait partie de la 1re brigade de la 2e division et avait pour colonel, Magnan, le futur maréchal, pour lieutenant-colonel, Ferrand de Sandricourt, et pour chefs de bataillon, Buart et Apchié.

A ce dur combat de Sidi-Khalef, le 24 juin, dans la matinée, sa bravoure l'avait lancé au premier rang, face à l'ennemi. Trois balles, comme pour l'avertir, le frappèrent au shako, à la poignée et à la lame du sabre. Une quatrième, mieux dirigée, le coucha sur le sol.

Le soir, le combat fini, après s'être acquitté de ses fonctions d'aide-de-camp du général en chef, son frère aîné, Louis, vint le ramasser sur le champ de bataille. Quelques-uns de ses grenadiers le placèrent sur un sac à distribution et le transportèrent au camp de Staoueli, dans la tente du général Loverdo, et de là à l'hôpital militaire de Sidi-Ferruch, où il devait être soigné, inutilement, par le chirurgien principal Chevreau.

Il s'enorgueillissait de sa blessure comme d'une décoration. Un de ses camarades étant survenu, il la lui montra du doigt, joyeusement : « Regarde, dit-il, elle est bien placée, près du cœur, cette blessure reçue pour le roi et pour la Patrie » Et, se soulevant avec peine, soutenu, dans ses atroces souffrances, par une sorte d'allégresse d'héroïsme, il ajouta :

1. Léon Galibert, *L'Algérie ancienne et moderne*, p. 282.

« Embrasse-moi, c'est le plus beau jour de ma vie! » Cette vie ne devait se prolonger que quelques jours.

Le soir, le comte de Bourmont, sa tâche terminée et l'ennemi en fuite, arriva à l'ambulance. On lui affirma, on lui laissa croire que la blessure était légère, et ce fut son fils lui-même, bien que peut-être il se sentît perdu, qui contribua le plus à le consoler, à le rassurer.

Aussi, dans son rapport officiel du 25 juin, sur le combat livré la veille, le général en chef, s'obstinant à avoir confiance, put-il écrire :

« Le nombre des hommes mis hors de combat a été peu considérable. Un seul officier a été blessé légèrement, c'est le second des quatre fils qui m'ont suivi en Afrique[1]. J'espère qu'il vivra pour continuer à servir le roi et la Patrie. »

Ce rapport, dès qu'il fut connu en France y excita un vif sentiment de pitié, même dans les milieux les plus hostiles au gouvernement, même dans les bureaux du *National*. « Tout le monde s'intéressa à la conservation des jours du jeune et brave Amédée. Il est devenu le fils de toutes les mères, disait alors une femme spirituelle; et le frère de toutes celles qui ne sont pas assez jeunes pour être sa mère, répondait une autre[2]. »

A l'hôpital de Sidi-Ferruch, on savait à quoi s'en tenir, et qu'une guérison n'était pas possible. Amédée de Bourmont mourut dans la journée du 7 juillet et son père, si cruellement frappé, en annonça la nouvelle, dans ces termes d'une si émouvante simplicité, au président du Conseil : « La plupart des pères de ceux qui ont versé leur sang pour la patrie seront plus heureux que moi; le second de mes fils vient de succomber. L'armée perd un brave soldat, je perds un excellent fils. »

Les regrets furent aussi vifs qu'unanimes, chez les soldats comme chez les officiers[3]. Le colonel Magnan ne fit qu'exprimer les sentiments de tous dans cette lettre qu'il écrivit, le 9 juillet, au comte de Bourmont.

« Le bon officier que nous pleurons avec vous, n'avait pas besoin pour être aimé de tous d'être fils du général en chef. Ses bonnes qualités, son instruction, son aménité, sa bravoure l'avaient placé haut dans l'opinion du corps; aussi le corps tout entier partage-t-il mes regrets. Quant à moi, Monseigneur, à qui vous l'aviez confié, je suis tout entier à la douleur de n'avoir pas su vous le conserver, mais c'était chose impossible que de modérer en lui une bravoure aussi brillante. »

1. Louis, Aimé, Amédée et Charles.
2. Ault-Dumesnil, DE L'EXPÉDITION D'AFRIQUE EN 1830, p. 66.
3. « Le fils du vainqueur d'Alger, scella de son sang la victoire paternelle. Il tomba en héros et mourut en chrétien. Il entrait à peine dans son sixième lustre. Toute l'armée mêla ses pleurs à ceux du père et des frères du jeune Bourmont. Ce fut un deuil général... » Ault-Dumesnil. DE L'EXPÉDITION D'AFRIQUE EN 1830., p. 67.

E

La prise du fort de l'Empereur. [1]
4 Juillet.

« Le 4 juillet 1830, à la pointe du jour, tout était prêt pour l'attaque. Les compagnies étaient à leur poste : dix pièces de 24, six pièces de 16, quatre mortiers de 10 pouces, six obusiers de 8 pouces, étaient en batterie. A 4 heures du matin, une fusée partie du quartier général, donna le signal de l'attaque ; à l'instant, les batteries furent démasquées et le feu commença sur toute la ligne. Dès les premières volées les boulets de 16 et de 24 firent voler en éclats les pierres des murailles et des embrasures. Le fort de l'Empereur résista vigoureusement. La milice turque ne démentit pas son vieux renom de vaillance. Nos officiers eux-mêmes, si bons juges en matière d'intrépidité militaire, admirèrent le courage impassible de ces canonniers, que l'élargissement des embrasures mettait presque à découvert...

Les sacs de laine dont les Turcs avaient garni les merlons, qui séparent les embrasures, furent bientôt emportés par les feux croisés de nos batteries et, l'épaulement en maçonnerie s'écroulant en plusieurs endroits, leurs canonniers se trouvèrent exposés comme une cible à nos boulets. Les mêmes hommes ne tiraient pas deux coups. N'importe, il se présentait de nouveaux canonniers à chaque coup, et le feu ne se ralentissait pas. Pendant trois heures, le feu continua de part et d'autre avec la même vivacité. Nos officiers pointaient eux-mêmes les pièces, et l'on remarqua le sang-froid du colonel d'Esclaibes[2], qui resta pendant tout le feu dans une des batteries de 24, pour donner des leçons de tir aux pointeurs.

Les Turcs tiraient, non seulement du fort de l'Empereur, mais du fort Bab-Azzoun et de la Cassauba. A 7 heures du matin, le feu du fort commença à se ralentir sensiblement. Les batteries turques, jonchées de cadavres, étaient presque désertes. Quelques pièces seulement tiraient

1. Les soldats l'appelaient Fort Napoléon, ne connaissant guère d'autre empereur que celui-là. « Cette forteresse a la forme d'un rectangle et domine la partie la plus élevée de la ville et toutes les fortifications environnantes, mais elle est elle-même dominée par les crêtes des collines qui règnent du côté opposé à la place. Ainsi elle semble plutôt bâtie pour tenir la ville en respect que pour la défendre contre une attaque extérieure. Ce fort était évidemment la clef d'Alger. Avant tout, avait dit Boutin, il faut être maître du château de l'Empereur. » E. Ault-Dumesnil. De l'Expédition d'Afrique en 1830, p. 84.

2. Chef d'état major du général Valazé, qui commandait l'artillerie.

encore. A 8 heures, le feu de l'ennemi était complètement éteint[1]. Le nôtre continua de ruiner les défenses. L'ordre de battre en brèche allait être donné, lorsqu'à 10 heures une explosion épouvantable fit disparaître une partie du château; des flammes, des nuages de fumée et de poussière s'élevèrent à une hauteur prodigieuse et des pierres furent lancées dans toutes les directions. Quand ce nuage immense retomba avec la poussière et la fumée qui obscurcissaient l'horizon, on vit que la tour principale était détruite de fond en comble. Le général Hurel[2], commandant de la tranchée, ne perdit pas un moment pour franchir l'espace qui séparait nos troupes du château. Trois compagnies du 35e[3], s'élançant sous sa conduite au pas de course, y entrèrent par la brèche et en prirent possession. Le général Valazé et le général Lahitte les y suivirent de près avec les troupes d'artillerie et du génie, animées par l'ardeur de leurs chefs. Les ruines fumantes du fort offraient l'image du chaos. La face nord-ouest était entièrement écroulée, ainsi que la plate-forme et la tour; les murailles restées debout présentaient de larges fentes, semblables à des cicatrices. Çà et là des débris de toutes espèces, entremêlés de membres humains, car tous les défenseurs du fort ne s'étaient pas retirés à temps; partout des flocons de laine qui dispersés par l'explosion, couvraient au loin les arbres et le sol. Un de nos soldats, impatient de voir le drapeau blanc flotter sur la forteresse, ôta sa chemise et la hissa au sommet de la tige brisée d'un dattier qui, s'élevait dans l'intérieur du fort et qui, vu de loin, grâce à sa position aérienne, servait de point de repère aux bâtiments qui approchaient de la terre. C'est par l'apparition de ce pavillon, improvisé avec une gaieté française, que l'armée apprit l'occupation du château de l'Empereur.

On attribua, dans les premiers moments, l'explosion qui avait fait sauter ce fort à la chute de quelques-unes de nos bombes. Mais l'on sut bientôt, par les rapports des officiers placés sur les pentes du Boudjaréa, que la place avait d'abord été évacuée et que les Algériens eux-mêmes avaient fait sauter le fort. C'est ce qui avait eu lieu en effet. Le Khaznadji[4] qui commandait dans la forteresse, voyant sa troupe réduite de moitié et les murailles s'écroulant de toutes parts, avait donné l'ordre de cesser le feu et ses troupes, d'après son commandement,

1. « On finit par ne plus voir que deux hommes, un Turc et un nègre qui chargèrent encore et tirèrent plusieurs coups ; et l'on peut dire que les défenseurs du château de l'Empereur se firent tuer jusqu'au dernier. » E. d'Ault-Dumesnil, p. 93.

2. Le général Hurel, qui commandait la 2e brigade de la 3e division, avait servi pendant la campagne d'Egypte.

3. Et les carabiniers du 9e léger.

4. Trésorier du Dey.

avaient abandonné l'édifice[1]; un seul resta pour exécuter un projet désespéré; sans doute il pensait qu'une partie de l'armée française resterait ensevelie sous les ruines du Soultan-Calassi. Cette espérance fut déçue. Les accidents, dans l'armée française, ne furent pas nombreux, et quatre ou cinq soldats français seulement furent grièvement blessés. Il n'en fut pas ainsi dans la ville. Une grande quantité de pierres énormes y tombèrent et tuèrent ou blessèrent beaucoup d'habitants. La terreur fut à son comble. De tout côté, on entendait les hurlements des blessés. Les femmes et les enfants effrayés montaient sur les toits en jetant des cris d'épouvante, les hommes se précipitèrent vers la Cassauba pour obtenir du dey qu'on entrât en négociation avec l'ennemi[2]. Hussein-Pacha répondit fièrement : Aussi longtemps que mon palais sera debout, je ne traiterai point : j'aime mieux faire sauter la Cassauba et toute la ville que de me soumettre. »

C'était précisément là l'appréhension des habitants. On répétait que les commandants des forts avaient reçu l'ordre d'imiter l'exemple du Khaznadji, quand ils ne pourraient plus tenir; et l'on craignait que le dey ne se laissât ensevelir sous les ruines de sa domination. Le dey lui-même s'était élancé, disait-on, un pistolet au poing, vers la poudrière de la Cassauba pour se faire sauter et ses serviteurs ne l'en avaient qu'avec peine empêché.

Les batteries de la ville et celles des forts tiraient sur les débris du château de l'Empereur, que l'artillerie et le génie mirent en quelques instants à l'abri d'une surprise. Des gabions et des sacs à terre y furent portés à la hâte; on rendit la brèche impraticable, et le général Lahitte fit mettre en batterie plusieurs pièces de canon. Deux compagnies de grenadiers furent envoyées par le général Hurel, sous les ordres du

1. « Nous tenons ce fait de M. le chef d'escadron d'artillerie, baron de Foucauld, qui commandait à gauche de la place une batterie de pièces de gros calibre et une batterie de mortiers. Quelques temps après l'évacuation du fort par la garnison (nous reproduisons ici son récit), un chef algérien qu'on pouvait reconnaître pour turc à son turban, et qui portait un drapeau à la main, rentra lentement dans le fort, s'y promena plusieurs minutes et disparut. Une partie des fortifications ayant sauté un instant après. M. de Foucauld et tous les hommes des deux batteries sous ses ordres n'ont jamais douté que le feu eût été mis par cet homme au magasin à poudre. »

2. Deux mille Turcs ou Arabes avaient été tués dans l'enceinte du fort. Ceux qui avaient échappé à la mort, se précipitèrent vers les murs de la ville. Ils furent foudroyés par les canons de la Casbah (P. Christian, DE L'AFRIQUE FRANÇAISE, tome I, p. 37). Dans l'intérieur de la ville, les marchands et même les chefs de la milice, jugeant toute résistance désormais impossible et rendant le Dey responsable, par son obstination, de l'irrémédiable défaite qu'ils venaient de subir, réclamaient à grands cris, la cessation des hostilités. Le dey fut obligé de céder.

commandant de Lachau[1], pour s'emparer de la batterie en avant du fort de Bab-Azzoun et explorer le fort lui-même. Le général Hurel cédait ici à cette témérité héroïque qui nous a coûté tant de sang à la guerre. Les moyens manquaient au brave commandant de Lachau pour enfoncer la porte; sa troupe fut obligée de battre en retraite, et elle perdit du monde dans ce mouvement rétrograde. Au moment même où nos troupes prenaient possession du château de l'Empereur, des nuées d'Arabes se répandirent sur nos derrières, s'emparèrent des maisons que nous venions d'abandonner et essayèrent de couper la ligne de nos communications. Ils tentèrent même des attaques sérieuses, l'une contre le parc d'artillerie et le génie, l'autre contre les bivouacs de la 3e division. Sur le premier point, ils furent vigoureusement repoussés par le 3e de ligne (colonel Roussel, brigade Poret de Morvan) et l'on remarqua dans cet engagement la belle conduite du sous-lieutenant de grenadiers Bouat[2]. Sur le second point, le général Montlivaut les fit charger par le colonel de Roncy qui, à la tête de quatre compagnies de son régiment et des voltigeurs de la 34e, les mit en fuite. Ce fut leur dernier effort.

Quand ils virent en notre pouvoir le Soultan-Calassi, qu'ils regardaient comme le meilleur rempart d'Alger-la-Guerrière, ils cessèrent de croire à la fortune du dey, et leur rapide cavalerie, s'éloignant à toutes brides, alla porter sur tous les points de la Régence la nouvelle de notre victoire, avec celle de la chute de cette domination redoutée qui avait si longtemps pesé sur les tribus[3]. »

F

La Capitulation d'Alger
5 Juillet.

« Le général en chef (Bourmont) était à peine arrivé sur les ruines du fort (l'Empereur), qu'un parlementaire turc parut devant lui[4]; c'était le premier secrétaire du dey. Les Algériens avaient cru le château de l'Empereur imprenable; mais quand ils nous virent maîtres de cette

1. Chef de bataillon à la 3e brigade de la 8e division.

2. « En 1855, lieutenant général, commandant une division en Crimée. »

3. Alfred Nettement. Histoire de la Conquête d'Alger, *écrite sur des documents inédits et authentiques*. Nouvelle édition, Paris 1867, p. 458 à 462.

4. Le 4 juillet, vers deux heures de l'après-midi.

forteresse derrière laquelle leur orgueil ne pouvait plus se retrancher, ils furent étrangement désappointés; et le dey,

Aujourd'hui devant nous, abaissant sa hauteur
Demandait à traiter par un ambassadeur[1].

Le général en chef répondit à cet envoyé que, de la position qu'il occupait, il pouvait avec son artillerie foudroyer Alger et la Cassauba, qu'il accorderait la vie sauve au dey et aux Turcs, mais qu'avant tout ils devaient se rendre à discrétion et remettre à nos troupes les forts extérieurs et les portes de la ville.

Deux Maures[2], dont l'un parlait bien français, succédèrent à ce premier parlementaire, et reçurent à peu près la même réponse; une suspension des hostilités leur fut accordée. Cependant une section de grenadiers s'était aventurée à descendre jusqu'à la porte du fort Babazoun, dont la mer baigne le pied, lorsque la garnison, qui s'était cachée pour laisser approcher les grenadiers, les accueillit par une vive fusillade qui en

1. Il avait dit la veille : « Aussi longtemps que mon palais sera debout, je ne traiterai point; j'aime mieux faire sauter la Cassauba et toute la ville que de me soumettre. »

Son secrétaire et son envoyé, Sidi-Mastapha prononça un discours dont l'ouvrage de Léon Galibert donne cette traduction, sans doute quelque peu arrangée :

« Invincible tête des armées du plus grand sultan de notre siècle! Dieu est pour toi et pour tes drapeaux; mais la clémence de Dieu commande la modération après la victoire. La prudence humaine la conseille comme le moyen le plus sûr de désarmer tout à fait l'ennemi vaincu. Hussein-Pacha baise la poussière de tes pieds, et se repent d'avoir rompu ses anciennes relations avec le grand et puissant Malek Charal (le roi Charles). Il reconnaît aujourd'hui que, quand les Algériens sont en guerre avec le roi de France, ils ne doivent pas faire la prière du soir avant d'avoir obtenu la paix. Il fait amende honorable pour l'insulte commise sur la personne de son consul; il renonce, malgré la pauvreté de son trésor, à ses anciennes créance sur la France; bien plus, il paiera tous les frais de la guerre. Moyennant cette satisfaction, notre maître espère que tu lui laisseras la vie sauve, le trône d'Alger, et que, de plus, tu retireras ton armée de la terre d'Afrique et tes vaisseaux de ses côtes... »

Ce Sidi-Mustapha ne tenait pas à passer pour un foudre de guerre. Pendant que, très humblement, il haranguait le comte de Bourmont, les batteries algériennes continuaient à envoyer des boulets. Un de ces boulets passa en sifflant à côté de la tête de l'orateur qui, sans avoir subi le moindre dommage et par le simple effet de l'émotion, s'écroula sur le sol. Le général de la Hitta le releva et lui dit avec une joviale brusquerie : « Parbleu! Sidi, de quoi vous mêlez-vous ? Ce n'est pas sur vous qu'on tire. Cela ne vous regarde pas. » Sidi Mustapha parut goûter médiocrement la plaisanterie.

2. Ahmed-Bou-Derbah et Hassan-Ben-Olhman-Khodja. L'un et l'autre parlaient français; croyant comprendre que les difficultés venaient de l'obstination du Dey, ils s'engagèrent à apporter sa tête « sur un plat » si le général en chef le désirait. « Cela, répondit-il en souriant, ne me ferait aucun plaisir. »

tua plusieurs. La section fit une prompte retraite. Mais si on eût envoyé un ou deux bataillons, munis d'échelles d'escalade, et de quelques sachets de poudre pour faire sauter la porte du fort Babezoun, on se serait immédiatement emparé de ce fort et on eût été maître de l'issue importante de la ville sur la campagne; on aurait pu alors s'opposer au départ des Turcs qui s'enfuyaient avec des Maures et des Arabes par le chemin de Constantine, le long du rivage. Il eût été d'autant plus prudent d'arrêter la fuite de ces Turcs, qui étaient autant d'ennemis du nom français qui allaient semer leur haine dans le pays[1]. Les Arabes qu campaient sur le bord de la mer, au-dessous de la maison de campagne de l'Aga, levèrent aussi leurs tentes sans être inquiétés, et mirent l'Aratch[2] entre eux et nous.

Vers deux heures[3], on vit reparaître deux parlementaires, le secrétaire du dey, et, si notre mémoire est fidèle, un des deux Maures qui s'étaient déjà présentés. Ils étaient accompagnés du consul et du vice consul d'Angleterre, que le dey avait priés d'intervenir en sa faveur- Leur intervention ne fut point acceptée. Les Turcs ne pouvaient être admis qu'à se rendre à discrétion; mais le général en chef, représentant de la générosité française, voulut bien leur assurer des garanties. Il arrêta avec les deux parlementaires, devant les officiers généraux qui se trouvèrent présents[4], que l'armée prendrait possession de la ville, de la Cassauba, et, généralement, de toutes les propriétés de la régence, le lendemain matin, 5 juillet; que la religion et les coutumes seraient respectées; que l'entrée des mosquées serait interdite aux Français; que le dey et les Turcs quitteraient Alger dans le plus bref délai; que la conservation de leurs propriétés particulières leur était garantie, et qu'ils seraient libres de choisir le lieu où ils voudraient se retirer. Cette convention fut dictée par le général en chef, et écrite par le général Desprez et par l'intendant en chef Denniée; il fut arrêté que le dey y apposerait son cachet en signe d'adhésion; et l'échange de la convention devait se faire dans la soirée. Mais le dey fit encore demander par son secrétaire qu'on lui envoyât un interprète, pour lui expliquer les condi-

1. Nous avons reproduit ce passage parce que l'opinion qu'elle exprime, justifiée ou non, était partagée par beaucoup d'officiers et qu'on la retrouve dans des journaux du temps.

2. L'Aratch ou Harrach, petit cours d'eau à une vingtaine de kilomètres à l'est d'Alger.

3. vers quatre heures.

4. Le chef d'état major général Desprès, les lieutenants-généraux Berthezène, des Cars; les généraux Valazé, La Hitte, Tolozé, le baron Denniée, et un nombreux état-major, dont faisait partie le futur maréchal Pélissier.

tions de la convention. Le général en chef eut égard à cette demande et le dey répondit à notre interprète[1] qu'il se fiait à la loyauté française.

L'échange de la convention eut lieu définitivement le |5 au matin, et le dey demanda vainement un délai pour assembler et consulter le divan[2]. Durant la suspension d'armes, le général Valazé avait fait continuer les travaux d'attaque contre la ville; et, vers 7 heures du soir, le général en chef retourna au château de l'Empereur pour se concerter avec les généraux Valazé, Berthezène et de la Hitte sur les dispositions à prendre le lendemain à tout événement[3]. »

***

Portée par un bateau à vapeur, la nouvelle de la prise d'Alger arriva à Toulon, le 9 juillet. Le préfet maritime la télégraphia le jour même au baron d'Haussez, ministre de la Marine. « Je m'empressai, dit celui-ci, de la porter au roi qui, en l'apprenant, s'avança vers moi en me tendant les bras. Comme je m'inclinais respectueuseuement pour lui prendre la main et la baiser : « Aujourd'hui, me dit-il, on s'embrasse » et Sa Majesté me pressa sur son cœur avec une effusion, avec une bonté dont le souvenir me sera toujours cher et glorieux. »

Il y eut, le 11, un *Te Deum* à Notre-Dame, ou l'archevêque de Paris,

1. Brassewitz, qui avait été interprète pendant la campagne d'Egypte. « Le bon vieillard fut si profondément ému de paraître seul devant le Dey dans la Cassauba, qu'il en mourut quelques jours après. » *Note de E. d'Ault-Dumesnil.)*

Brassewitz écrivait le 12 juillet, du quartier général, au prince de Polignac (la lettre fut transmise le 12 par le général en chef) : « Etant dans un âge avancé, je désirais vivement terminer ma carrière d'une manière honorable, et donner une marque éclatante de mon dévouement au meilleur des rois, la fortune m'a souri, elle m'a procuré ce bonheur. Après avoir recommandé ma famille au général en chef, pour le cas où je serais victime de mon dévouement, je suis monté à cheval à six heures du soir (le 4 juillet), accompagné d'un seul Turc et, avec ce modeste cortège, je suis entré à Alger, et je me suis présenté au dey, que j'ai trouvé entouré de plusieurs centaines de ses miliciens. Le moment était critique. Ce n'était pas du dey, c'était plutôt des janissaires, qui ne raisonnent pas et qui sont toujours prêts à se révolter, que j'avais une juste appréhension. Pendant que je lisais à haute voix les conditions fatales qu'on leur imposait, le Dey restait impassible; mais les miliciens ne cessaient de me lancer des regards effrayants. J'avoue, monseigneur, qu'il y a eu des moments où je voyais rouler ma tête avec celle du Dey lui-même. Heureusement, la Providence en avait autrement ordonné. Après la lecture et l'explication des articles, le Dey fit retirer tout le monde. Je suis resté en conférence près de trois quarts d'heure avec lui et, à la nuit tombante, j'ai rejoint, seul, les avant-postes français, qui étaient bien charmés de me revoir. »

2. Conseil des ministres, des principaux fonctionnaires, et de quelques personnages notables.

3. DE L'EXPÉDITION D'AFRIQUE EN 1830, *par E. d'Ault-Dumesnil, ex-officier d'ordonnance de M. le maréchal de Bourmont.* Paris 1832, p. 94 à 98.

Mgr de Quelen, officia. Le cortège officiel était composé de douze carrosses de gala attelés de huit chevaux. La garde royale et les régiments de ligne en garnison à Paris formaient la haie.

Paris pavoisa. Les édifices publics et plusieurs maisons particulières furent illuminés, mais une partie de la population s'abstint de prendre part à ces manifestations, et, pour elle, le succès de l'expédition d'Afrique et la prise d'Alger, furent des événements très malheureux.

G

L'Entrée des troupes françaises à Alger

« Le 4 juillet, après l'explosion du château de l'Empereur, une vive agitation s'était produite parmi les Arabes et les Kabyles campés sur la plage; puis, tout d'un coup, comme d'un commun accord, ils avaient pris leur course et disparu vers la plaine de la Métidja. C'était l'avant-garde de l'émigration algérienne. Pendant tout le reste du jour, on vit sortir par la porte Bab-Azoun et s'éloigner dans la même direction des troupes de fugitifs poussant devant eux des mulets lourdement chargés, tandis que des barques encombrées de passagers et de bagages quittaient le port et s'efforçaient de gagner les parages du cap Matifou. La nuit venue, les principaux de la ville, convoqués par le muphti, s'étaient assemblés dans la grande caserne des janissaires[1]. Mais, malgré les excitations fanatiques de quelques alémas qui voulaient provoquer une résistance désespérée dans la ville même où tout au moins ouvrir par la force un passage à travers les rangs de l'armée française, la chute de la puissance algérienne fut acceptée comme un jugement de Dieu.

Pendant que le plus grand nombre, sans espoir, mais sans terreur excessive, rentrait et se renfermait chez soi pour attendre la journée du lendemain, les plus violents ou les plus timides mettaient à profit, pour s'éloigner à la hâte, les dernières heures de la nuit. Au point du jour, il ne restait donc plus, à Alger, qu'une population résignée fatalement à sa nouvelle fortune...

1. « *Dar Yenkcheria m'ta Bab-Azzoun*, la maison des janissaires de Bab-Azzoun, près de la porte d'Azzoun; c'était la caserne la plus grande sous tous les rapports, aussi l'appelait-on *El Kebira m'ta Lubendjia* ou des buveurs de petit lait, parce que les janissaires qui l'habitaient avaient la coutume, lorsque la mauvaise saison diminuait les arrivages, d'aller attendre les Arabes, à Aïn-Rebot, village de l'Agha, pour se procurer cette denrée. » ITINÉRAIRE DE L'ALGÉRIE, par Louis Piesse. P. 1862, p. 54. On avait construit à Alger en 1650, cinq casernes dont chacune logeait six cents soldats environ : ils étaient trois dans chaque chambre et des esclaves étaient chargés de les servir.

Au camp français, le comte de Bourmont disposait tout pour l'occupation militaire et l'administration d'Alger. Le général Tholozé allait prendre le commandement de la place; M. d'Aubignosc était nommé lieutenant général de police. Une commission de gouvernement, dans laquelle ils avaient place l'un et l'autre et dont faisaient également partie le payeur général de l'armée, M. Firino, et le consul Deval (neveu de celui qui avait été insulté par le dey) était instituée sous la présidence de l'intendant en chef, M. Denniée. Quant aux points relatifs à l'occupation militaire, le général en chef avait réglé que la porte et le fort Bab-el-Oued seraient occupés par des troupes de la première division[1], la porte et le fort Bab-Azoun par des troupes de la troisième[2]. C'était à la deuxième division[3] qu'était réservé l'honneur de fournir, avec l'escorte du général en chef, la garde de la Kasbah et celle de la porte Neuve[4], qui s'ouvrait à mi-côte, entre la citadelle et la ville. Tous les corps qui devaient figurer dans cette solennité avaient reçu l'ordre de se mettre en grande tenue.

Afin d'honorer et de récompenser les services que l'artillerie et le génie n'avaient pas cessé de rendre depuis l'ouverture de la campagne, le comte de Bourmont avait autorisé les généraux de La Hitte[5] et Valazé[6] à placer en tête de la colonne qui devait pénétrer par la porte Neuve des détachements des deux armes spéciales. Mais les voitures de l'artillerie ayant bientôt encombré le chemin à peine praticable qui, du fort de l'Empereur menait à la porte Neuve, il en résulta quelque désordre et surtout un regrettable retard. En dépit des consignes, et las d'attendre, un certain nombre d'hommes isolés s'étaient aventurés dans la ville, et suivant une ruelle tortueuse qu'ils avaient trouvée devant eux, ils étaient arrivés jusqu'à la Kasbah. Hussein venait d'en sortir[7]. Aux esclaves du dey qui s'étaient attardés pour rapporter à leur maître tout ce qu'il leur serait possible de sauver encore, s'étaient mêlés des Maures et des Juifs qui furetaient pour leur propre compte. Le premier uniforme

1. Division Berthezène.
2. Division des Cars.
3. Division Loverdo.
4. Il y avait en 1830, à Alger, six portes, la porte de la Pecherie, la Porte-Neuve, au sud, du côté du port, la porte Sidi-Ramdan, derrière la mosquée de ce nom, les portes Bab-el-Oued et Bab-Azoun. C'était à la porte Bab-Azoun qu'on attachait à d'énormes crocs, les têtes des criminels. (Éd.).
5. Commandant de l'artillerie.
6. Commandant du génie.
7. Et c'était peut-être la première fois depuis son avènement. « Le Dey ne sortait jamais de la Casbah. Il y passait sa vie à fumer, à prendre du café, à caresser un petit tigre, à rendre la justice à ses sujets *et à faire trancher des têtes*... Ault-Dumesnil, p. 112. Les *tranchements* de têtes sont de trop, car, en réalité, Hussein, pendant tout son règne, se montra un souverain assez débonnaire.

français fit sur cette cohue affairée l'effet d'un épouvantail; en quelques instants tous eurent fui... Enfin le général en chef arriva; l'ordre se rétablit : des factionnaires furent placés devant la porte des appartements particuliers du dey et de ses femmes.

Au milieu de la confusion qui venait de cesser à peine, un Turc était resté, grave, impassible, sous une des galeries qui entouraient la cour principale de la Kasbah : c'était le Khaznadj, le vaillant chef qui, la veille, avait détruit, après une vaine mais héroïque défense, le château de l'Empereur. Ministre des Finances du dey, il attendait, les clefs du trésor à la main, que les chefs de l'armée victorieuse vinssent le relever de ses fonctions...

Pendant que le Khaznadj faisait aux commissaires français la remise du trésor, le général en chef et son état-major parcouraient avec une curiosité mal satisfaite l'ancienne résidence du dey. Quelle déception pour des imaginations françaises qui s'étaient fait fête de visiter dans ses merveilleux et voluptueux détails un palais des *Mille et une Nuits!...*

En prenant leurs postes ou en établissant des communications des uns aux autres, nos soldats ne cherchaient à dissimuler ni leur curiosité ni leur surprise. Cette ville triste et muette leur causait des impressions étranges; cependant elle n'était point déserte; çà et là un marchand assis devant sa boutique fermée; sur les terrasses, quelques femmes juives; dans les carrefours, des groupes de Maures et de Turcs fumant en silence; mais si les gens d'Alger étaient pour les Français un spectacle, les Français ne semblaient pas en être un pour eux; on eut dit vraiment qu'ils ne s'apercevaient pas de leur présence. C'était cette dédaigneuse indifférence des vaincus qui étonnait les vainqueurs davantage[1]. La dignité froide des races d'Orient, leur calme fataliste, inconnu à la vivacité française, l'irritaient comme une protestation insolente.

Alger, malgré tout, n'en appartenait pas moins aux Français. La

1. Cette indifférence n'était sans doute que très relative ou tout au moins intermittente, car un officier qui prit part à l'expédition et plus tard en publia le récit, le capitaine Barchou de Penchoen, un des deux aides de camp du général Berthezène, raconte dans ses MÉMOIRES D'UN OFFICIER D'ÉTAT-MAJOR que lorsque les soldats français pénétrèrent dans la rue Bab-el-Oued une foule de Maures et de Kouluglis, pressés autour d'eux, « admirèrent, d'abord, bruyamment nos armes, nos vêtements, nos manœuvres, puis s'émerveillèrent encore bien davantage de notre manière d'être. »

Ces pioupious d'Afrique, avaient adopté pour leur usage personnel une espèce de charabia fantaisiste, mêlé de français et d'arabe. « Dès le premier jour, rapporte le même officier, ils le jargonnaient intrépidement pendant qu'assis sur les devantures des boutiques de barbiers, ils fumaient dans des pipes à long tuyau et prenaient le café à la turque, comme s'ils n'avaient fait que cela toute leur vie. »

Et, c'était leur manière à eux, et point négligeable, d'apaiser les rancunes et d'assurer la conquête.

Kasbah et la porte Neuve occupées par la brigade Damrémont, la porte et le fort Bab-el-Oued, par la brigade Achard, la porte, le faubourg et le fort Bab-Azoun par la brigade de Montlivault, la Marine, par les sapeurs du génie et les canonniers, l'artillerie de campagne en batterie sur la plage et près du château de l'Empereur, le reste de l'armée de siège, tout autour d'Alger, la flotte enfin rangée devant le port, tout attestait la victoire de la France et la chute définitive de la puissance algérienne. »

Camille Rousset. LA CONQUÊTE D'ALGER, p.221 et suiv.

H

La Casbah en 1830

« La Casbah n'était point un palais, ni même dans nos habitudes européennes une habitation tolérable : c'était une enceinte informe, formée par de hautes murailles crénelées à la mauresque, et où s'échappaient, par de profondes embrasures, de longs canons dont l'embouchure était peinte en rouge. Deux ruelles étroites et tortueuses conduisaient à l'entrée principale de cette espèce de citadelle.

On y pénétrait par une porte lourde et massive, sous un porche obscur et sans autre ornement qu'une fontaine de marbre, d'où s'échappait, dans une coupe gracieusement sculptée, une eau fraîche et limpide. Une ruelle étroite, flanquée par les écuries du dey, conduisait à la cour du divan. Cette cour était vaste, pavée en marbre et entourée d'une galerie couverte, soutenue par des colonnes mauresques en marbre blanc.

On y remarquait un magnifique citronnier et une fontaine d'où s'élevait un mince jet d'eau. Sur un des côtés de la galerie, plus orné que les autres, resplendissaient des glaces de toutes les formes et de tous les pays; une banquette régnait dans toute sa longueur, et à l'une de ses extrémités elle était recouverte d'un tapis de drap écarlate, bordé d'une frange de même couleur : c'est là que se plaçait le dey pour tenir son divan, rendre la justice, ou donner audience aux consuls et aux marchands étrangers : c'est là qu'eut lieu la scène du chasse-mouches. Cette galerie n'avait d'autres meubles que des tapis de Smyrne, une pendule gothique à garniture de Boule, enrichie de bronze doré, un petit meuble de laque, dans les tiroirs duquel se trouvait un Coran, un calendrier turc[1] et

1. Ce calendrier était une longue bande de parchemin de quatre pieds de longueur et de trois pouces et demi de largeur, sur laquelle on voyait tracés en caractères arabes, les mois de l'hégire entourés de versets du Coran, le tout orné d'arabesques d'or et de couleurs d'un fini précieux.

quelques boîtes de parfums. Il y avait aussi un baromètre anglais, monté sur une table d'acajou et dont les légendes étaient gravées sur des plaques de patine. On trouvait plusieurs instruments du même genre et de formes différentes dans les appartements du dey, et un surtout très riche de Dollon, cadeau du prince régent en 1819. Sous cette même galerie, à l'autre extrémité de la banquette, s'ouvrait la porte du trésor, armée d'énormes serrures et d'un fort guichet de fer; elle donnait entrée à deux ou trois corridors, sur lesquels s'ouvraient des caveaux sans fenêtres, coupés dans leur longueur par une cloison : c'est là qu'étaient jetées, en tas, des monnaies d'or et d'argent de tous pays, depuis le boudjou, d'Alger, jusqu'au quadruple du Mexique.

Autour de la cour du divan, qui en formait la pièce principale, des salles et des magasins, des écuries et de petits jardins ou cours plantés d'arbres et dans lesquelles se promenaient des autruches[1], un kiosque, une mosquée, une salle d'armes, une ménagerie renfermant quelques tigres et quelques lions, un vaste magasin à poudre dont le dôme avait été mis à l'abri de la bombe par une double couverture de balles de laine, enfin un parc à boulets, formaient les dépendances du palais enclavé dans de hautes murailles de quarante pieds, terminés par une plate-forme à embrasures, sur laquelle étaient braqués près de deux cents canons de tout calibre soigneusement peints en vert et en rouge[2], à leur embouchure, et dont une moitié servait à défendre la ville du côté de la campagne, et l'autre moitié à la réduire en poudre en cas de révolte.

Les appartements du dey et son harem étaient situés au second étage, dans le côté de l'est. La galerie qui y conduisait par un petit escalier en bois peint en vert et en rouge, comme toutes les boiseries de la casbah, servit de salle à manger au général en chef. Cet escalier menait à une autre galerie, fermée par des stores de toile de Perse et par de larges fenêtres à la turque, donnant sur la cour du divan. Trois grandes pièces, qui ne communiquaient pas entre elles, formaient le logement du dey. Au bout de cette galerie était un petit kiosque, entouré d'un divan rouge dans lequel Hussein venait prendre le café et fumer sa pipe après les audiences publiques; le kiosque servit de salon aux aides-de-camp de l'état-major général. Au-dessous était une porte très basse, servant d'entrée au harem, composé de deux cours, autour desquelles régnaient

1. La Casbah renfermait un grand nombre d'autruches : ces pauvres oiseaux furent inhumainement plumés vivants. L'amateur le plus curieux de leurs dépouilles était le général... qui en fit une très belle collection; il disait à ceux qui s'amusaient, en le voyant écorcher ces malheureuses bêtes, qui criaient à fendre le cœur : « Ceci fera plaisir à ma petite Anaïs » Ce mot est resté proverbial à l'armée (De l'Afrique française, par M. P. Christian. P. s. d. (vers 1845) tome I. p. 43).

2. Le vert et le rouge étaient les couleurs du deyleck d'Alger.

des chambres et des boudoirs, et toutes les dépendances nécessaires au service des femmes. Ces appartements n'avaient aucune fenêtre sur les parties publiques du palais; de petites croisées garnies de barreaux serrés, ouvrant sur les jardins, donnaient de l'air et du jour et des ouvertures longues et étroites comme des meutrières laissaient seules apercevoir quelques échappées de mer et de campagne.

Le mobilier du harem était plus somptueux qu'élégant : on n'y trouvait ni le goût français ni la propreté anglaise; mais des tapis de grand prix jetés à profusion sur le carreau, des étoffes d'or et d'argent, un luxe étonnant de coussins de toute grandeur et de toutes formes, en drap et en velours, rehaussés de riches broderies arabes, de glaces et de cristaux sans nombre; des meubles d'acajou, lourds massifs, et surchargés d'ornements de bronze doré; des lits entourés de moustiquaires, en mousseline de l'Inde à fleurs d'or; des divans partout, et tout cela dans une atmosphère de roses, de jasmin, de musc, de benjoin et d'aloës. On trouva dans le harem un grand nombre de tables de toilette, de coffres et de nécessaires en bois précieux de l'Asie, incrustés de nacre, d'ambre, d'ivoire et d'ébène; des porcelaines de la Chine et du Japon du plus grand prix, et une multitude incroyable de petits meubles bizarres et inconnus en Europe, inventés pour satisfaire les caprices enfantés par l'ennui et le désœuvrement du harem, et par les habitudes fantasques et voluptueuses des femmes de l'Orient.

Les appartements du dey étaient beaucoup plus simples, avec leurs murailles nues et blanchies à la chaux; des tapis et des divans formaient leur unique mobilier; des pipes, des armes, des pendules anglaises et quelques lunettes marines furent tout ce qu'on y trouva; mais les armes étaient d'un prix inestimable. Quelques dignitaires de l'état-major général se partagèrent les fusils garnis de perles et de corail, les sabres à fourreaux d'or et d'argent. C'étaient les épaves de la victoire... »[1]

I

EPILOGUE

La disgrâce et la fuite du vainqueur

Un des résultats de l'expédition d'Afrique fut de condamner à l'exil, presque en même temps, celui qui avait perdu Alger et celui qui l'avait conquise.

1. L'ALGÉRIE FRANÇAISE, par Arsèue Berteuil, pharmacien en chef des Hôpitaux militaires de l'Armée d'Afrique. Paris, 1856, tome I, p. 145 à 148.

La plupart des Français plaignaient le malheureux Turc chassé de son pays d'élection avec ses huit ou dix millions et ses cinquante-cinq femmes. Quant au maréchal de Bourmont, ses ennemis, malgré ses lauriers, ne désarmaient pas.

Le *National*, que je continue à citer de préférence, parce que les autres journaux d'opposition n'en furent que de pâles reflets, le *National* redoublait ses attaques contre le « transfuge » et persistait à le juger aussi mauvais général que mauvais citoyen. S'il avait pris Alger, c'était assurément par l'effet d'un simple hasard et en dépit de toutes les prévisions et de toutes les vraisemblances. Pour confirmer les opinions, au premier abord hasardeuses, de ces stratèges de salle de rédaction, un officier aigri, plus apte à manier la plume que l'épée, ou quelque riz-pain-sel ou quelque Purgon galonné leur envoyait, entre deux rapports, deux distributions de café ou deux clystères, l'habituelle provision d'informations erronées et d'appréciation malveillantes.

On leur écrivait, d'Alger, le 15 juillet :

« Le général Bourmont pourra bien être fait maréchal[1]; mais quant à sa réputation militaire, elle est à jamais perdue. Il n'a fait que sottises sur sottises, et si nous avons atteint notre but, c'est en dépit de toutes les fautes qu'il a commises. Nos pertes ont été infiniment plus considérables qu'elles n'auraient dû l'être, et cela doit être mis sur le compte du général en chef qui a toujours préféré le moyen le plus mauvais; nul doute qu'avec un bon général, nous n'eussions pas perdu plus de cinq cents hommes... » (N° du 9 août.)

Les nouvelles apportées par la correspondance du 30 juillet étaient non seulement alarmantes mais sinistres. Tous les lecteurs durent en frémir :

« Il y a un mécontentement général dans l'armée. Tous les jours des soldats sont assassinés ou empoisonnés, et le général en chef ne fait aucun exemple. L'on dit, à haute voix, qu'on devrait le traduire à un conseil de guerre. Les Bédouins et les habitants de la ville font les insolents. L'on sème des cartouches dans les rues. Plusieurs individus ont été saisis sur le fait, et l'on ne prend aucune mesure de répression. Nous sommes à la veille d'un massacre. Chacun cherche à retourner en France. Le général en chef est détesté. Nous avons plus de 8.000 malades dans les hôpitaux et il en meurt tous les jours en grand nombre. Tout va mal. Il faut pour gouverner le pays un autre homme que M. de Bourmont. » (N° du 14 août.)

Bourmont n'était déjà plus qu'un vaincu, malgré ses victoires, que ses ennemis d'Alger, tapis dans leur obscurité, s'acharnaient, dans leurs

1. Il reçut le baton de maréchal à Birtouta, dans la Mitidja.

correspondances du 25 août, de le calomnier, de l'abattre, et le journal, joyeux, triomphant, insérait, insérait toujours :

« Le général Clauzel n'est pas encore arrivé : marins, soldats et commerçants l'attendent avec la plus vive impatience. Rien n'égale la désorganisation qui préside à tout, et le comte de Bourmont, depuis qu'il connaît la glorieuse révolution opérée à Paris, semble avoir perdu la tête et méconnaître ou trahir ses devoirs. Les faiblesses, les désordres de son administration sont extrêmes et peuvent compromettre la sûreté personnelle de tous les Français. » (N° du 9 septembre.)

Ceux qui étudient de près l'expédition de 1830 ne tardent pas à s'apercevoir que la jalousie, parmi les chefs, y a tenu beaucoup trop de place. La vaillante armée à laquelle on confia cette expédition et qui l'exécuta si brillamment, était formée d'éléments très disparates. Les soldats prirent vite une âme collective, mais il ne pouvait en être de même chez ceux qui les commandaient.

La plupart des officiers de l'armée d'Afrique appartenaient à la plus haute aristocratie; d'autres, parmi les plus élevés en grade, comme Berthezène ou Duperré, étaient des anoblis de l'Empire; les moins nombreux se rattachaient à la bourgeoisie, plus rarement à la plèbe, et ne se paraient d'aucun titre, d'aucune particule. L'opposition des caractères s'aggravait ainsi de celle des origines.

Les opinions politiques contribuaient également à diminuer l'esprit de corps. Aux souvenirs napoléoniens, très vivants encore, se mêlait, chez beaucoup d'officiers, l'espoir, l'attente d'un régime, monarchie ou république, *déprêtrisé* et nettement libéral.

Les antipathies personnelles jouaient naturellement leur rôle. La chaleur de l'été algérien contribua sans doute à les rendre plus vives. Il fallait un caractère éminemment gai, franc et aimable, comme celui d'Amédée de Bourmont, avec l'attrait et le prestige de la jeunesse, pour dissiper ces vapeurs mauvaises et rallier tous les cœurs.

Mais, en haut, parmi les chefs, Duperré, sec et dur, détestait Bourmont, que Berthezène n'aimait guère, et auquel Loverdo ne pardonnait pas d'avoir obtenu, si facilement, le commandement qu'il sollicitait.

Stimulant essentiel du courage et principale cause de la désunion, la vanité, maladie nationale, produisait, en 1830, comme toujours, ses effets ordinaires. Elle provoquait les actes les plus héroïques et, contre les chefs, elle dressait, susceptibles et irritables, les subordonnés. Convaincus, suivant les vieilles traditions françaises, qu'ils étaient supérieurs à ceux dont ils dépendaient, et humiliés d'avoir à leur obéir, ils prenaient leur revanche, trop souvent, dès que s'en présentait l'occasion, par la médisance ou la calomnie — l'indiscipline n'étant pas encore autorisée...

Je n'en donnerai qu'un exemple.

Un témoin de cette campagne d'Afrique, un officier d'état-major, que j'ai eu à plusieurs reprises l'occasion de citer, Ault-Dumesnil, écrivait, en 1831, dans son livre si bien renseigné[1] :

« Si le malheur protège la gloire du maréchal de Bourmont, sa vie privée surtout semblait inattaquable sous cette égide; cependant l'auteur, qui n'est pas anonyme pour nous d'un COUP D'ŒIL SUR LA CAMPAGNE D'AFRIQUE (publié en 1830), méconnaissant les droits de l'infortune, a parlé inutilement des *affaires personnelles* du maréchal de Bourmont, en termes qu'il devait peut-être se permettre moins qu'aucun autre. »

L'auteur en question renonça à son anonymat lorsqu'il fit paraître, en 1832, une seconde édition de son livre sous ce nouveau titre, RELATION DE LA CAMPAGNE D'AFRIQUE EN 1830. C'était le marquis de Bartillat, ancien commandant du quartier général pendant la campagne, et qui oublia sans doute un peu trop, en la racontant, que Bourmont avait été son chef et que ce chef, au moment où il parlait de lui avec si peu d'indulgence, était abandonné de tous.

Selon que vous serez puissant ou misérable... Dès que la disgrâce du général en chef, sans être encore certaine et définitive, parut probable ou possible, on commença, dans son entourage, à le juger plus sévèrement, à mieux voir ses défauts ou à lui en prêter d'imaginaires. On lui reprocha même de tromper sa femme, comme si, dans toute la France, il était le seul!

De même que ceux qui l'attaquaient, le maréchal de Bourmont prêtait sur certains points, comme homme et comme soldat, à la critique. A égale distance du dénigrement et de la flatterie, je crois qu'on peut trouver la note juste dans ce portrait que trace de lui un de ceux qui servirent sous ses ordres :

« Personne ne lui contestait une grande bravoure, un esprit fin, délié et juste; à cinquante ans, il conservait une figure agréable, des manières affables et gracieuses; sa conversation était pleine d'agrément; mais il se livrait trop au plaisir de causer, de raconter surtout, et ce défaut, joint à une paresse excessive, lui faisait souvent perdre un temps précieux. Se levant tard, sortant fort peu, il était presque inabordable pour les officiers de l'armée. Une vie aventureuse, le goût des plaisirs et du jeu l'avaient mis en relation avec une foule d'intrigants et de gens sans probité comme sans talents. Il ne sut jamais éloigner de lui cet entourage qui, dans l'armée comme dans toute la France, excitait

1. EXPÉDITION D'AFRIQUE EN 1830, p. 13.

une défiance qui rejaillissait, peut-être à tort, sur le général lui-même[1]. »

Homme, et gentilhomme, du XVIIIe siècle, par bien des côtés, aimable, léger, sceptique, sauf dans son culte de la monarchie et son dévouement pour le roi, par là aussi il déplaisait aux « penseurs » et aux « sabreurs » de son armée. L'élégance de ses manières et la grâce de son esprit leur étaient un reproche et une injure.

Du reste, les événements qui suivirent la prise d'Alger allaient bientôt aigrir et assombrir son caractère.

Dans la liste de promotions adressée au président du Conseil, il demandait de larges récompenses : trois promotions de lieutenants-généraux (généraux de division), huit de maréchaux de camp (généraux de brigade), 386 décorations de la légion d'honneur ou de l'ordre de Saint-Louis. Le ministère n'accorda que le bâton de maréchal pour Bourmont et deux croix de Saint-Louis, l'une pour son fils Louis et l'autre pour M. de Bessières[2]. Ces deux officiers refusèrent de porter leur décoration, tant qu'on n'aurait pas accordé à leurs camarades les grades ou les distinctions qu'ils méritaient.

L'armée, mécontente et à juste titre, rendait son général en chef responsable de cette espèce d'ingratitude, quoiqu'il n'eût rien négligé pour l'empêcher.

Ainsi, s'évanouissaient tout d'un coup, ces rêves de réhabilitation, de réparation de la lourde faute commise à Waterloo, et de rentrée triomphale.

Bourmont souffrait cruellement de l'inutilité de ses victoires, et d'une impopularité dont l'injustice et l'acharnement le frappaient au cœur. Et il songeait à la mort de son fils, à ce surcroît d'expiation, dont on ne voulait tenir aucun compte.

Il ne s'attendait pas au nouveau coup qui allait l'atteindre, dans ses plus chères convictions.

Il avait chargé son fils aîné, Louis, d'aller apporter au roi, comme un trophée et comme un hommage, les 72 drapeaux pris à Alger. Quand ce jeune officier arriva à Paris, Charles X était en exil.

Bourmont en apprit la nouvelle, dans la nuit du 11 au 12 août, par cette lettre du général Gérard, qui le remplaçait au ministère de la Guerre, lettre datée du 2 août :

1. Mémoire sur les opérations de l'Armée française sur la cote d'Afrique. par un capitaine de l'Etat-major général de l'armée expéditionnaire. Alger, 1863, p. 14.

2. On avait voulu, paraît-il, punir l'armée de quelques manifestations anti-loyalistes.

« Monsieur le Maréchal,

« Le ministère dont vous vous êtes détaché pour prendre le commandement de l'armée d'Afrique, en conseillant au Roi des actes empreints, au même degré, d'illégalité et d'imprudence, vient d'amener, dans la situation du gouvernement de la France, une révolution aussi complète qu'inattendue... Paris offrait et offre encore l'aspect d'un camp retranché, barricadé dans les rues et où cent mille hommes des meilleures troupes ne pourraient pénétrer. Mais maintenant le mouvement est entièrement terminé. Les départements ont partagé l'élan et les sentiments de la capitale. Les troupes se réunissent partout aux citoyens. La retraite du roi et de la famille royale, la disparition des ministres, ont mis le sceau au changement qui vient de s'opérer.

« M. le duc d'Orléans a accepté le titre et les fonctions de lieutenant-général du Royaume... Le drapeau tricolore flotte sur tous les établissements publics.

« Les Chambres se rassemblent au jour fixé pour leur convocation, et leurs délibérations vont régulariser et fixer les résultats de cet élan général et spontané...

« Vous avez, monsieur le Maréchal, à seconder en ce qui vous concerne le vœu général de la France, ainsi que les vues du Prince qui s'est chargé de veiller aux destinées du royaume, et à prendre les mesures convenables pour garantir de toute atteinte les graves intérêts qui vous sont confiés.

« Informez l'Armée de ce qui s'est passé : faites prendre à la troupe la cocarde tricolore.

« Continuez, de concert avec la Marine, les opérations militaires ou maritimes commencées ou projetées. Maintenez la population du pays dans l'obéissance et le respect des armes françaises.

« Tout annonce que les relations amicales de la France avec les Puissances étrangères ne seront point troublées. Veillez néanmoins avec soin sur la conduite des agents étrangers et montrez-vous prêt à faire respecter de tous la position que l'armée française occupe.

« Dans le même but, suspendez jusqu'à nouvel ordre l'exécution de ceux que vous pourriez avoir reçus pour la rentrée en France d'une portion des troupes sous votre commandement...

« La position particulière que vous avez choisie, le succès de l'entreprise qui vous a été confiée, l'absence de votre nom au bas des actes qui ont été l'objet de la réprobation universelle, séparent votre cause, monsieur le Maréchal, de celle des ministres auxquels vous avez été associé. Mais vous devez sentir qu'une impérieuse responsabilité et une responsabilité toute spéciale, pèserait sur vous, si vous permettiez que la moindre hésitation, la moindre dissidence se manifestât parmi les militaires sous vos ordres, et pût tendre à compromettre les résultats que la France a droit d'attendre de l'Expédition que vous avez dirigée... »

Une nouvelle lettre datée du 13 août lui annonçait qu'il était remplacé dans son commandement par le lieutenant-général Clauzel.

Il s'y attendait. Ce remplacement, il l'avait lui-même sollicité. Le 17 août, n'ayant pas encore reçu la seconde lettre du ministre, il écrivait à Mme de Bourmont :

« J'avais demandé, dès le 7 juillet, de retourner en France. J'ai renouvelé cette demande trois fois, et avant-hier encore en écrivant au général comte Gérard. Je suis vraiment malade; mon estomac est détraqué; je ne peux plus ni manger ni dormir la nuit. Si tu es à Paris et que tu puisses voir ou faire parler au général Gérard, demande-lui de m'autoriser le plus tôt possible à remettre le commandement de l'armée au général Berthezène et à retourner en France... J'ai grand besoin d'aller pleurer avec toi le bon fils que nous avons perdu... »

Quand on avait appris à l'armée la nouvelle de cette révolution imprévue qui n'abattait un trône que pour en élever un autre, la plupart des officiers s'étaient montrés fort satisfaits du changement où s'y étaient ralliés, avec plus ou moins d'empressement et de conviction. Quelques-uns, surtout des officiers supérieurs, avaient essayé de soulever l'armée et de s'en servir pour une contre-révolution. N'ayant pu réussir, ils prirent le parti de se réfugier en Espagne, pendant que le drapeau tricolore était arboré, le 17 août, sur les bateaux de guerre et de commerce, sur les forts et les batteries d'Alger.

Bourmont fut-il du nombre de ceux qui crurent cette contre-révolution possible et s'efforcèrent de la tenter ? Ses ennemis l'ont dit, quelques historiens l'ont répété, mais on n'en a donné aucune preuve sérieuse.

Dans l'état de fatigue physique et de dépression morale où il se trouvait, à défaut de la gloire qu'on lui refusait, il n'aspirait qu'au repos et peut-être à l'oubli.

Il écrivait à sa femme, le 28 août, qu'il attendait avec impatience le général Clauzel, et que, dès l'arrivée de celui-ci, il espérait pouvoir rentrer en France. L'impopularité n'allait-elle pas l'y attendre où l'y poursuivre ?

Il n'ignorait pas les accusations dirigées contre lui, l'enquête commencée ou projetée[1]. Dans le calme de sa conscience, il ne s'en inquiétait nullement. Il comptait, et peut-être trop, sur la vérité et sur la justice.

1. Et là encore nous retrouvons le *National* réclamant, exigeant cette enquête et non pas seulement contre Bourmont et les généraux de l'armée d'Afrique, mais contre « l'administration dilapidatrice du gouvernement déchu, » administration qui laissait, d'ailleurs, la France en pleine prospérité financière.

« Une enquête, écrivait-il au général Gérard, est ordonnée à raison des bruits qui ont couru sur de prétendues dilapidations à Alger; rien de plus heureux ne pouvait arriver en ce moment pour moi et pour l'armée. La vérité sera connue, et je ne doute pas, monsieur le comte, que vous ne la fassiez ensuite publier avec plaisir. En partant d'ici, je prends soin de faire visiter scrupuleusement ce que j'emporte par l'administration de la Douane, afin de ne pas laisser de prétexte à la calomnie. »

Plus que lui, sa femme s'indignait et s'irritait de toutes ces suspicions. Il s'efforçait de la calmer et n'y parvenait pas toujours. « Savoir se taire et ne pas s'impatienter, lui disait-il dans une de ses lettres[1], » et il ajoutait, ce qui montre bien dans quel état de gêne se trouvait le prétendu dilapidateur, l'homme qu'on présentait comme chargé des dépouilles de la Casbah : « Notre appartement (à Paris) est trop cher; tâche de céder le loyer... Il est nécessaire de faire le moins de dépenses possible, parce que je n'ai rien pour y pourvoir : je suis parti les mains et les poches vides. »

Le 2 septembre, le général Clauzel avait abordé à Alger, sur l'*Algésiras*. Le lendemain, son prédécesseur, s'étant vu refuser, pour son départ d'Algérie, un vaisseau de l'État (Duperré prenait lui aussi sa revanche) se mettait en quête d'un bateau de commerce qui pût le transporter non pas en France, où sa vie aurait été en danger et on l'en avait averti, mais en Espagne, d'où il comptait se rendre en Angleterre auprès du roi Charles X.

Il ne trouva qu'un petit brick autrichien, l'*Amatissimo*, commandé par le capitaine Gagrizza. Il s'y embarqua avec deux de ses fils, Aimé et Charles et deux domestiques.

« J'étais à terre présent à l'embarquement du maréchal de Bourmont, raconta plus tard le capitaine Gagrizza, il était accompagné de deux de ses fils et de deux domestiques. Leur bagage était si peu de chose que deux de mes marins suffirent à le porter. Un de ses fils avait sous ses bras un petit coffret; je lui offris de m'en charger; il refusa mon offre, ce qui me fit soupçonner qu'il contenait quelque chose de grand prix. Voyant cependant que, quelques jours après, ce coffret n'était pas renfermé, j'en fis l'observation au maréchal qui me répondit en me montrant le contenu. « Ce que renferme ce coffret, quoique bien précieux pour moi, ne tentera la cupidité de personne. Voilà le seul trésor que j'emporte d'Alger : c'est le cœur du fils que j'ai perdu. »

Après avoir débarqué dans l'île de Majorque, à Palma[2], les quatre fugitifs, l'*Amatissimo* continua sa route. Arrivé à Marseille, il voulut remettre à la famille du maréchal le dépôt qu'on lui avait confié, la

1. Citée par M. Gustave Gautherot. LA CONQUÊTE D'ALGER. P. 1929, p. 201
2. Et non pas à Mahon comme on l'a dit par erreur.

caisse de chêne, voilée de noir, qui contenait le corps d'Amédée de Bourmont, mais la Douane s'interposa. Pour s'assurer qu'il ne contenait pas l'argent et les bijoux volés à Alger, on décloua les planches, on ouvrit le cercueil[1].

La grande injustice continua pour le maréchal de Bourmont, favorisée par la politique du gouvernement de juillet qui craignait, en paraissant trop s'occuper d'Alger, de mécontenter l'Angleterre, et favorisée aussi par les mêmes absurdes préventions contre l'Algérie[2].

Simplement à cause de ses opinions libérales, on affecta de considérer comme le vrai vainqueur d'Alger, l'amiral Duperré, qui avait failli en compromettre la conquête[3].

Ce fut son nom seul qu'on inscrivit sur le piédestal, lorsque, le 27 juillet 1833, on dressa, à l'entrée du port de Brest, le fameux canon, la *Consulaire*, enlevé des remparts d'Alger.

Ce fut son nom seul que porta l'Arc de Triomphe.

Sur le rôle glorieux joué par Bourmont, sur ses admirables qualités de chef et d'organisateur, sur les services rendus par lui au pays, il y eut comme une dalle tumulaire, scellée avec la même inconscience et le même empressement, par la haine des partis et l'indifférence des foules. *Hic jacet...*

Une seule voix protesta contre cet oubli et contre cette ingratitude, qui dure encore. Une lettre indignée, datée de Paris, le 2 août 1836 et adressée au directeur de la *Quotidienne*, parut quelques jours après, dans ce journal :

« Je veux vous parler aujourd'hui, non pas des noms qui se trouvent gravés au nombre de trois cent quatre-vingts, sur le parvis interne du monument (de l'Arc de Triomphe), mais de ceux qu'on a oubliés ou qu'on a eu l'intention de proscrire...

« Une injustice encore plus grande est celle qui a fait omettre, dans ces glorieuses luttes, le nom du vainqueur d'Alger, du général en chef de cette vaillante armée qui a doté la France de ses vastes provinces d'Afrique. Vous avez été témoin comme moi, mon cher ami, de l'enthou-

1. E. Perret. Les Français en Afrique. *Récits algériens*. 1830-1886. P. (s. d.) tome I., p. 100-101.

2. « En 1849, dans un album consacré à l'Exposition de l'Industrie, le caricaturiste Cham représentait, sous l'étiquette *Algérie*, un malade alité et la légende expliquait que la fièvre était le principal produit de la colonie. » De Lanzac de Laborie. *La France en Algérie* (*Journal des Débats*, N° du 10 août 1926.)

3. « Telle est la haine que l'on porte à l'homme, déserteur de Waterloo que, pour le peuple, le héros de l'expédition d'Alger ne sera pas le général Bourmont qui l'a aussi habilement exécutée que conçue, mais le vice-amiral Duperré, qui l'a, dit-on, gravement compromise. » Montgaillard. Histoire de France depuis 1825, tome IV. p. 180.

asme qu'excita dans toute la province le départ de notre belle expédition. Vous avez pu apprécier tout ce qu'avait de national et même d'européen cette croisade contre la barbarie, dont le succès est venu affranchir la chrétienté de la honte d'un tribut et des misères de l'esclavage, et vous serez aussi affligé que moi de voir qu'un aussi grand service soit payé par aussi froide ingratitude. Si les ministres craignaient de rappeler une des dernières gloires de la Restauration, ils n'auraient pas dû oublier du moins que le nom de M. de Bourmont se trouve inscrit souvent, et toujours avec honneur, dans les bulletins de cette grande armée, à qui l'Arc de Triomphe a été consacré par son empereur; que ce nom se trouve lié aux beaux faits d'armes de 1814 pour la défense du sol de la patrie, et que le combat de Nogent-sur-Seine a retenti aussi haut que ceux de Montmirail, de Montereau et de Champaubert. Mais ce que la France, l'Europe et la postérité auront peine à croire, c'est que non seulement on ait oublié ou dédaigné le nom de M. de Bourmont, mais qu'on ait omis des champs de bataille, qui ne sont plus pour nous qu'un souvenir, le nom d'Alger, de la seule conquête qui reste aujourd'hui à la France, de toutes ses conquêtes pour lesquelles elle prodigua pendant vingt-deux ans et ses héros et le sang de ses enfants».

J.-T. Merle.

Ainsi, celui qui avait été le Secrétaire et l'Historiographe du maréchal de Bourmont devait rester jusqu'à la fin le plus fidèle de ses amis et le plus dévoué de ses défenseurs.

TABLE DES GRAVURES

TABLE DES MATIÈRES

IMPRIMÉ
SUR LES PRESSES DE
LOUIS BELLENAND ET FILS
A FONTENAY - AUX - ROSES
MAI 1930